U0627315

认知心理学家
解开大脑学习的
运作结构，
如何更有效地
学习与思考

A Cognitive Scientist Answers Questions About
How the Mind Works and
What It Means for the Classroom

Why Don't
Students
Like
School?

为什么
学生
不喜欢
上学
？

[美] 丹尼尔·T. 威林厄姆 著
Daniel T. Willingham

中国青年出版社
CHINA YOUTH PRESS

图书在版编目（CIP）数据

为什么学生不喜欢上学？：认知心理学家解开大脑学习的运作结构，如何更有效地学习与思考 /（美）丹尼尔·T. 威林厄姆（Daniel T. Willingham）著；肖芬译.
—北京：中国青年出版社，2023.1

书名原文：Why Don't Students Like School? : A Cognitive Scientist Answers Questions About How the Mind Works and What It Means for the Classroom

ISBN 978-7-5153-6708-8

Ⅰ.①为… Ⅱ.①丹… ②肖… Ⅲ.①教育心理学 Ⅳ.①G44

中国版本图书馆CIP数据核字（2022）第146634号

Why Don't Students Like School?: A Cognitive Scientist Answers Questions About How the Mind Works and What It Means for the Classroom, 2nd Edition
Copyright © 2021 by Daniel T. Willingham. All rights reserved.
Published by Jossey-Bass.
This translation published under license with the original publisher John Wiley & Sons,Inc.
Simplified Chinese translation copyright © 2023 by China Youth Press.
All rights reserved.

为什么学生不喜欢上学？：
认知心理学家解开大脑学习的运作结构，如何更有效地学习与思考

作　　者：［美］丹尼尔·T. 威林厄姆
译　　者：肖　芬
责任编辑：肖妩嫔
文字编辑：侯雯洁
美术编辑：杜雨萃
出　　版：中国青年出版社
发　　行：北京中青文文化传媒有限公司
电　　话：010-65511272 / 65516873
公司网址：www.cyb.com.cn
购书网址：zqwts.tmall.com
印　　刷：大厂回族自治县益利印刷有限公司
版　　次：2023年1月第1版
印　　次：2025年9月第11次印刷
开　　本：787mm×1092mm　　1/16
字　　数：210千字
印　　张：18.5
京权图字：01-2021-2343
书　　号：ISBN 978-7-5153-6708-8
定　　价：59.90元

版权声明

　　未经出版人事先书面许可，对本出版物的任何部分不得以任何方式或途径复制或传播，包括但不限于复印、录制、录音，或通过任何数据库、在线信息、数字化产品或可检索的系统。

中青版图书，版权所有，盗版必究

推荐序

《为什么学生不喜欢上学？》一书，是美国弗吉尼亚大学心理学教授威林厄姆的教育心理学著作，自面世以来深受社会各界欢迎。他运用认知心理学的原理，详细分析了学习的过程和课堂教学中必须注意的一些问题。本书深入浅出，每章都运用了一个认知心理学的基本原理，揭示了诸多关于学习和思考的真相，比如"思考能力取决于掌握的事实性知识""记忆是思考的残留物""孩子在思考和学习方面的相似之处多于不同之处""没有长期的练习，不可能精通任何脑力工作"，等等。这些原则的有效运用，既能让学习效果最大化，也能保证学生的成长最大化。

书中的观点合乎时宜、切中肯綮。如开篇伊始关于大脑的作用的分析，作者认为大脑不是用来思考的，它的真正作用在于使你避免思考。虽然人类生来就具有好奇心，但如果不是天生的杰出思想者，除非认知环境符合一定的要求，否则我们会尽可能地避免思考。学生是否动脑思考，在很大程度上取决于教学活动能否持续地让学生体验到解决问题的愉悦感。此外，作者还讨论了练习的必要性，主张通过分块记忆获得更多思考空间的原理，让知识转化成长期记忆的关键，改善知识迁移的方法，提出了专家与新手的思考方式的种种差异，持续的努力可以帮助智能发挥其可塑性，等等。

作者对于一些流行的观点不盲从，如关于马克·吐温、爱默生等对知识记忆的批判性观点，他持保留的态度。他在"因材施教""背景知识对于认知技能的必要性""借助故事来帮助学生思考知识的意义"等多个方面有独到的见解。其中，针对新技术的普及，他持乐观态度，认为技术并没有完全取代教育，也没有改变人们的思维方式，他也鼓励人们思考技术在学校和家庭中的意义，并结合延迟奖励和青少年热衷社交的因素，讨论了学生为什么难以放下手机的问题。

在第10章，作者对于教师的专业发展进行了比较充分的论述，他认为卓越教师无疑是在教学实践中通过反复练习而成长起来的。其中关键的是学会自我反思，即"有意识地尝试改进：自我管理"，记录教学日记是自我反思中有效的方法。另外，教师共同体的研讨也非常重要，作者提倡教师定期讨论问题，一起观摩教学视频，"互通有无，感受到团体的力量"。

总的来说，《为什么学生不喜欢上学？》是一本值得推荐的好书，这也是它能够长期在亚马逊图书排名榜上畅销不衰的主要原因。我愿意将本书推荐给投身于教育事业的教育工作者，学习认知心理学与教育心理学的学生，关爱孩子的父母，以及任何想提高学习效率、不甘止步的终身学习者。

朱永新

2022年11月

本书赞誉

智慧而精辟的分析。

——《华尔街日报》

批判性思维的胜利。

——《华盛顿邮报》

这是一本通俗易懂而趣味横生的书籍，威林厄姆将学习的认知科学与启发性的例子结合起来，从而揭示了学生在学校中面临的挑战。真正难能可贵的是，他在改进课堂的意义上所达成的共识。无论从风格还是内容来说，本书都是一部杰作，每一位教师在课堂教学中都会发现，它是不可或缺的。

——马克·麦克丹尼尔，

圣路易斯华盛顿大学教授，《认知天性》合著者

在本书的很多部分，丹尼尔·威林厄姆阐述了有助于改善教育的关键思想，这些思想来源于对认知科学的研究和学生如何学习的证据，他使用了教育工作者和每个对学校感兴趣的人都能发现的易于理解并且发人深思的例子。从初版到今天，《为什么学生不喜欢上学？》这本书是对教学文献的重

要补充。丹尼尔·威林厄姆以多种方式对认知进行了专业的检验，然后将这些知识与教师在课堂上可以采取的实际行动的建议结合起来，以加强和巩固他们的教学方法。伴随着远程教育在全美范围内使用率越来越高的情况，本书的第二版还着重介绍了当前有关技术在教育中的应用研究成果，帮助教育工作者了解采用新技术和教学工具的基本问题。可以肯定的是，丹尼尔·威林厄姆这本具有开创性的著作的第二版问世是合乎时宜的。

——小约翰·B.金，

美国第十任教育部长、教育信托基金总裁兼首席执行官

这是一组少见的易于理解的理论原则和实践策略的组合，本书设计精妙，以教师为中心。这本丹尼尔·威林厄姆的著作是一本教育工作者可以在每年的教学中重新审视并欣赏的书。

——贾丝明·兰，

明尼苏达州高中英语教师

每一位学校教师和在家自行教育的监护人都应该读读这本书。作为一位杰出的认知心理学家和杰出的阐释者，丹尼尔·威林厄姆为我们带来全新的科学成果，向我们展示了事实性知识对一个人的能力和成功是多么的至关重要。他更向我们展示了如何使年轻人喜欢学习事实性知识！这本书就是一个伟大的贡献！

——E.D. 赫希，《如何培养未来公民》作者，

美国核心知识基金会（Core Knowledge Foundation）创始人

伴随着第二版《为什么学生不喜欢上学？》的出版，新型冠状病毒肺炎疫情暴发了，这场疫情的出现加剧了长期以来的教育不平等，而学校教育已成为帮助学生保持参与度和希望的基础教育。威林厄姆对如何学习和思考做出了清晰的解释，为教师和决策者提供了一个强有力的蓝图，不仅帮助年轻人应对疫情暴发的余波，而且还能使他们茁壮成长。

——兰迪·温加滕，

美国教师联合会主席

威林厄姆的第二版《为什么学生不喜欢上学？》带我们深入了解心智的知识；它把我们已知的东西，以鼓励教育工作者磨炼自身技能的方式呈现出来。这不仅使教育更美好，也会使学生从保持长期学习中受益。

——帕特里斯·M.贝恩，编辑、教育家，

《有影响力的教学》作者

献给特丽莎

ACKNOWLEDGMENTS
第一版致谢

埃斯蒙德·哈姆斯沃斯，我的作品代理人，从最初构思开始的每一步，他都给予了我宝贵的帮助。莱斯利·尤拉、艾米·里德和乔西-巴斯的整个团队在编辑和制作过程中表现出了高超的专业技能和专业精神。感谢安妮·卡莱尔·林赛，在本书图表制作方面给予了我杰出的帮助。特别感谢两位匿名的审稿人，他们所付出的辛劳远远超出了职责的要求，对整个书稿提供了宏观而有益的评论。最后，我要感谢我的许多朋友和同事，他们慷慨地与我分享了很多想法，并教会了我很多关于学生和教育的知识，特别是朱迪·德洛赫、杰森·唐纳、布里奇特·哈姆雷、丽莎·汉塞尔、维克拉姆·贾斯瓦尔、安吉尔·利拉德、安迪·马什伯恩、苏珊·明茨、鲍勃·皮安塔、特丽莎·汤普森·威林厄姆和露丝·沃特伯格。

ACKNOWLEDGMENTS
第二版致谢

　　我感谢威利的团队在编辑和制作过程中给予的关心。感谢我的作品代理人埃斯蒙德·哈姆斯沃斯。在本书的生产制作过程中的每一个环节里，他都是我宝贵的财富，我感谢格雷格·库利把他的专业知识带到了这部著作中。我谨代表本书团队，感谢所有教师和研究人员，他们自第一版出版以来就慷慨地分享了他们的专业知识。

CONTENTS 目录

可以这么说，宇宙中最大的奥秘在于我们每个人的头骨中有着3磅重的细胞，其稠度近似于燕麦片。甚至有人认为，人类的大脑如此复杂，以至于我们这个物种绝对聪明，除了不知道究竟是什么使我们如此聪明之外，其他一切我们都可以理解；也就是说，大脑如此精妙地为智力而设计，但它太愚蠢了，无法理解它本身。现在我们知道事实并非如此。头脑最终向持续不断的科学研究揭示了它的秘密。在过去的25年里，我们对大脑运作机理的了解比我们在前2500年学到的总和还要多。

似乎掌握更多的心智知识会给教育带来重要的好处——毕竟，教育是建立在学生心智变化的基础上的，所以理解学生的认知能力肯定会使教学变得更容易或更有效。然而，我认识的教师们认为他们并没有从心理学家所说的"认知革命"中获益良多。我们都在报纸上读到有关学习或问题解决方面的突破性进展的报道，但目前还不清楚每一项最新进展将如何应用在教学实践中，并改变教师在周一早上的工作。

研究和实践之间的差距是可以理解的。当认知心理学家研究认知时，他们刻意将认知过程（例如，学习或注意力）固定在实验室中从而与外界隔绝，以便更容易研究。但认知过程在课堂上并不是孤立存在的。它们同时发生作用，并且经常以难以预测的方式相互作用。举个明显的例子，实验室的研究表明重复有助于学习，但是任何教师都知道，你不能把这个发现带到课堂上。例如，让学生重复练习长除法计算，直到他们掌握了整个过程。重复对于学习很有好处，但对于学习动力却很不利。由于重复太多，学习动力骤降，学生不再集中注意力，也就无法学习。课堂应用不可能复制实验的结果。

《为什么学生不喜欢上学？》以九大认知原则①开始，这些原则对于大脑的运作至关重要，它们不会随着环境的变化而改变，无论是在课堂上还是在实验室中，它们都一样准确，因此它们完全能够应用在课堂情境中。可能这九大认知原则中有很多原则不会让你感到诧异，比如"事实性知识很重要""练习是必要的"，等等。

让你真正感到惊讶的可能是教授这些知识对于教育和学习的意义。你将了解到为什么认为人类不善于思考的观点比认为人类有认知天赋的观点更有用。你会发现，作者通常只能写出他们想要表达内容的一小部分，我认为这对阅读的指导意义不大，但是这对学生必须获得的事实性知识意义重大。你将探索到为什么你不费吹灰之力就能记住《星球大战》的情节，并且将学会如何在课堂上利用这种轻松的方式学习。你将会跟随影视剧中聪明的格雷戈里·豪斯医生，解决各种疑难杂症，并发现为什么你不应该试图让你的学生像真正的科学家一样思考。你会看到人们如何像美国政客朱利安·卡斯特罗

---

① 实际上还有其他三个标准：（1）使用和忽略某个原则会对学生的学习产生重大的影响；（2）应用某个原则必须有大量的数据作支撑，而非仅仅凭借几项研究就可以；（3）原则里必须体现出教师尚未了解的课堂应用。在第一版我提出了九大认知原则，在本书中我增加了第10章，以填补关于技术和教育的内容。——作者注

和女演员斯嘉丽·约翰逊一样帮助心理学家分析显而易见的真理，即孩子们从父母那里继承了他们的智力——但最终发现事实并非如此，你会明白为什么把这个事实告诉你的学生是如此重要。

本书涵盖了众多学科，追求两个简明但远不简单的目标：告诉你学生的认知思维是如何运作的，并阐明如何利用这些知识成为一个更好的教师。

第 **1** 章

为什么学生不喜欢上学？

问： 我认识的大多数教师从事教育工作是因为他们从小就热爱学校。他们希望帮助学生感受到他们当年的学习热情。当他们发现一些学生不太喜欢学校，而作为教师自己又很难激励学生时，他们感到沮丧也是不难理解的。为什么让学生享受学校生活会很困难呢？

答： 与普遍的看法相反，大脑的设计不是为了让你思考，而是为了让你不用思考，因为大脑其实并不擅长思考。思考是缓慢且不可靠的。然而，人们喜欢成功的脑力工作。人们喜欢解决问题，但不喜欢处理无法解决的问题。如果学校的功课对一个学生来说总是过难（或过于容易），那么他们不太喜欢学校就不足为奇了。指导本章的认知原则是：

> **人们天生好奇，但我们并非天生善于思考；除非认知条件刚好合适，否则我们会避免思考。**

这一原则的含义是，教师应该重新考虑如何鼓励学生去思考，以便最大限度地让学生从成功的思考中获得愉悦感。

大脑不是用来思考的

人的本质是什么？是什么使我们区别于其他物种？许多人会回答说，是我们的逻辑思考能力——鸟会飞，鱼会游，人会思考（我所说的思考是指解决问题、推理、阅读复杂的东西或做任何需要付出努力的脑力劳动）。莎士比亚在《哈姆雷特》中歌颂了我们的认知能力："人类是一件多么了不起的作品啊！是多么高尚的理性啊！"不过，大约三百年后，亨利·福特（Henry Ford）的话却足显讽刺，"思考是最难的工作，这可能就是很少有人参与其中的原因"。坎耶·维斯特（Kanye West）也曾表达过类似的观点[1]。

莎士比亚和福特说得都对。人类擅长某些类型的推理，尤其是与其他动物相比，但我们很少锻炼这些能力。认知心理学家会另外补充一个观察结果：人类不经常思考，因为我们的大脑不是为了思考而设计的，而是为了避免思考而设计的。

人的大脑有很多功能，而思考并不是它最擅长的。例如，你的大脑也支持视觉和运动功能，这些功能比你的思考能力更有效、更可靠。大脑中的大部分区域都应用于这些活动，这并非偶然。视觉需要额外的脑力，因为看东西实际上比下棋或解决微积分问题更难。

你可以通过比较人类和计算机的能力意识到你的视觉系统的力量。当涉及数学、科学和其他传统的"思考"任务时，机器毫无悬念地打败人类。能够比任何人更快、更准确地进行简单计算的计算器早已以低成本面世有40

---

[1] 他是最成功、最受尊敬的词曲作者和艺人之一，也是一个非常成功的商人。但他却说："实际上，我不喜欢思考，我觉得大家都认为我喜欢思考，其实我没有。我根本不喜欢思考。"——作者注

个年头了。只要花50美元，你就能买到可以打败世界上99%以上人类的国际象棋软件。但是，我们仍在努力让计算机像人一样驾驶卡车。这是因为计算机看不见东西，尤其是在复杂多变的环境中，例如你每次开车的时候。事实上，处于开发中的自动驾驶汽车通常使用雷达、激光和其他传感器来补充可见光的信息。机器人的移动方式也同样受到限制。人类擅长合理调整我们的体态来完成任务，即使需要摆出很不正常的姿势，比如当你扭动身躯，弯曲手臂，同时试图掸掉放在书架上后面的书的灰尘。然而，机器人就不太擅长想出如此新颖的移动方式[①]，受制于移动方式，它们经常被应用在重复性工作中，比如给汽车零部件喷漆，或者在亚马逊物流中心传送托盘或箱子。在这些工作中，要抓取的对象和移动它们的位置是可预测的。一些你认为理所当然的任务，比如在一个布满礁石、陡峭的海岸上走，比和顶级国际象棋棋手下棋要困难得多。

与视觉和运动能力相比，你的思考是缓慢的、费力的、不确定的。为了让你更好地理解这一点，请尝试解决以下问题：

> 你在一个空房间里，里面只有一支蜡烛、一些火柴和一盒大头钉。你的任务是让点燃的蜡烛距离地面约5英尺。你试着在蜡烛底部熔化一些蜡，然后粘在墙上，但是没有效果。在不用手扶的情况下，你怎么才能把点燃的蜡烛放到离地面5英尺的地方呢？

[①] 好莱坞的机器人和人类一样，可以在复杂的环境中移动，但只有在电影中才是如此。大多数现实生活中的机器人只在可预测的环境中移动。人类的视觉和移动能力是一项卓越的认知技能。——作者注

解决这个问题通常限时20分钟，很少有人能解出来，可是一旦你听到答案，你就会意识到它并不是太难。你把大头钉从盒子里倒出来，把盒子钉在墙上，把它当作烛台。

这个问题说明了思考的三个特性。首先，思考是缓慢的。你的视觉系统会立刻捕捉到一个复杂的场景。当你进入朋友的后院时，你不会对自己说："嗯，有一些绿色的东西。可能是草，但也可能是其他的地面覆盖物——上面那个粗糙的棕色物体是什么？可能是栅栏吗？"草坪、篱笆、花坛、凉亭，你一眼就能看到整个景色。你的思考系统不会像你的视觉系统在视觉场景中一样立即计算出问题的答案。其次，思考是费力的。你不必试着去看，但思考需要集中注意力。当你在看的时候，你可以做其他事，但是当你在处理一个问题的时候，你不能想其他的事情。最后，思考是不确定的。你的视觉系统很少出错，当它出错时，你通常会认为你看到的东西和实际的东西很相似——即使不是完全一致，也很接近。然而，你的思考系统甚至可能无法让你与事实接近。事实上，你的思考系统可能根本不会产生答案，这正是大多数人在试图解决蜡烛问题时所发生的事情。

如果我们都不善于思考，那我们要如何度过每一天呢？我们如何找到上班的路，如何在杂货店买到便宜货？一个教师是如何做出几百个决定来度日？答案是，当我们可以侥幸完成任务时，我们就不会去思考。相反，我们依赖记忆。我们面临的大多数问题都是我们以前解决过的，所以我们只是在做我们过去做过的事情。例如，假设下个星期一位朋友抛给你一个蜡烛问题。你马上就会说："哦，我听过这个，你把盒子钉在墙上。"就像你的视觉系统接收一个场景，不费吹灰之力就能告诉你环境中的情况一样，你的记忆系统也会当机立断、毫不费力地意识到你以前听到过这个问题并给出答案。

你可能会认为你的记忆力很差，你的记忆系统确实不如你的视觉或运动系统可靠——有时你会忘记，有时你会记忆困难——但你的记忆系统比你的思考系统可靠得多，而且它能快速地、毫不费力地提供答案。

我们通常认为记忆储存着个人事件（关于我婚礼的记忆）和事实（科普特东正教的所在地在埃及）。你的记忆系统运行得如此迅速和轻松，以至于你很少注意到它在工作。例如，你的记忆储存了一些信息，比如事物的样子（甘地的脸）、如何操作物体（例如，左边的水龙头是热水，右边的水龙头是冷水）。我们的记忆还储存了一些指导我们应该做什么的策略：开车回家时转向何处，在休会期间如何处理小纠纷，当炉子上的锅开始沸腾时要怎么办。对于我们做出的绝大多数的决定，我们没有停下来考虑我们可能会做什么、这种做法的理由是什么、不去做的话可能招致的后果，等等。例如，当我决定做意大利面当晚餐时，我不会从互联网搜索食谱，根据味道、营养价值、准备的难易程度、配料的成本、视觉吸引力等来衡量每种食谱——我只是像往常一样做意大利面酱。正如两位心理学家所说，"我们大部分时间做的事情就是我们大部分时间做的事情"。当你感觉自己处于"自动驾驶"状态时，即使你正在做一些相当复杂的事情，比如从学校开车回家，那也是因为你在用记忆来指导你的行为。使用记忆不需要耗费你太多的注意力，因此你可以自由地做白日梦，即使你在红灯前停车，超车，留意行人，等等。

当然，你可以谨慎地、深思熟虑地做出每个决定。当有人鼓励你"跳出框框思考"时，这通常就是他的意思——不要自动驾驶，不要做你（或其他人）一直在做的事情。对于像在超市挑选面包这样的平凡任务，跳出框框思考可能不值得付出脑力劳动。如果你总是努力跳出思考的框架打破常规，想想你的生活会是什么样子。假设你处理每一项任务就像你初次遇到它，并试图预想出所有的可能性，即使是如切洋葱、进入工作场所或发送短信这种日常琐事。这种新奇感可能会带给你一时的有趣，但生活很快就会让你筋疲力尽。

你可能在旅行时经历过类似的事情，特别是如果你在不懂当地语言的地方旅行。一切都是陌生的，即使是微不足道的小行动也需要深思熟虑。例如，从小商贩那里买一瓶饮料，你需要从异国情调的包装中辨别是何种口味的，你尝试与卖主沟通，研究支付哪一种硬币或钞票，等等。这就是旅行如此累人的原因之一：所有在家可以自动完成的琐碎动作都需要你的全部注意力。

到目前为止，我已经描述了两种让你的大脑免于思考的方式。一种是，一些最重要的功能（例如视觉和运动）：你不需要对你看到的东西进行推理，而是马上就能知道外面的世界发生了什么。另一种是，你倾向于用记忆来指导你的行动，而不是思考。但是你的大脑并不因此满足，为了让你免于思考它是可以改变的。如果你一遍又一遍地重复同样的需要思考的任务，它最终会变成自动完成；你的大脑会发生变化，这样你就能不假思索地完成任务。我将在第5章详细讨论这个过程，但我可以先用一个众所周知的例子来简要说明。你可能还记得，学习开车对精力集中的要求很高。我记得我当时专注于如何踩油门，当我遇到红灯时何时踩刹车，方向盘要打多少才能转弯，什么时候检查后视镜，等等。我开车时甚至都不听音乐，因为怕分心。然而，经过练习，开车的过程变成了自动完成的过程，现在我不需要考虑那些短距离的驾驶，就像我不需要考虑如何走路一样。我可以一边开车一边和朋友聊天，一边用一只手打手势一边吃薯条——这是一项令人印象深刻的认知能力，虽然看起来不是很吸引人。因此，一项最初需要大量思考的任务，随着实践练习，变成了一项不需要思考的任务。

这对教育的影响听起来相当严峻。如果人们不善于思考并试图避免思考，那么，学生对学校的态度又是如何呢？幸运的是，故事并没有以人们顽固地拒绝思考而告终。尽管事实上我们并不擅长思考，但我们实际上喜欢思考。人类天生好奇，我们会寻找机会参与思考。但是因为思考是如此困难，我们必须具备适当的条件，才能让这种好奇心茁壮成长，否则我们就很容易放弃思考。下一节将阐释我们什么时候喜欢思考，什么时候不喜欢思考。

人们天生好奇，但好奇心是脆弱的

尽管大脑不适合高效思考，但至少在某些情况下，人们实际上喜欢脑力活动。我们有做填字游戏或看地图或看信息量丰富的纪录片的爱好。我们追求的职业，如教师，即使工资微薄，但却比竞争激烈的职业更具精神挑战。我们不仅愿意思考，还会有意地寻找需要思考的情况。

解决问题能带来快乐。我在书中所说的解决问题，是指任何成功的认知劳动：它可能是理解一篇思想深邃的散文，规划一个花园，或者评估一个投资机会。在成功的思考中有一种满足感和成就感。神经科学家发现，大脑中对学习很重要的区域和对感知快乐很重要的区域之间存在重叠，许多神经科学家猜测这两个系统是相关的。迷宫中的老鼠在得到奶酪奖励时学习得更好。当你解决了一个问题或满足了你的好奇心时，你的大脑可能会用愉悦系统中自然发生的化学物质的小爆发来奖励自己。尽管我们还没有完全了解神经化学的原理，但似乎不可否认的是，人们以解决问题为乐。

同样值得注意的是，愉悦感源自解决问题的过程。如果要解决的问题毫无进展，就不会产生愉悦感，事实上还会令人沮丧。而且仅仅知道问题的答案也没有什么乐趣。我在前文告诉过你蜡烛问题的解决办法，你从中得到乐趣了吗？想一想如果是你自己解决了这个问题，那该会多有趣！事实上，这个问题可能会更生动有趣，就像你抓住笑点的笑话比别人解释给你的笑话更有趣一样。即使有人没有告诉你问题的答案，一旦你得到太多的提示，你就会失去解决问题的愉悦感，而得到答案也不会带来同样的满足感。

脑力劳动之所以吸引我们，是因为当它成功时，它为我们提供了一个获得愉悦感的机会。但并不是所有类型的思考都具有同样的吸引力。人们选择做填字游戏，而不是代数问题。泰勒·斯威夫特的传记可能比济慈的传记更畅销。人们喜欢的脑力活动有什么特点呢？为什么多数人对左图所示的问题着迷，而很少有人愿意解决右图所示的问题？（见图1.1）

图1.1　脑力活动比较

大多数人给出的答案可能是显而易见的："我认为填字游戏很有趣，泰勒很酷，但数学很无聊，济慈也是。"换句话说，重要的是内容。我们对某些东西感到好奇，但对其他东西不感兴趣。当然，这是人们描述自己兴趣的方式——"我是一个集邮者"或"我喜欢中世纪交响乐"。但我不认为这些内容能给人们带来兴趣。我们可能观看过自认为自己不感兴趣的讲座或视频（也许只是被怂恿去听/看的），结果却发现自己被吸引了。但也曾遇到过即使你平时喜欢这个话题，你也很容易感到无聊的情况。我永远不会忘记我多么渴望有一天中学老师能够谈论性。作为一个在20世纪70年代古板的乡村文化中长大的少年，我对任何时间、任何地点谈论性的话题都充满了期待。但是当那个重要的日子到来的时候，我和我的朋友们都感到无聊至极。这并不是说老师谈论了花和授粉——他确实谈论了人类的性行为——但不知何故还是很枯燥。我真希望我能记得他是怎么上那堂课的：谈及性教育话题也能让一群荷尔蒙旺盛的青少年感到无聊是相当了不起的。

我曾经在讨论动机和认知时向一群教师指出这一点。演讲开始大约5分钟后，我准备了一张幻灯片，描述了图1.2所示的动机模式。我没有以任何方式让观众事先做好准备，我只是展示了它并开始描述它。大约15秒钟后，我停下来对观众说："还在听我讲话的人请举手。"只有一人举起了手，另外59人也是自愿参加的。这可是一个他们可能感兴趣的话题，演讲才刚刚开始，但15秒钟后他们的注意力就转移到了别处。明确地说，我不是在责怪他们。一个问题的内容，无论是关于性还是人类动机，可能足以激发你的兴趣，但它不会把这种兴趣维持下去。

所以，如果内容不足以吸引你的注意力，那么好奇心何时还会有持久力呢？答案似乎取决于我们对可能学到多少东西的判断。当我们认为自己能学到很多东西时，我们就会保持住这份好奇心。

要判断我能学会它吗，这与我们对问题难度的感知密切相关。如果解决一个我们期待的问题能带来些许快感，那么解决一个太简单的问题就没有意义了，当它被解决时就没有乐趣了，因为它从一开始简单得就不像是一个问题。同样，当你判断一个问题是一个非常困难的问题时，你会判断自己不太可能解决它，因此也不太可能获得因想出解决方案而带来的满足感。过于简单的填字游戏是一项无须动脑筋的工作：你填满方格，几乎不用去想它，即使你想出了所有答案，你都没有满足感。但你可能不会在太难的猜字游戏上浪费很长时间，你知道你能解决的问题有限，所以这会让你沮丧失落。图1.2是我演讲幻灯片中的一张，其内容过于详细，仅做简单的介绍是不够的，我的听众很快就会感到索然无味，失去兴趣，不再专心听我的演讲。

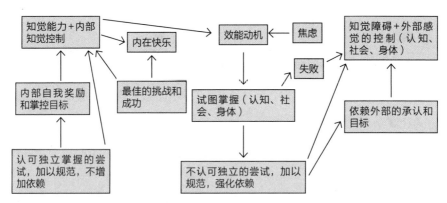

图1.2　这是一张复杂难懂的图片，如果没有适当的讲解，大多数人都会感到无聊厌烦

总而言之，我说过思考是缓慢的、费力的、不确定的。然而，人们喜欢思考——或者更确切地说，我们判断出当我们学习新事物时脑力劳动会给我们带来获得愉悦感时，我们才喜欢思考。因此，人们回避思考的说法和人们天生好奇的说法并不矛盾——好奇心促使人们探索新的想法和问题，但当我们这样做时，我们会快速评估解决问题或理解内容需要多少脑力劳动。如果工作太多或太少，我们会尽可能停止思考问题。

这种对人们喜欢或不喜欢的脑力劳动的分析，也可以解释为什么学生不喜欢上学。解决适当难度的问题是有益的，但解决过于简单或过于困难的问题则令人不快。学生不能像成年人那样选择逃避这些问题。如果学生作业的难度水平一直都很高，他不太喜欢学校就不足为奇了。毕竟，我可不想每天花几个小时玩《纽约时报》的填字游戏。

那么，解决问题的办法是什么呢？给学生布置更轻松的作业？你可以这样做，但是你必须谨慎，不要让它异常简单，以至于学生会感到无聊。不管怎样，提高学生的能力不是更好吗？与其降低学生作业的难度，不如让思考变得更容易。

思考是如何发生的？

了解思考是如何发生的将有助于你理解是什么让思考变得困难。这将反过来帮助你理解如何让思考这件事变得更简单，从而帮助学生们更好地享受学校生活。

让我们从一个简易的大脑思考模型开始。如图1.3所示，左边是环境，充满了要看和听的东西、需要解决的问题，等等。右边是组成你大脑思考的一个部分，科学家称之为工作记忆。我们暂将它等同于意识，它存储着你正在思考的东西。从环境到工作记忆的箭头表明，工作记忆是你大脑意识的一部分，你可以意识到你周围的事物：一束光线落在满是灰尘的桌子上的景象，远处狗吠的声音，等等。当然，你也可以意识到当前环境中没有的东西。例如，你可以回忆起你母亲的声音，即使她不在房间里（或者已经不在世了）。长期记忆是一个巨大的宝库，你可以在其中存储你对这个世界的事实性知识：豹子身上有斑点，你最喜欢的冰激凌是巧克力味的，你3岁的孩子昨天提到金橘让你大吃一惊，等等。事实性知识可以是抽象的，例如，它包含三角形是有三条边的闭合图形的想法，以及你对狗一般长相的了解。长期记忆中的所有信息都存在于意识之外。它静静地待着，直到你需要它，它才进入工作记忆，从而进入意识。例如，如果我问你，"北极熊是什么颜色的？"你几乎会立刻说，"白色"。30秒前，这些信息还停留在长期记忆中，但直到我提出了这个问题，使其与正在进行的思考相关，它便进入了工作记忆，这时你才意识到这一点。

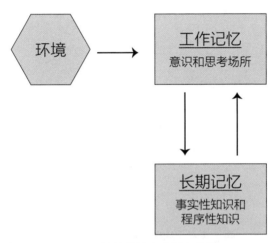

图1.3　最简单的大脑思考模型

当你以新的方式组合信息（来自环境的信息和长期记忆）时，思考就会产生。这种结合发生在工作记忆中。要了解这个过程，请阅读图1.4中描述的问题并尝试解决它。与其说是为了解决问题，不如说是为了体验思考和工作记忆的意义。该图描绘了一个带有3个钉子的游戏板。在最左边的钉子上有3个从下向上依次变小的圆环。目标是将所有圆环从最左边的钉子移到最右边的钉子上。关于如何移动圆环只有两条规则：一次只能移动一个圆环，以及不能把一个较大圆环放在较小圆环之上。

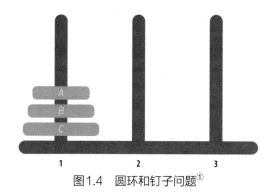

图1.4　圆环和钉子问题[①]

通过一些努力，你也许能够解决这个问题，但真正的重点是感受工作记忆被问题所充斥的感觉。你首先从环境、规则和游戏板中获取信息，然后想象移动圆环以达到目标。在工作记忆中，你必须保持在解题的当前状态——圆环在哪里——想象并评估其潜在的移动方式。同时，你必须记住相关规则，哪些动作是合规的，如图1.5所示。

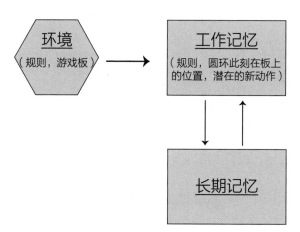

图1.5　当你在解决图1.4所示的谜题时，你大脑中想法的图示

[①] 如果你不能解决它，这里有一个解决方案。如你所见，圆环为A、B、C，钉子标为1、2、3。解是A3 B2 A2 C3 A1 B3 A3。——作者注

对思考的描述清楚地表明，知道如何在工作记忆中组合和整合想法是成功思考的关键。例如，在圆环和钉子问题中，你如何知道将圆环移动到何处？如果你以前没有见过这个问题，你可能会觉得自己只是在猜测，因为你的长期记忆中没有任何信息可以指导你。如图1.5所示。但是，如果你有过解决这类问题的经验，那么你的长期记忆中可能有关于如何解决它的信息，即使这些信息并不能万无一失地解决你所遇到的问题。例如，你试着在头脑中思考这道数学题：

18×7

你知道该怎么解决这个问题。你心理过程的顺序很可能类似于这样：

1. 将8和7相乘。

2. 从长期记忆中提取$8 \times 7 = 56$这个事实。

3. 记住6是解的一部分，然后进位5。

4. 将7和1相乘。

5. 从长期记忆中提取$7 \times 1 = 7$这个事实

6. 把进位的5和7相加。

7. 从长期记忆中检索到$5 + 7 = 12$这个事实。

8. 把12写下来，后一位加上6。

9. 答案是126。

你的长期记忆不仅包含事实性信息，如北极熊的颜色和8乘以7的值，还包含我们称之为程序性知识的内容，即你对执行任务所必需的心理过程的知识。如果思考是在工作记忆中组合信息，那么程序性知识就是一个列表，列出了要组合的内容以及完成特定类型思考的方法。你可能已经存储了计算三角形面积、使用Windows系统复制一个计算机文件或从家开车到工作场所所需步骤的过程。

很明显，在长期记忆中储存适当的程序对我们思考有很大帮助。这就是为什么数学问题容易解决，而圆环和钉子问题却很难解决。但是事实性知识呢？这对你思考也有帮助吗？它确实以几种不同的方式存在，这将在第2章中讨论。现在，请注意，解决这道数学题需要检索事实性信息，比如$8 \times 7 = 56$这个事实。我说过，思考需要在工作记忆中结合信息。通常情况下，环境中提供的信息不足以解决问题，你需要用长期记忆中的信息对其进行补充。思考还有最后一个必要条件，可以通过一个例子来理解。如下所述：

在喜马拉雅山一些村庄的客栈里，人们会举行一种考究的茶道仪式。这个仪式包括一位主人和两位客人，不多也不少。当他的客人到达并落坐桌旁时，主人会为他们提供三种服务。这些服务在当地人心中地地位排序是：生火、扇风、沏茶。在仪式上，在场的任何人都可以问另一个人："尊敬的先生，我能为您完成这项繁重的任务吗？"然而，一个人只能要求另一个人完成剩下两种服务中较不体面的一项。此外，如果一个人正在进行任意一项服务，那么他就不能要求一个比他正在履行的最不高尚体面的任务更高尚体面的任务。按照惯例，茶道仪式结束时，所有任务都将从主人转移到地位更高的那位客人身上。要如何才能做到这一点呢？

阅读这个问题时，你的第一个想法可能是"嗯？"。你可能会说，为了理解它，你必须多阅读几遍，更不用说开始研究解决方案了。这似乎是棘手的，因为你在工作记忆中没有足够的空间来容纳问题的方方面面。工作记忆的空间有限，因此随着工作记忆变得拥挤繁多，思考变得越来越困难。

茶道问题实际上与图1.4所示的圆环和钉子问题相同。主人和两位客人就像3个钉子，任务是在他们之间移动3个圆环，如图1.6所示（事实上，很少有人看到这一类比以及其对教育的重要性，这一事实我将会在第4章中进一步阐述）。

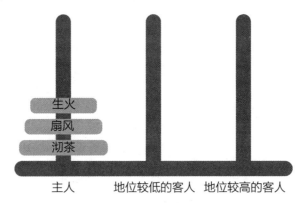

图1.6　用作类比圆环和钉子问题的茶道问题

这个版本的问题似乎更难，因为在这个新版本中，图1.6中列出的问题的某些部分必须在你的头脑中进行调整。例如，图1.4为你提供了钉子图示，当考虑移动时，你可以用它来帮助你保持大脑想象中圆环的形象，而茶道问题没有提供这样的支持。在茶道问题的版本中，控制动作的规则的描述较长，因此在工作记忆中占据了太多的空间，很难计划出解决方案。

亚里士多德说："从思考和学习中获得的乐趣将使我们思考和学习得更多。"你已经看到这种观点过于乐观。成功的学习是令人愉快的，它会促使学生们继续学习。我们已经看到，成功学习的因素之一是在长期记忆中拥有合适的信息。在下一章中，我们将更细致地研究这一需求。

小结

  人们的头脑并不是特别适合思考：思考是缓慢的、费力的、不确定的。因此，在大多数情况下，深思熟虑并不能指导人们的行为。相反，我们依靠记忆，遵循我们以前采取过的行动。然而，我们发现成功的思考是令人愉快的。我们喜欢解决问题，理解新思想，等等。因此，我们会寻找思考的机会，但这样做是有选择性的，我们选择那些具有挑战性但似乎可以解决的问题，因为这些问题会带给我们愉悦和满足感。对于要解决的问题，思考者需要从环境、工作记忆的空间以及长期记忆中所需的事实和过程中获得足够的信息。

对课堂的启示

  现在让我们回到本章开头的那个问题：为什么学生不喜欢上学，或者更准确地说，为什么更多的学生不喜欢上学？任何教师都知道，学生可能喜欢或不喜欢上学有很多原因（尽管我妻子很喜欢，但主要是出于社交原因）。从认知的角度来看，一个重要的因素是学生是否能持续地体验到学习新东西、解决问题的愉悦感。教师怎样才能确保每个学生都能得到这种乐趣呢？

确保有问题需要解决

  我所说的问题不一定是指教师向全班提出的问题，也不一定是数学难题。我指的是具有适度挑战的认知工作，包括理解一首诗或思考可回收材料的新用途等活动。这种认知工作当然是教学的主要内容——我们希望学生去思考。但如果不加以注意，一份教案就会变成教师满堂灌的解说词，学生几乎没有机会解决问题。所以，仔细阅读每一个课程计划，着眼于学生将要做的认知任务。这种任务发生的频率是多久？两次活动是否混杂在一起，有间歇吗？它是真正的认知工作能带来发现的感觉，而不仅仅是从记忆中提取出来的吗？尤其是在整堂课教学中提出的问题——研究表明，教师很容易陷入一种事实型信息检索的模式，即询问大量事实然后检索问题的模式。当你确定了有挑战性的问题时，考虑学生是否能接受由其带来的负面结果，比如学生不明白他们要做什么，或学生不太可能解决问题，或学生只是试图猜测你想让他们说什么或做什么。

尊重学生的认知局限

当你试图为学生开发有效的智力挑战时，请记住在本章中讨论的认知局限性。如果学生缺乏解决问题的背景知识，那就把这个问题留到下次他们有相关背景知识的时候再说吧。

意识到工作记忆有限同样重要。请记住，人们一次只能记住一定数量的信息，就像你在阅读茶道变式问题时所经历的那样。工作记忆的超负荷是由这样一些事情引起的：多步指令、一连串毫无关联的事实、两到三步以上的逻辑链，以及把刚刚学过的概念应用到新材料中（除非这个概念非常简单）。解决工作记忆过载的方法很简单：放慢速度，使用记忆辅助工具，如在白板上书写，以避免学生在工作记忆中保留太多信息。

明确待解决的问题

怎样才能使问题变得有趣呢？一个常见的策略是尽量使教学材料与学生"相关"。这种策略有时很见效，但对于某些材料来说它的确很难实现，毕竟有些时候并无太大关联性，不是吗？另一个困难是，一个教师的班级可能有两个足球迷、一个玩偶收藏家、一个纳斯卡（NASCAR）车赛爱好者、一个骑马高手——你懂的。在历史课上提及一个流行歌手可能会让全班同学发笑，但也仅此而已。我强调过，当我们感知到一个我们相信可以解决的问题时，我们的好奇心就会被激发。什么问题会吸引学生并且让他们渴望知道答案呢？

看待学业的一种方式是一系列答案。我们想让学生们知道波义耳定律，或者关于第一次世界大战的三个原因，或者为什么爱伦·坡的《乌鸦》一直在说"永不复返"。有时我认为，作为教师，我们如此渴望得到答案，以至于没有花足够的时间来研究这个问题，可能是因为这个问题对我们来说是显而易见的。当然，这对学生来说并不明了，正如前文所述，这正是一个激发人们兴趣的问题。被告知答案对你没有任何帮助。你可能已经注意到，我本可以把这本书组织成认知心理学原理的一部分。取而代之的是，我围绕着我认为教师们会感兴趣的问题进行组织。

当你计划一节课的时候，你要从希望学生在课程结束前知道的信息开始。下一步，你要考虑这门课的关键问题可能是什么，你如何构建这个问题，使它有合适的难度水平来吸引你的学生，这样你自然就能尊重学生的认知局限性。

重新考虑何时让学生产生疑惑

教师们常常通过提出一个自认为学生会感兴趣的问题来吸引学生听课。例如，问"为什么法律明文规定你必须上学？"，并以此作为介绍法律通过程序的引子。教师们也通过演示或呈现一个自认为学生会感到惊讶的事实的方式来吸引学生。无论哪种情况，这么做的目标都是让学生产生疑惑，让他们感到好奇。这是一种行之有效的策略，但值得考虑的是，这些策略是否也能在学生已经掌握了基本概念之后应用呢？例如，有一个经典的科学演示，把一张燃烧的纸放在一个牛奶瓶里，然后在瓶口上放一个煮熟的鸡蛋。纸燃烧后，鸡蛋似乎被吸进了瓶子。学生们无疑会感到惊讶，但如果他们不知道背后的原理，演示就像一个魔术——只是短暂的兴奋罢了，但他们想要理解的好奇心可能不会持久。另一种策略是在学生知道热空气膨胀而冷空气收缩，可能会形成真空后进行演示。在学生还没有掌握正确的背景知识之前，每一个让他们困惑的事实或演示都有可能成为一种体验，让学生暂时感到困惑，然后带来解决问题的乐趣。而什么时候使用像"鸡蛋入瓶"这样神奇的展示是值得思考的。

在学生准备过程中接受差异并采取行动

正如我在第8章中所描述的，我不认为有些学生"只是不太聪明"，应该安排要求不太高的课程。但是，假装所有学生都为学习出类拔萃做了同等的准备是很幼稚的。他们的准备工作各有差异，在家里得到了不同程度的支持，因此他们的能力和对自己作为学生的看法也会有所不同。反过来，这些因素影响着他们的持久性和对失败的复原力。假设这个观点成立，如果我在本章中所说的是真的，那么给所有的学生布置同样的作业就会弄巧成拙。能力较差的学生会发现作业太难了，他们会努力克服大脑的偏见，打心眼儿里逃避学业。我认为，给学生布置与其当前能力水平相适应的作业是十分明智的。当然，你会希望采取一种机敏的方式，尽量降低学生认为自己落后于他人的沮丧程度。但事实是，鉴于他们落后于其他人，给他们超出其能力范围的作业不太可能帮助他们迎头赶上，反而可能使他们落后得更远。

改变节奏

有时，我们都会不可避免地失去学生们的注意力，正如本章所描述的，在他们感到困惑时，就有可能发生这种情况。他们会走神，但好消息是让他们的注意力回来相对容易。毫无疑问，变化会吸引他们的注意力。当教室外响起砰的一声时，每个人都看向窗户。当你改变话题，开始一项新的活动，或者以其他方式表明你正在改变方向时，实际上每个学生的注意力都会回到你身上，你将有一个新的机会让他们参与进来。所以，计划好变化，监控全班的注意力，看看你是否需要更加频繁地增减课堂变化。

坚持记录

本章提出的核心思想是解决问题能够给人带来快乐，但问题的难易程度要恰到好处，必须足以解决，但也必须足够困难，需要付出一定的脑力。找到这个最佳点并不容易。你在课堂上的经验是你最好的向导，无论什么方法有效，都要再做一次；只要有任何的弊端，都放弃它。但不要期望一年后你会真的记得一项课程计划是如何奏效的。无论一堂课进行得多么顺利，又或是功亏一篑，我们都永远不会忘记所发生的一切。但是记忆遭到的破坏会让我们感到惊讶，所以要把它写下来。即使只是在便利贴上草草的一笔，也要试着养成一种习惯，记录你在衡量你为学生提出的问题的难度方面取得的成功。

成功思考的因素之一是长期记忆中信息的数量和质量。第2章将阐述背景知识对有效思考的重要性。

讨论问题

1. 只有当我们相信自己会成功时，我们才喜欢思考。如果你想更频繁地思考，那么你应该如何改变你的环境，以便遭遇恰当的心理挑战的频次更高？或者你会对自己说些什么来让自己更频繁地尝试？

2. 你的学生从什么时候开启"自动驾驶"模式？我们可以很容易地判

断，尝试脱离"自动驾驶"模式并更频繁地思考是有价值的，但这样做的阻碍是什么？你能想出一些方法来挑选他们目前在"自动驾驶"模式上能够解决的问题吗？这些问题实际上看起来很有价值、有意义去思考。

3. 学生的思考工作需要多少奖励呢？这个问题没有确切的答案，我们可以肯定的是，它会因年龄、学生的自我概念和每个学生坚持的内在方面的差异而不同。但值得考虑的是，你希望学生平均多久就能感受到成功的喜悦？同样重要的是，你怎么知道它们什么时候会发生？如果他们解决了一个问题，你确定他们会感到成功吗？如果没有，你能做些什么来激发这种感觉吗？

4. 想一想你的学生一贯喜欢的作业，并通过成功的认知工作来看待它们。这些作业有什么共同特点吗？

5. 我认为学生不能完全理解或明白待学的内容所要回答的问题。你认为这一点在你的教学环境中适用的频率有多高？要让学生们既能理解关键问题，又能参与其中的难度有多大？

6. 当我说处理工作记忆超负荷很简单时，我说你应该放慢速度，把事情分成更小的部分，就目前而言，这是事实。更棘手的是，学生之间的差异使他们感到负担过重。对此，我们又能做些什么？

第 2 章

当标准化考试只需要事实时，教师如何教授学生所需要的技能？

问： 关于事实学习的文章很多，而且很多都是负面的。目光短浅的校长要求学生对他们不懂的事实鹦鹉学舌，但事实并非如此。这已然成为美国教育的陈词滥调，尽管这种教育模式既不是新颖的，也不是特别美国化的——狄更斯在1854年出版的《艰难时世》中就提到过。自21世纪初以来，随着标准化考试重要性的增加，人们的担忧也在增加；这些考试通常很少为学生提供分析、综合或评论的机会，而是要求学生回忆起孤立的事实。许多教师认为，为标准化考试备考的工作已经挤占了教授技能的时间。事实学习到底有多少作用呢？

答： 毫无疑问，让学生记住一系列孤立的事实并不能丰富学生的知识。在缺乏事实性知识的情况下，试图教学生分析或综合概括等技能也是不可能的，这也是事实（尽管它不太受重视）。认知科学的研究表明，教师希望学生具备的各种技能，如分析能力和批判性思维能力，这些都需要广泛的事实性知识作支撑。指导本章的认知原则是：

你的思考能力取决于你掌握的事实性知识。

这意味着学生必须有机会学习事实性知识。这应该在实践思维技能的背景下进行，最好从学龄前开始甚至更早的时候开始。

当今的教育工作存在着一个极大的危险，那就是唯恐科学教学退化为相互脱节的事实和无法解释的公式的累积，这些事实和公式在没有养成理解力的情况下加重了学生记忆的负担。

——J. D.埃弗里特，写于1873年

当我还是一名大一新生的时候，和我住在同层的一个同学有一张海报，上面印着爱因斯坦的头像以及这位才华横溢、头发蓬乱的物理学家的名言："想象力比知识更重要。"我认为这很深奥。也许我当时在想，如果我的成绩不好，我可能会对父母说："虽然我得了C，但我有想象力！根据爱因斯坦的说法，我……"

大约40年后，教师们对知识保持警惕和厌倦的理由有所不同。美国政府寻求对学校教学质量的保证。这通常意味着孩子们将参加测试，而这些测试通常都有大量的多项选择题，需要直接回忆事实，因为这些题目最容易得分。下面两个例子来自我家乡弗吉尼亚州，一道是8年级的科学测试题，一道是历史测试题。

例1　海葵有毒。然而，小丑鱼分泌出一层黏液，可以保护它们免受海葵刺细胞的伤害。以下对黏液的最好描述是：

A. 适应

B. 关系

C. 能量需求

D. 社会等级

例2　乔治·华盛顿·卡佛为以下哪种物品发明了新的使用方法：

A. 纸

B. 电

C. 花生

D. 香蕉

为什么教师、家长或学生往往会抗议说，知道很多这些问题的答案并不能证明一个人真正了解科学或历史。我们希望学生去思考，而不是简单地去记忆。当一个人表现出批判性思维的迹象时，我们认为他/她很聪明，受过良好的教育。当有人在脱离背景的情况下依然滔滔不绝地讲述事实时，我们会认为他讲的很无聊，是在炫耀。

也就是说，在一些显而易见的情况下，每个人都会同意事实性知识是必要的这个观点。当演讲者使用不熟悉的词汇时，你可能无法理解他的意思。例如，如果一个朋友发短信告诉你，他认为你的女儿在和一个yegg[①]约会，你肯定想知道这个词究竟指的是哪个意思。同样，你可能知道所有的词汇，但缺乏概念知识，无法将这些词汇组合成可理解的东西。例如，最近一期科技期刊《科学》（*Science*）上刊登了一篇题为《在极端条件下测量相关电子

① yegg有漂亮的家伙、网虫和窃贼的意思。——作者注

系统中的磁场纹理》的文章。我知道每一个词的意思，但我对磁场的了解还不够，无法理解它们的纹理意味着什么，更不用说去理解人们为什么要测量它了。

背景知识对于理解的必要性是相当明显的，至少就我目前所描述的而言。你可以通过"思考"这个及物动词来总结这个观点。你需要好好想想，但你可以反驳（我经常耳闻），你不需要记住这些信息——你可以随时查阅。回想一下第1章的思考图示（图2.1）。

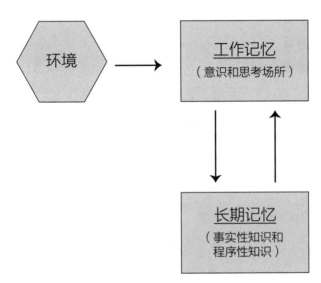

图2.1 大脑中的简化思考模型

我把思考定义为以新的方式组合信息。这些信息可以来自你长期记忆的事实，也可以来自环境。在当今社会，为什么要背东西呢？你可以在几秒钟内通过互联网找到任何你需要的事实性信息，包括yegg的定义。还有，世间万物的变化如此之快，以至于你记忆中的一半信息在5年左右的时间里就会过时。与其学习事实，不如练习批判性思维，让学生努力评估互联网上的所有信息，而不是试图记住其中的一小部分。

在本章中，我将证明上述论点是错误的。另外，我也会在第9章中讨论如何查找信息。过去40年的数据得出了一个结论，这在科学上并不具有挑战性：良好的思考需要知道事实，这是真的，不仅仅是因为你需要思考一些东西。教师最关心的过程——如推理和解决问题等批判性思维过程，与储存在长期记忆中的事实性知识紧密地交织在一起（而不仅仅是在环境中发生的）。许多人很难想象思考过程与知识是相互交织的。大多数人认为思考过程类似于计算器的功能。计算器有一组可以操作数字的过程（加法、乘法等），这些过程可以应用于任何一组数字。数据（数字）和处理数据的操作是分开的。因此，如果你学习了一种新的思考操作（例如，如何精确地分析历史文档），那么该操作应该适用于所有历史文档，就像一个计算正弦值的高级计算器可以计算所有的数字一样。

但人类的思考并不是这样运作的。当我们学会批判性地思考时，比如说，欧洲地缘政治导致了第二次世界大战，并不意味着我们也可以批判性地思考一场国际象棋比赛，或是关于中东当前的局势，甚至是法国大革命造成的欧洲地缘政治。批判性思考过程与背景知识有关（尽管如我在第6章所述，当我们获得重要经验时，批判性思考过程变得不那么重要）。认知科学的这项工作得出的结论是直截了当的：我们必须确保学生在学习批判性思考技能的同时获得背景知识（如图2.2的星盘[①]所示）。

[①] 人的大脑更像这张星盘，而不是计算器。除了其他功能外，它还可以用来测量天体在地平线以上的高度，但这一功能并不独立于知识。星盘的知识表示你所看到的刻着的数字，以及各部分相对运动的方式是其结构的一部分。当然，你需要处理，你需要知道如何使用星盘，但知识表示也是必不可少的。——作者注

在这一章中，我将阐述认知心理学家如何认识到思考技能和知识是紧密联系在一起的。

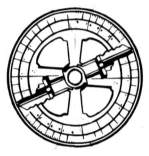

图2.2 星盘

背景知识对阅读理解至关重要

背景知识可以帮助你理解别人在说什么或写什么。在上一节中，我给出了几个比较浅显的例子，如果一个词语（例如，yegg）或一个概念（例如，磁场纹理）从你的长期记忆中消失了，你可能会感到困惑。但是对背景知识的需求要比对定义的需求更强烈。

假设一个句子包含两种观点——称之为A和B。即使你知道词汇，你也理解A和B，你仍然可能需要背景知识来理解这个句子。例如，假设你在一本小说中读到下面的句子：

马克说，"老板来吃晚饭时，我不能用我的新烧烤架"。

你可以说观点A是马克在使用他的新烧烤架，观点B是他不应该在老板来吃饭的时候这么做。显然，你要理解的不仅仅是A和B，作者希望你能理解这两个想法的关系，即B（老板来了）是A（不应该使用新烧烤架）的原因。但是作者忽略了两件事，这两件事可以帮助你在A和B之间架起桥梁：

人们经常在第一次使用新设备时犯错误，以及马克想给他的老板留个好印象。把这些事实放在一起，你就会明白，马克担心他第一次用新烧烤架会把食物弄坏，他不希望以此来款待老板。

阅读理解取决于将文章中的观点结合起来，而不仅仅是理解每个观点本身。但是作者很少向读者提供架起思想桥梁所需要的所有信息。作者假设读者在长期记忆中已经存有这些知识。在刚刚给出的例子中，作者假设读者已经知道关于新设备和老板的相关事实。

为什么作家要留白？难道他们不知道这样做存在读者因缺乏相关的背景知识而感到困惑的风险吗？这是有风险的，但作者不能在文中包含所有的事实细节。如果他们这样做了，散文冗长不说，还索然无味。举个例子，想象一下你正在读这篇文章：

> 马克说，"老板来吃晚饭时，我不能用我的新烧烤架"。然后他又补充道，"我要说明一下，我所说的老板，是指我现在的主管而不是公司的总裁，也不受任何其他监督人员干预。我这里的'晚饭'用的是当地方言，而不是像美国某些地方所说的'午饭'。当我说烧烤时，我说得不太准确，因为我真正的意思是炙烤，因为烧烤通常是指慢烤，而我打算用高温烹饪。无论如何，我担心的是，我对烧烤（即烤肉）的经验不足，会导致食物不可口，我希望能给老板留个好印象。因为我相信给老板留下好印象会提高我在公司的地位，而且糟糕的食物也不会让人印象深刻"。

我们都认识这样说话的人（我们也尽量避开他或她），但这样的人并不多，大多数作者和演讲者觉得省略一些信息是稳妥的。

作者和演讲者如何决定省略哪些内容呢？这取决于他们的受众。假设你正坐在办公室里用笔记本电脑工作，这时有人走进来问："你在做什么？"你会如何回应呢？

这取决于问话的人是谁。如果今天是"带孩子上班日"，而提问者是同事两岁大的孩子，你可以说："我在电脑上打字。"但对于一个成年人来说，这是一个荒谬的回答。为什么？因为你应该假设成年人知道你在打字的信息，更恰当的回答可能是："我正在填写表格。"

因此，我们调整自己的答案，会根据我们对他人所知的判断，提供或多或少（或不同）的信息，从而决定哪些信息我们可以安全地省略，而哪些信息需要解释。与亲密朋友分享经历的乐趣之一是"圈内笑话"，这是一个只有你们两人明白的说法。因此，如果她最好的朋友问她在做什么，打字员可能会说，"我在画一条碎石路"。他们的密码基于共同的经验，源自一项漫长而毫无意义的任务。当然，这是一种极端情况，假设你的受众已最大限度地掌握了信息。

当知识缺失时会发生什么？假设你读了下面的句子：

> 他说他有栋湖边小屋，我相信他，直到他说在涨潮时他的房子离水面只有40英尺。

如果你像我一样，你也会感到困惑。当我读到一篇类似的文章时，我的岳母后来向我解释说，湖水没有明显的潮汐。我没有作者认为读者应该拥有的背景知识，所以我不理解这篇文章。

因此，词汇形式的背景知识有助于我们理解单个想法（称为A），但背景知识也常常是理解两个想法（A和B）之间联系的必要条件。事实上，作者经常快速连续地呈现多种想法——A、B、C、D、E和F——期望读者将它们组合成一个连贯的整体。看看这句出自《白鲸》第35章的话：

现在，斯立特船长显然是出于热爱才这样描述他的瞭望台所有细微的便利设施，但是，尽管他对其中的许多内容进行了如此详尽的阐述，尽管他用一个非常科学的方式向我们介绍了他在这个瞭望台里做的实验，他还在那里保留了一个小指南针，目的是抵消所有宾纳克尔（binnacle）磁铁，即所谓的"局部吸引力"所产生的误差；这一错误是由于船的甲板上的铁的水平距离很近，就冰河号来说，也许是由于它的船员中有那么多受伤的铁匠；我要说的是，尽管船长在这里非常谨慎和科学，尽管他学习了"宾纳克尔偏差""方位罗盘观测"和"近似误差"，他非常清楚，斯立特船长，并没有完全沉浸在那些深刻的磁冥想中，他偶尔也会被那只装得满满的小瓶吸引过去，那只小瓶塞得那么好，放在他的瞭望台的一边，伸手就能够得着。

为什么这个句子这么难理解？你已经没有多余的精神空间了。它有很多观点，因为它是一个句子，你试着一次把它们都记在脑子里，并把它们联系起来。但是因为有很多观点，你不可能同时记住所有的观点。用第1章的术语来说，你没有足够的工作记忆能力。在某些情况下，背景知识可以帮助解决这个问题。

为了理解原因，让我们从以下演示开始。把下面列出的字母读一遍，然后遮住它，看看你能记住多少个字母。

X C N

N P H

```
            D   L   O
            L   G   M
            T   F   A
            Q   X
```

好吧，你能记得多少字母？如果你和大多数人一样，答案可能是7个。现在用这个列表试试同样的任务：

```
                X
            C   N   N
            P   H   D
            L   O   L
            G   M   T
            F   A   Q
                X
```

在第二张列表中，你可能会正确记得更多字母，而且毫无疑问，你会发现它更容易记忆，因为这些字母都是大家熟悉的首字母缩略词。但是你注意到了第一个和第二个列表其实是一样的吗？我只是改变了空格的位置（换行），使首字母缩写在第二张列表中更明显。

这是一项工作记忆任务。第1章提到过工作记忆是你大脑中的一部分，你在大脑中合成和操纵信息，并将其视为意识的同义词。工作记忆的容量有限，因此你无法在工作记忆中记住列表一中的所有字母。但是你可以记住列表二中的每个字母，为什么？因为工作记忆中的空间量并不取决于字母的数量；它取决于有意义对象的数量。如果你能记住7个独立的字母，你就能记住7个（或大概7个）有意义的首字母缩略词或单词。字母F、A和Q加在一起只算作一个对象，因为它们组合在一起对你来说才有意义。

将环境中独立的信息片段在心理上联系在一起的现象叫作分块记忆（chunking）。这样做的好处是显而易见的，如果可以分块，你可以在工作记忆中保留更多的内容。但关键在于，只有当你在长期记忆中拥有可应用的事实性知识时，分块记忆才会起作用。只有当你已经知道"CNN"是什么时，你才会认为"CNN"是有意义的。在第一个列表中，三个字母组合之一是"NPH"。如果你是神经科医生，你可能会把这一个字母组合当成一个整体来处理，因为"NPH"代表一种大脑紊乱，常压脑积水。如果你的长期记忆中没有这些知识，你就不会把"NPH"看成一个整体。在工作记忆中使用背景知识对事物进行分块的基本现象并不仅仅适用于字母。它适用于任何事情：桥牌玩家打牌，舞蹈家的舞步等。

因此，长期记忆中的事实性知识允许分块，而分块增加了工作记忆中的空间。分块能力与阅读理解有什么关系？我之前说过，如果你读A、B、C、D、E和F，你需要把它们联系起来，才能理解它们的意思。在工作记忆中要记住的东西很多。但是假设你把A到F组合成一个概念会发生什么，理解起来容易多了。例如，思考这段话：

> 阿什伯恩击出一个滚地球给游击手沃兹，后者又把球传给二垒手达克。达克上垒，迫使从一垒跑来的克雷明出局，然后他接着传给了一垒手安德森。阿什伯恩未能上垒。

如果你像我一样理解，那么这段话很难懂。单个行为太多了，它们很难联系在一起。但对于了解棒球的人来说，这是一种熟悉的模式，就像"CNN"一样。这些句子描述了一系列经常遇到的事件，称为"双杀"。

大量研究表明，如果人们已经掌握了一些相关的背景知识，他们会更好地理解他们所阅读的内容。部分原因是分块记忆。关于这一点，对初中生进行了一项研究：根据标准阅读测试，一半是高阅读能力读者，一半是低阅读能力读者。研究人员让学生们读一篇描述半局棒球比赛的故事。当他们阅读时，会让学生们定时停下来，并要求他们通过使用棒球场和球员的模型来展示他们理解故事中发生了什么。这项研究的有趣之处在于，一些学生对棒球了解很多，而一些学生略知皮毛。研究人员事前确保每个人都能理解行为，例如，当一名球员得到双打机会时发生了什么。一个颇具戏剧性的发现（如图2.3所示）是，学生们对棒球的了解程度决定了他们对这个故事的理解程度。无论他们是高阅读能力的"好读者"还是低阅读能力的"差读者"，他们的阅读能力没有背景知识重要。

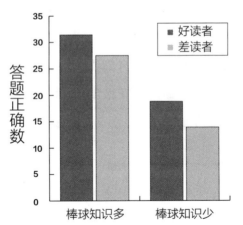

图2.3　先前知识对好读者和差读者文本记忆的影响[1]

---

[1] 正如你所预测的，好读者（黑色图柱）比差读者（灰色图柱）理解得更多，但与知识的影响相比，这种影响是有限的。通过标准阅读测试，了解棒球知识的人（左边的图柱）比不了解棒球知识的人更好地理解这篇文章，无论他们是"好"还是"差"的读者。——作者注

因此，背景知识允许分块，这在工作记忆中有更大的空间，更容易将想法联系起来，从而更容易理解。

背景知识也澄清了一些细节，否则这些细节就会模棱两可、令人困惑。在一个实验中，6名受试者阅读了以下文章：

> 这个过程其实很简单。首先，将物品分到不同的组。当然，一堆就足够了，这取决于要做多少。如果你因为缺乏工具而不得不去其他地方，那就是下一步；否则，你就准备就绪了。重要的是不要过度。也就是说，高频少量比一次做太多要好。

这段文字整体就是模糊不清、迂回曲折的，因此很难理解。问题不在于你缺少词汇。相反，一切似乎都很模糊。不出所料，当稍后被问及这段话时，人们记不住其中的大部分内容。如果他们一开始就知道这篇文章的标题是"洗衣服"，他们就会记得更多。现在你知道题目了，再看一遍这篇文章。标题告诉你哪些背景知识是相关的，你可以利用这些知识来澄清歧义。例如，"将物品分组"被解释为对深色、亮色和白色进行分类。这个实验表明，我们不是在真空中吸收新信息的。我们解读和读到的新东西是根据我们已掌握的其他信息。在这种情况下，标题"洗衣服"会告诉读者使用哪些背景知识来理解这篇文章。当然，我们阅读的大部分内容并不那么模糊，我们通常知道哪些背景信息是相关的。因此，当我们阅读一个模棱两可的句子时，我们迅速调动对应的背景知识来解释它，甚至可能没有注意到潜在的模棱两可之处。比如指示牌上的这句话，"如果你的狗狗大便了，请把它捡起来"。大多数人甚至不会注意到"它"这个词是指代不清的，因为背景知识已经告诉你需要捡起的是什么。

我已经列出了背景知识对于阅读理解起重要作用的四种方式：（1）它提供词汇；（2）它允许你弥合作者留下的逻辑鸿沟；（3）它允许分块，这增加了工作记忆的空间，从而更容易将想法联系在一起；（4）它指导歧义句的解释。事实上，背景知识在其他方面也有助于阅读，以上这些只是其中的重点。

一些观察者注意到，知识对阅读的重要性是导致4年级学生阅读能力下降的主要原因。如果你不熟悉这句话，它指的是来自社会经济背景略差家庭的学生通常在3年级时，其阅读能力表现正常，但在4年级时突然就掉队了。对于该现象的解释是，3年级的阅读指导主要集中在解码，弄明白如何用印刷符号读出单词，这就是阅读测试所强调的。到4年级的时候，大多数学生都是性能良好的"解码器"，这时阅读测试开始强调理解。理解取决于背景知识，这是来自特权较多的社会阶层的孩子的优势。与同龄人相比，他们来到学校时词汇量更大，对世界的了解也更多。而且，因为了解新知识会让学习新知识变得更容易（如下一节所述），来自不同背景的儿童之间的差距愈发拉大。

背景知识对于认知技能的必要性

背景知识不仅能让你成为一个更好的读者，更能让你成为一个好的思考者。如果没有背景知识，我们盼望学生进行的批判性和逻辑性思考是不可能实现的。

你应该知道在很多时候当我们看到一个人在进行逻辑思考时，他/她实际上是在进行记忆提取。正如我在第1章所描述的，记忆是首要的认知过程。当遇到问题时，首先要在自己的既有认知中寻找解决方案，如果找到了，就很有可能使用它。这样做很容易，而且可能相当有效；你记得某个问题的解决方案，可能是因为它上次奏效了，而不是因为它失败了。要理解这种效果，首先尝试一个你不具备相关背景知识的问题，如图2.4所示。每张卡牌都是一面为字母，另一面为数字。规则如下：如果一面是元音字母，另一面就必须是偶数。你的任务是验证这四张卡牌是否遵循以上规则，并确保翻转牌面的次数越少越好，你会怎么翻牌？

图2.4　卡牌游戏

这个题比它看上去要困难得多。事实上，只有15%—20%的大学生答对了。正确答案是翻卡牌A和卡牌3。大多数人会翻开卡牌A——很明显，如果另一边的数字不是偶数，就违反了规则。许多人错误地认为他们需要翻卡牌2。然而，这条规则并没有规定偶数牌的另一面必须是什么。必须翻转卡牌3，因为如果卡片的另一面是元音字母，则违反了规则。

现在让我们看看这个问题的另一个版本，如图2.5所示。这次想象你是酒保，每张卡牌代表一位顾客，一面是顾客的年龄，一面是顾客的饮料。你必须执行这条规则：如果顾客要喝啤酒，必须年满21岁。你的任务是验证这组的四人是否符合此规则，并确保翻转牌面的次数越少越好，这次你又会如何翻牌？

如果你和大多数人一样，这个问题相对简单：你翻啤酒卡牌（来确保这个顾客超过21岁），你翻17卡牌（确保这个孩子没有喝啤酒）。但从逻辑上讲，卡牌17在问题中扮演的角色与之前版本中的卡牌3相同，但是几乎所有人都错过了卡牌3。为什么这次这么容易？其中一个原因可能是你对这个话题很熟悉。你对饮酒年龄的概念有一定的背景知识（21岁为法定饮酒年龄），你也知道执行这一规定会涉及什么。因此，你不需要进行逻辑推理。你有处理问题的经验，你记得该怎么做，而不是需要推理出来。

图2.5　另一个版本的翻牌游戏

　　事实上，人们利用记忆来解决问题的频率可能比你想象的要高。例如，世界上最优秀的国际象棋棋手之间的差距似乎不在于他们对比赛的推理能力或走出一记妙棋，而是他们对棋谱的记忆。以下是得出该结论的一个关键发现。国际象棋比赛是计时的，每个棋手有一个小时的时间来完成他或她的走法。还有所谓的国际象棋超快棋锦标赛，棋手在比赛中只有5分钟的时间走完所有的步数（如图2.6的计时装置所示）。在超快棋比赛中，每个人的表现都较以往稍有逊色，这并不奇怪。令人惊讶的是，最好的棋手仍然是最好的，次好的棋手仍然是次好的，以此类推。这一发现表明，在超快棋比赛中，那些让最优秀的棋手比其他人更优秀的因素仍然存在。无论如何，给予他们优势的都不是一个耗费大量时间的过程，否则他们就会在超快棋比赛中失去优势。

　　似乎是记忆造就了最好的棋手之间的差异。当锦标赛级国际象棋棋手选择一个棋步时，他们首先会估量整盘棋，迅速判断出棋盘上的哪一部分是最关键的，并判断出自己和对手防守中的薄弱环节在哪里，等等。这一过程依赖于棋手对于类似棋盘布局的记忆，因为这是一个记忆过程，所以只需要很少的时间，也许只有几秒钟。这一评估大大缩小了棋手可能的操作范围，只有评估完成后，他们才会进行缓慢的推理过程，从几个候选走法中选出最佳的。这就是顶级棋手即使在超快棋比赛中表现也很出色的原因。大多数繁重的工作都是靠记忆完成的，这个过程只需要很少的时间。在该研究和其他研究的基础上，心理学家估计顶级棋手在长期记忆中可能有5万个棋局记忆。因此，背景知识是决定性的，即使在我们认为可能是典型的逻辑思考游戏的国际象棋中。

图2.6　象棋比赛的计时装置①

这并不是说所有的问题都可以通过与过去的案例进行比较来解决。当然，有时你会推理，但即使这样，背景知识也会有所帮助。在前文，我讨论了分块记忆，这一过程允许我们将独立的几个项目视为单个单元（例如，当C、N和N成为"CNN"时），从而在工作记忆中创造更多空间。我强调，在

---

① 每只时钟上的黑色指针都在倒计时，下好一步棋，玩家就按下时钟上方的按钮，指针停止转动，代表对手的时钟也重新开启。在超快棋比赛中，玩家为每个时钟设定相同的时间，即5分钟，这代表玩家在游戏中所有动作的总时间。每个时钟上接近12点的旗状装置在指针接近12点时被推到一边。当小旗装置落下时，就说明玩家已经超过指定的时间，因此丧失了比赛资格。——作者注

阅读中，组块所提供的额外心理空间可以用来将句子的意思相互联系起来。这种额外的空间在逻辑思考时也很有用。

举例来说，你有没有这种经历？当一个朋友走进别人的厨房，用手边的任何食材迅速做出一顿美味的晚餐，这通常会让厨房里的人感到惊讶？当你的朋友看向橱柜时，她看到的不是配料而是食谱。她对食物和烹饪有着广泛的背景知识。

一个烹饪大师会有相关的背景知识，在看到堆满食物的储存室时，就能看到许多可能性。例如，将山核桃与烤鸡馅料一起压碎，做成鸡肉面包；或用茶来给米饭调味。这些必不可少的食材原料就会在工作记忆中整合合成，所以专家在工作记忆中就会有空间来专注于计划的其他方面，例如，考虑其他可能与这道菜互补的菜，或开始计划烹饪步骤。

分块记忆同样适用于课堂活动。比如，以两个学习代数的学生为例。一个对分配律还不太熟悉，另一个已经掌握了。当第一个学生试图解决一个问题时，看到$a(b+c)$，他不确定这一表达式是否等同于$ab+c$、$b+ac$或$ab+ac$，因此他暂时把这道题放到一边，并开始代入简单的数字来检验他的猜测。第二个学生将$a(b+c)$识别成一个整体，不需要停下来考虑这个问题的子问题而占据工作记忆。显然，第二个学生更有可能成功地解出这道题。

关于知识和思考技能还有最后一点需要说明。专家告诉我们，即使没有这样描述，他们在思考自己领域的过程中所做的很多事情都需要背景知识。以科学为例，我们可以告诉学生很多关于科学家的想法，他们可以记住这些建议。例如，我们可以告诉学生，在解释实验结果时，科学家对反常（即意料之外的）结果特别感兴趣。意外的结果表明他们的知识是不完整的，而且这个实验包含了隐藏的新知识的种子。但要想让结果出人意料，你必须有一个预期，即对结果的预期将基于你对该领域的知识。如果没有适当的背景知识，我们告诉学生的关于科学思考策略的大部分或全部内容是不可能应用的。这里再补充一个美国威斯敏斯特全犬种大赛的例子，评委在狗展上评估一只迷你杜宾犬，从某种程度上讲，他通过与数千只狗的接触获得了专业知识。但是要想成为美国养犬俱乐部的比赛评委，不仅需要直接的知识证明（通过犬类解剖学和比赛程序的测试）和相关经验（在当地赛事中担任助理评委），而且还必须与许多犬类打交道，拥有至少12年的犬类相关经验。这个例子也证明了本章的观点。正如著名地质学家赫伯特·哈罗德·里德（Herbert Harold Read）所说，"最好的地质学家是见过最多岩石的人"。历史、语言艺术、音乐等领域也是如此。

我们可以向学生提供关于如何在领域中成功地思考和推理的泛论，看起来它们不需要背景知识，但是当你考虑如何应用它们时，往往需要背景知识。

事实性知识能提高记忆力

说到知识，拥有越多的人收获越多。许多实验已经证实，使用相同的基本方法时，背景知识对记忆有益。研究人员把一些在某一领域有专长的人（例如，足球、舞蹈或电子线路）和一些没有专长的人带进实验室。每个人都读一个故事或一篇小文章。文字材料很简单，没有专业知识的人理解起来也没有困难；也就是说，它们能告诉你每个句子的意思。但是第二天，有背景知识的人比没有背景知识的人记住更多的内容。

你可能会认为这种影响确实是由于注意力引起的。如果我是一个篮球迷，我会喜欢阅读有关篮球的书籍，并会密切关注，而如果我不是一个篮球迷，阅读有关篮球的书籍会让我感到厌烦。但实际上，很多研究表明，专家是可以创造出来的。研究人员让一部分参与者大量阅读与新的主题相关的内容（例如百老汇音乐剧），另一部分只做少量阅读。然后，让他们阅读关于这个主题的其他新事实，他们发现专家（阅读量大的样本）比新手（阅读量小的样本）更快速、更容易地了解新事实。

为什么已经知道一些关于主题的知识的人，能更容易记住材料呢？我已经说过，如果你对某一主题了解得更多，你就能更好地理解有关该主题的新信息。例如，了解棒球的人比不了解棒球的人更能理解棒球故事。这一概括将在下一章进行讨论和完善，但要了解这种效果，请阅读以下两个片段。

运动学习是指在环境中实现行为目标的动作能力的熟练变化。神经科学中一个基本且尚未解决的问题是，是否存在一个单独的神经系统来表征习得的一系列运动反应。用大脑成像和其他方法定义该系统，需要对特定的系列学习内容给出详细描述。	戚风蛋糕将用植物油代替传统蛋糕中的油脂——黄油。在招待客人的活动中有一个根本的、尚未解决的问题是，何时做奶油蛋糕，何时做戚风蛋糕。这个问题，需要专家品鉴小组和其他方法来回答，需要仔细描述蛋糕所需的特性。

左边的段落摘自一篇技术研究文章。每一句话都可能是可以理解的，如果你慢慢地看，你可以看到它们之间的联系：第一句话提供了一个定义；第二句话提出了一个问题；第三句说的是，在解决问题之前，必须对正在学

习的东西（技能）进行描述。我在右边写了一段与之平行的话，句子结构都是一样的。你认为明天你记得更清楚的会是哪一个？

右边的段落更容易理解（因此也更容易记住），因为你可以把它和你已经知道的东西联系起来。你的经验告诉你，一块好的蛋糕尝起来是黄油味的，而不是用植物油，所以有些蛋糕是用植物油做的这一事实的价值是显而易见的。同样地，当最后一句提到蛋糕需要什么特征（特性）时，你可以想象这些特征可能是松软、滑嫩，等等。请注意，这些作用与理解无关，尽管缺乏背景知识，你还是能很好地理解左边的段落。但是缺少了一些丰富性，理解得不够到位、不够深入。这是因为，当你有了背景知识时，即使你没有意识到，你的大脑也会将你正在阅读的材料与你已经了解的主题联系起来。

这些联系将帮助你明天记住这段话。记住任何事情都是关于记忆的线索。当我们想起与我们试图记住的事情有关的事情时，我们就会回忆起来。因此，如果我说"试着记住你昨天读的那一段"，你会对自己说"对，和蛋糕有关的"。然后，关于蛋糕的信息就会自动地（也许是无意识地）掠过你的脑海——它们是烘焙的……上面有糖霜……生日派对上会有一个……是用面粉、鸡蛋和黄油做的……突然之间，背景知识——蛋糕是用黄油做的为记住这段话提供了一个立脚点："对，这是关于一个用植物油代替黄油的蛋糕。"把这段话中的信息添加到你的背景知识中，它看起来更容易理解，也更容易记住。可惜的是，关于运动技能这一段被孤立了，由于它与任何背景知识无关，因此事后就更难以记住了。

背景知识的最后一个作用，即长期记忆中的事实性知识使人们更容易获得更多的事实性知识，这是值得深思的。这意味着你持有的信息量取决于你已经拥有的信息量。所以，如果你拥有的比我多，你持有的也比我多，也就是说你得到的比我多。为了使这个想法更具体，假设你的记忆中有10 000件事实，而我只有9 000件。假设我们每个人都记住了一定比例的新东西，而这个比例是基于我们记忆中已经存在的东西。你能记住你听到的10%的新事实，但因为我的长期记忆知识较少，我只能记住9%的新事实。假设我们每个人每个月接触到500个新事实，表2.1显示了我们每个人在10个月的长期记忆中拥有多少事实性知识。

表2.1 就知识而言，拥有更多知识的人就会拥有更多

月份	你记忆中的事实性知识	你能记住的新事实性知识的百分比	我记忆中的事实性知识	我能记住的新事实性知识的百分比
1	10 000	10.000	9 000	9.000
2	10 050	10.050	9 045	9.045
3	10 100	10.100	9 090	9.090
4	10 151	10.151	9 135	9.135
5	10 202	10.202	9 181	9.181
6	10 253	10.253	9 227	9.227
7	10 304	10.304	9 273	9.273
8	10 356	10.356	9 319	9.319
9	10 408	10.408	9 366	9.366
10	10 460	10.460	9 413	9.413

10个月后，我们之间的差距从1 000个事实性知识扩大到1 047个事实性知识。因为长期记忆能力强的人更容易学习，这种差距只会越来越大。我能赶上你的唯一办法就是确保我比你了解更多的事实性知识。如果在学校学习，我想迎头赶上，但这是非常困难的，因为你们正在以越来越快的速度超

越我。

当然，上述例子中的所有数字都是我编造的，但是基本原理是正确的——拥有更多知识的人就会拥有更多。我们也知道获得事实性知识的途径在哪里。如果你想接触新词汇和新思想，可以去看书籍、杂志和报纸。那些沉迷于视频、游戏、社交媒体和发短信的朋友能够接触到的新想法和词汇的机会就会更少。

我在前文引用了爱因斯坦的一句话：想象力比知识更重要。但愿你现在已经同意爱因斯坦的这句话是错的。知识更重要，因为它是想象力的先决条件，或者至少是导致问题解决、决策和创新想象力的先决条件。如表2.2所示，其他伟人也发表了类似的评论，低估了知识的重要性。

表2.2　伟大思想家贬低事实性知识的重要性的语录

教育是当所学的东西被遗忘后仍然存在的东西。	心理学家B.F.斯金纳
我从来没有让上学影响到我的教育。	作家马克·吐温
在教育中，没有什么比以惰性事实的形式积累的无知数量更令人惊讶的了。	作家亨利·布鲁克斯·亚当斯
除非你弄丢了课本，烧了笔记，忘记了备考的细节，否则你所学的知识对你来说毫无用处。	哲学家阿尔弗雷德·诺斯·怀特海
我们被关在学校和大学的朗诵室里学习了10年或15年，最后带着满满一肚子的单词出来，什么也不知道。	诗人拉尔夫·沃尔多·爱默生

我不知道为什么一些伟大的思想家（他们无疑知道很多事实）喜欢诋毁学校，经常把学校描绘成无用的记忆信息的工厂。我想我们会把这些话看作是讽刺，或者至少是无趣的。但是我不需要那些聪明、有能力的人来告诉我（和我的孩子们）了解事物是没有用的。正如我在本章所展示的，最受推崇的认知过程——逻辑思维、解决问题等等——与知识交织在一起。毫无疑

问，学习不会运用的事实是没有价值的。同样，没有事实性知识，一个人就不能有效地运用思考技能。

有一句西班牙谚语恰如其分地强调了经验的重要性，并由此推论出知识的重要性："Mas sabe El Diablo por viejo que por Diablo"，翻译过来就是：魔鬼知道的多，与其说因为它是魔鬼，不如说因为它活的年岁长。[1]

小结

如今，很少有人把单纯为了了解事物而学习知识作为学校教育的目标。我们的目标是让学生学会思考。此外，人们将思考描述为一个很自然的过程，因此便草率得出知识并不重要的结论。但是，我们已经看到了许多依靠知识来思考的方式。知识可以让你弥补作者的留白，并在句子模棱两可时指导你的理解。知识对于分块记忆至关重要，分块记忆可以节省工作记忆的空间，从而促进知识的推理。有时，知识代替了推理，比如当你简单地回忆以前的问题解决方案时；而另一些时候，知识需要运用一种思考技能，比如当科学家判断一个实验结果是反常的时候。与其把知识看作是可能插入思考过程的数据，不如把知识和思考看作是相互交织的。

对课堂的启示

如果事实性知识能够更好地推进认知过程，那么我们必须帮助学生学习背景知识。我们如何做才能确保他们学会了呢？

---

[1] 意思是经验提供的知识比一个人内在的狡猾或智慧更多。——编者注

学生应该学习哪些知识

老师很可能会问自己，学生应该学习哪些知识？这个问题往往很快就会变成"政治问题"。当我们开始明确哪些是必须教的，哪些是可以省略的时候，似乎我们已经在根据信息的重要性来划分了。对历史事件和人物、剧作家、科学成就等知识的包含或遗漏会被指责为文化偏见。认知心理学家对此有不同的看法，"应该教学生哪些知识"这个问题并不等同于"什么知识是重要的"，而是"你希望学生能够做什么"。这个问题有两个答案。

为了阅读，学生们必须知道作者假定读者已知因此省略掉的信息。所以关键问题是，你希望学生能够阅读什么？一个常见的答案，当然肯定不是唯一的答案，是读懂一份日报、科普类读物和期刊。一个人要想好好阅读《华盛顿邮报》，必须具备报刊编辑及作者认为读者已有的长期记忆的信息。他们的假设非常宽泛，因为《华盛顿邮报》发表的文章涉及的领域众多，包括政治、视觉艺术、文学、公民学、历史、戏剧、舞蹈、科学、建筑，等等。但是《华盛顿邮报》的编辑和作者们并不期待读者有多么深刻的知识。他们可能会认为读者知道毕加索是画家，但不知道他是立体派画家。

对于你希望学生阅读的内容，你可能还有其他的目标，这一点很重要。我之所以提到"受教育的外行人"的目标，是因为我认为这在父母中很常见。如果你想让学生能够阅读其他类型的材料，你应该瞄准那些作者在他们的读者中假定的信息。那些学生将会最成功地阅读关于他们了解的主题的文章。

"什么知识是重要的？"适用于核心科目课程。关于科学、历史和数学，学生应该知道些什么？这个问题与第一个问题不同，因为在这些学科领域知识的使用与一般阅读知识的使用是不同的。《华盛顿邮报》的文章可能不会对"星云"这个词下定义，但作者不会指望我能给出比"天体"这个词更深刻的定义。如果我学的是天体物理学，我需要知道更多的相关知识。

学生不可能什么都学，所以，他们应该知道什么？认知科学得出了一个相当明显的结论，即学生必须学习反复出现的概念，即每个学科的通用概念。一些教育思想家建议，应该深入教授有限数量的思想，从小学开始，在课程中贯穿数年，通过一个或多个思想的视角讨论和看待不同的主题。从认知的角度来看，这是有道理的。

先构造知识体系，后掌握批判性思维

我们的目标不仅仅是让学生知道很多东西，而是让他们知道一些有助于有效思考的东西。正如本章所强调的，批判性地思考需要背景知识。批判性思维不是一套脱离背景知识的情况下就能练习和完善的程序。因此，考虑学生是否有必要的背景知识来执行你可能指派的批判性思考任务是极其重要的。例如，我曾经观摩到一位教师问她4年级的学生，他们认为住在雨林里会是什么样子。尽管学生们花了几天的时间谈论雨林，但是由于缺乏背景知识，他们除了简单的回答（如"可能下雨"）之外，没有给出其他答案。她在单元结束时问了同样的问题，学生的答案明显丰富了。一名学生立即表示，她不想住在雨林里，因为那里土壤贫瘠，常年性阴凉，这意味着她可能不得不在饮食中添加肉类，而她是一名素食主义者。

请注意，这并不意味着只教他们知识，直到他们掌握了大量的知识，然后才鼓励他们思考。当然，你仍然希望孩子们去思考，即使他们正在获取知识。认识到批判性思维需要知识，可能会促使你调整那些批判性思维问题和任务，以更好地反映学生所知晓的内容。

意识到思考的价值只是第一步

因为我们希望学生能够批判性地思考，所以自然而然地，我们应该尝试提供给学生批判性思维的直接指导。如果你在思考应该如何思考，那就是元认知。有证据表明，教学生元认知技巧是有助益的。元认知策略的伟大之处在于它们简单、教授速度快，以及应用范围广。但在实际操作时，元认知技巧可能不会像表面上看着那么好。

我举一个阅读理解策略进一步说明。你告诉学生一些策略，比如当遇到不熟悉的单词时，结合上下文，看看是否有助于你理解单词的意思。或者在阅读文本之前，结合标题对内容进行预测。这些是控制思维的策略，可以提高理解力。

但是你已经看到，阅读理解的一个关键因素是从记忆中提取出作者隐去的知识，比如马克和他的烧烤。关联"不应该使用他的新烧烤架"和"老板来吃晚饭"，需要借助隐去的知识，而省略的知识正是这句话的独特之处，这是使两个想法结合在一起的关键。策略技巧的全部意义在于它们是通用的，因为它们应该是万能的。因此，策略无法告诉你想法是如何结合在一起的——每一个"结合"都是你正在阅读的句子所特有的。

在教学场景之外，我也做过类似的类比。假设你在宜家买了一件家具，回到家，把它扔在地板上，看到说明书上只写着："开始之前，想想你以前见过的其他家具。"然后你把东西放在一起。慢慢来，不要强求。此外，当你在拼搭家具的时候，时不时地停下来，看看你的进度，看看它是否开始变得像一件家具了。这其实是很有帮助的建议，但还远远不够，你需要知道哪些部件应该用螺栓固定在一起。同样，阅读也需要了解思想如何联系的细节。但是一般的阅读策略在某些时刻仍然是有用的，比如温馨提示。我认为这一特征适用于大多数元认知策略。在判断科学实验是否合理时，最好要评估控制条件与实验条件是否匹配。知道你应该怎么做是有帮助的，即使记住这个策略并不能告诉你怎么做。为此，你需要相关的背景知识。

浅显的知识也胜过无知识

有些时候，事实性知识的一些好处只有在知识达到一定深度的时候才显现出来，例如，推理通常需要理解你正在推理的东西可能扮演的许多角色。但浅显的知识也能带来其他好处。当我们阅读时，我们通常不需要对一个概念有深入的了解就能理解它在上下文中的意思。例如，我对棒球几乎一无所知，但在一般阅读中，一个浅白的定义，如"一种用球棒和球进行的运动，两支球队经常互相对抗"就可以了。知识渊博固然好，但是我们不可能对所有的东西都有深刻认识，略知一二肯定比没有认识要好。

让孩子开始阅读只是起步

本章所描述的知识的作用也突出了为什么阅读如此重要。孩子们从阅读中接触到的事实和词汇比其他任何活动都要多，大量数据证实，以阅读为乐趣的人在一生中都享受着认知带来的好处。

人们有时会问：漫画小说（图文小说）算不算？有声书算不算？答案是肯定的！漫画小说在情节、词汇等方面都非常复杂。而听有声书与阅读纸质书有相当多的重叠。当然，孩子们并没有练习解码或提高流利程度，但无论是阅读还是听力，理解的过程是相似的，所以当我们谈到建立词汇和背景知识时，有声读物是很好的选择。特别是，在锻炼或通勤途中不适宜阅读的时候可以选择倾听。

也就是说，我并不认为"只要他们在阅读"，任何一本书都是好的。当然，如果一个孩子有拒绝阅读的经历，我也很乐意让她拿起任何一本书就去读。但一旦她渡过了这个难关，如果我觉得增加一点挑战不会抑制她的阅读动机，我就会开始尝试把她推到适合她的阅读水平，让她去阅读。这并不意味着孩子们永远不应该反复阅读。一个孩子可能并不是在第一次就真正理解了每一件事，或者她可能会在困难时期重新阅读一本颇为喜爱的书来升华自己的情感。也就是说，很明显，学生不能从阅读低于自己阅读水平的书中获得太多，而且每种阅读水平都存在有趣而迷人的书，所以为什么不把她推向适合她的书呢？另外，读一本太难的书不是一个好主意。学生不会理解它，阅读它只会以沮丧告终。当谈到阅读时，学校图书管理员应该是一个重要的盟友和资源，他们会帮助孩子学会爱上阅读，可以说是任何学校中最重要的人。

虽然我是闲暇阅读的倡导者，但对于我们为学生设定的大多数长期目标来说，闲暇阅读远远不够。学生在闲暇阅读中获得的背景知识将与他们的兴趣有关：喜欢历史小说的孩子可能会学到很多关于英国君主的知识，而喜欢幻想的孩子则会学到神话中的神兽。这是应该的，但如果我们想让孩子成为坚定而强大的普通读者，他们需要学习。例如，学习太阳系。闲暇阅读对于建立背景知识是很有益的，但学生们仍然需要强大的课程支撑。

获得知识可能是偶然的

重要的是要记住，事实性知识的学习可能是偶然的，也就是说，它可以简单地通过接触就能发生，有时甚至不需要集中学习或记忆。想想你从阅读书籍和杂志中获得的乐趣，或者通过观看纪录片和新闻，或者通过与朋友的交谈学习，或者掉进互联网这个"兔子洞"①学到的东西。学校提供了许多同

———————
① 当描述进入一个让人困惑、迷失方向、难以逃脱的地方时，特指在精神世界，就会使用"掉进兔子洞"的隐喻。——编者注

样的机会。学生可以从数学问题中学习信息，或在学习语法时通过例句学习信息，或在选举班长时通过老师使用的语言学习信息。每个教师都知道很多学生不知道的东西，这就有机会把知识融入每一天的学习中。

开始要尽早

在前文我指出，如果一个孩子在知识方面开始落后，除非有一些干预，否则他将进一步落后。毫无疑问，这是一些孩子在学校表现不佳的主要原因。家庭环境千差万别，父母使用什么样的词汇，父母是否会问孩子问题，并倾听孩子的回答，他们会带孩子去博物馆或水族馆吗，他们是否为孩子们提供阅读书籍，孩子们会观察他们的父母读书吗，所有这些因素（和其他因素）在孩子们上学的第一天经历的事情中起着重要的作用。换句话说，在一个孩子遇到第一任教师之前，就其学习难度而言，可能远远落后于坐在他/她旁边的孩子。对教师来说，最大的挑战是如何创造公平的竞争环境。要增加孩子在家里没有学到的事实性知识，没有捷径，也没有其他选择。

坦白地说，我不是在责备不做这些事情的父母，很多人没有足够的时间和其他资源来为他们的孩子提供这样的环境。我想，如果每个学生都能在学校获得类似的资源，每个教师都会很高兴的。

知识必须是有意义的

教师不应该把知识的重要性等同为他们应该为学生罗列事实，无论是浅显的还是细致入微的知识——都要让学生学习。当然，这样做可能会带来一些好处，但是微乎其微。当知识是概念性的，事实相互关联时，知识就会起作用，而罗列事实性知识的清单无法达到这种效果。而且，正如任何一位教师所知道的，学习一份清单既困难又枯燥，因此弊大于利，这将会给人们留下学校乏味又艰苦的印象，而不是鼓励人们相信它是激动人心和产生新发现的地方。但是，既然我们已经得出结论，那么有什么更好的方法来确保学生能够获得事实性知识呢？换句话说，为什么有些东西会留在我们的记忆中，而另一些东西会溜走？这将会是下一章的主题。

讨论问题

1. 重要的是要记住，支持思考技能的知识可以来自校外，也可以来自学校课程。但简单地告诉家长"要确保孩子在校外获得知识"未免太过笼统，起不了多大作用。教育工作者说什么或做什么会更有效？

2. 想想本章中引用的《白鲸》的长句。如前文所述，当你阅读它的时候，你的精神空间已经用尽，所以很可能你无法理解它。在你的课堂上是否有类似的材料或时刻让学生感到困惑？上一章提到的一种解决方法是将复杂的材料分解成更小的部分。本章提到的另一个解决方案是获取足够的知识来实现分块。这个解决方案是否适用于你课堂上的任何复杂情况？

3. 这项棒球研究揭示了知识对理解的显著影响。这也让我想到，一个通常在阅读这段文字时感到阅读能力较低的差读者会有怎样的感受。他们竟然可以如此轻松地读完，他们自己是否会感到震惊？我们知道，读者的自信是他们能否在闲暇时间阅读的一个重要预测因素，而在平日里阅读困难的读者当然能回忆起很多往事，告诉自己他们不应该那么自信。我们如何利用像棒球研究这样的发现来启发那些阅读能力较低的读者找到建立阅读自信的方法呢？

4. "洗衣服"这一段显示了背景知识在澄清模棱两可的沟通时是多么有效。你可以想象，有时候你用类似的方式说出一些实际上听起来很模糊的东西，但是，由于你有正确的背景知识，你很清楚你要说什么。你能想出一个你和学生之间产生误解的例子吗？有没有一种可靠的方法来帮助你记住你所知与学生所知之间的区别？

5. 知道的越多，学习新事物就越容易。这表明，开始上学时知识较少的孩子将越来越落后。这一事实对早期教育意味着什么？在中小学阶段及其后的教育阶段呢？

6. 我们生活在这样一个时代，专业知识有时会被质疑。政客们认为，你不需要对某个话题有渊博的知识，凭借你的常识和智慧，实际上你会做出比所谓的专家更好的决定。你认为你所在的社会文化向学生传递了哪些关于知识价值的无声（或公开的）信息？你当地的学校又是怎样的呢？

第**3**章

为什么学生记得住电视上的所有细节，却忘记我们教给他们的知识呢？

问： 记忆是神秘的。你可能会失去15秒前产生的记忆，比如当你发现自己站在厨房里试图回忆你要去那里取什么东西时。而其他看似微不足道的记忆（例如，广告）可能却在你的脑海里挥之不去，持续一生。是什么让一些东西留在记忆中，又是什么东西可能从记忆中溜走？

答： 我们不能把我们经历的一切都储存在记忆中。发生的事情太多了。那么，记忆系统应该保存什么呢？是一次又一次重复的事情吗？但是如果是真正重要的一次性活动事件，比如婚礼呢？是引起你情绪的事情吗？但如果是这样你就不会记得重要但中立的事情了（例如，大部分的功课）。记忆系统如何知道你以后需要记住什么？你的记忆系统是这样下注的：如果你仔细思考某件事，你就可能再次思考它，所以它应该被存储起来。因此，你的记忆不是你想记住什么或你试图记住什么的产物；它是你思考的结果。一位教师曾经告诉我，在教4年级的"地下铁路"学习单元时，他让学生们烤饼干，因为饼干是当时一心逃跑的黑奴的主要食物。他问我对安排这项任务的看法。我指出，他的学生大概花了40秒思考饼干与地下铁路的关系，花了40分钟称重面粉、搅拌混合酥油等。学生们所想的就是他们将能够记住的。指导本章的认知原则是：

> **记忆是思考的残留物。**

要想教得好，你应该认真考虑布置的每一项作业会让学生实际思考什么（而不是你希望他们思考的），因为那才是他们会记住的。

记忆的重要性

每一位教师都有过这样的经历：你教了一堂自认为很棒的课，课堂上充满了生动的例子，内容有深度，需要学生解决问题的难度恰到好处，给学生传递了清晰的信息，但是第二天学生除了记住你讲的一个笑话和一个跟课堂无关的关于你家庭的话题之外，什么都记不住了。昨天课堂的重点是一加一等于二，他们一脸质疑地看着你说，等等，一加一等于二？显然，第2章提到的背景知识很重要，那么我们要仔细考虑如何确保学生获得这种背景知识。为什么学生会记住一些事情而忘记其他事情呢？

让我们先思考一下你为什么记不住一些东西。假设我对你说，你能总结一下你上次参加的学术研讨会吗？让我们进一步假设你回答得很明朗，"不，我当然不能"。你为什么不记得了？

如图3.1所示，遗忘有四种可能性。图3.1是根据前文出现的大脑思考示意图的一个略微细化的版本。你会记得，工作记忆是你把事情"记在大脑里"的地方，是意识的位置。环境中有很多信息我们都未曾察觉。例如，当我写这个章节时，冰箱在嗡嗡作响，外面鸟儿在啁啾，我坐在椅子上，椅背给我后背一个压力，但这些都不在我的工作记忆（即我的意识）中，除非我注意到它们。如图3.1所示，事物不能进入长期记忆，除非它们首先进入工作记忆。这以一种略微复杂的方式解释了"如果你不注意某件事，你就学不到它"这个常见的现象。就像如果你在想别的事情，你就不会记得学术研讨会的很多内容。

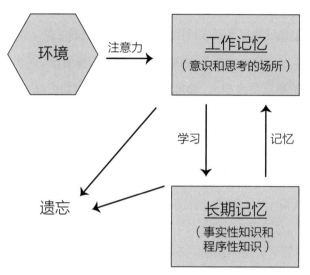

图3.1 对简单的大脑思考图稍加修改的版本

信息不仅可以从环境中进入工作记忆，还可以从长期记忆中进入工作记忆。这就是我提到记忆的意思，就像图中的箭头所示。由此可推断出，你不记得事物（遗忘）的另一个可能的原因是，你试图从长期记忆中提取事物的过程失败了。我将在第4章详细讨论为什么会这样。

第三种可能性是，信息已不再存在于长期记忆中了，它已经被遗忘了。我不打算讨论信息遗忘，但花点时间来解释一个常见的困惑是有价值的。你有时会听到这种观点：大脑会记录下发生在你身上的所有事情的细节，就像一台摄像机，但你却无法获取大部分信息，也就是说，记忆失败（遗忘）是无法存取导致的。依照这个理论，如果有正确的提示，任何发生在你身上的事情都是可以恢复的。例如，你可能认为你对你5岁就搬离的家几乎没什么记忆，但当你故地重游时，院子里盛开的山茶花香会抹去岁月的浮沉，你认为已经失去的记忆在那刻就好比点缀项链的精致装饰，一瞬间被拉了回来。这样的经历会让我们相信，丢失的任何记忆在原则上都可以恢复。在催眠状态下，能使记忆成功恢复通常被作为支持这一理论的证据。如果找不到合适的线索（山茶花或其他东西），催眠可以让你直接探索记忆库的最深处。

虽然这个想法很吸引人，但它是错误的。我们知道催眠对记忆没有帮助。这在实验室里很容易测试。简单地让人们记住一些东西，然后对其中一半人进行催眠，然后将他们的记忆与未被催眠的人进行比较。这种实验已经进行了几十次，典型的结果如图3.2所示。催眠确实让你更确信你的记忆是正确的，但实际上它并没有让你的记忆更准确。

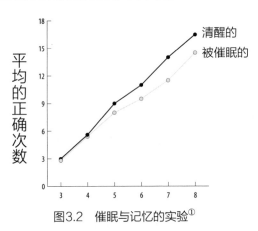

图3.2　催眠与记忆的实验[1]

---

[1] 向受试者展示40幅常见物体的图画，然后让他们试着回忆。第1次回忆是当即进行的，第2次至第8次回忆都是于一周后展开的。当然，在这一周中有明显的遗忘，而且每次尝试记忆时，受试者平均都会想起更多。此外，被催眠的受试者并没有比未被催眠的受试者记起更多。——作者注

另一个证据——像山茶花的气味这样的合适线索可以让人回忆起长期丢失的记忆——要在实验室实验中进行测试要困难得多，尽管大多数记忆研究人员相信这种恢复是可能的。但即使我们承认丢失的记忆可以通过这种方式恢复，这也并不意味着所有似乎被遗忘的记忆都可以恢复，只有少部分的记忆可以恢复。总之，记忆研究人员认为没有理由相信所有的记忆都会永远地被保存下来。

现在，让我们回到关于遗忘的讨论。有时你确实会注意到，一些信息会在工作记忆中萦绕一段时间，但它永远不会进入长期记忆。图3.3显示了我个人经验中此类信息的示例。"侧线"（lateral line）这个词我已经查过不止一次了，但我现在还是无法告诉你它的意思。毫无疑问，你应该也有这种经历：你肯定你应该知道，因为你已经查过或听到过它们（因此它们一直在工作记忆中），但它们从来没有停留在长期记忆中。

图3.3 我已关注到的、进入工作记忆的却未存入长期记忆的信息

同样奇怪的是，有些东西在你的长期记忆中保留了很多年，尽管你并不

打算去学习它们，而且对其毫无兴趣。例如，我为什么记得20世纪70年代金枪鱼广告的配乐是叮当声（见图3.4）？

"人中"是什么

舒伯特在神学院读过书　　做法国煎蛋卷的要领是什么

Fosberry Flop是什么

守夜人是什么样子的　　20世纪70年代的大黄蜂金枪鱼的叮当声

游戏《糖果乐园》中的任务

图3.4　作者长期记忆中的信息，即使作者不想学习它，实际上也并不是很感兴趣

你可以提出一个很好的论点，即理解图3.3和图3.4之间的差异，是教育的核心问题之一。我们都知道，如果学生不集中注意力，他们就学习不到东西。但更神奇的是，当他们集中注意力时，为什么有时会学到东西，有时却不会呢？那么，除了注意力，还需要什么呢？一个合理的猜测是，我们会记得一些会引起情绪反应的事情。你是不是更能记得那些让你真正快乐或者真正悲伤的时刻？比如你的婚礼，比如听说心爱的亲人去世了。你不会记得这些时刻吗？事实上，如果你让人们说出他们最生动的记忆，他们通常会讲述一些可能带有情感内容的事件，比如第一次约会或生日庆祝。

当然，我们更关注情绪事件，我将在稍后谈论它们。所以科学家们不得不非常谨慎地进行研究，以证实使记忆提高的是情感而不是对这些事件的反复思考。情绪对记忆的影响确实是真实的，研究人员也已经研究出了其背后的一些生物化学因素，但情绪需要相当强烈才能产生显著的影响。如果记忆是基于情感的，那么我们就很少会记住在学校里遇到的事情。所以"如果事情产生了情绪反应，就会进入长期记忆"这一看法并不完全正确。更准确的说法是，"能引起情绪反应的东西会更容易被记住"，但情绪并不是学习的必要条件。

重复是推动学习成功的另一个重要原因。也许我记得40年前的金枪鱼广告配乐的原因是我听了很多次。重复是非常重要的，我会在第5章详述。但事实证明，不是所有的重复都有用。有的内容可能已经重复无数次，但仍然不会长期地留在你的记忆中。例如，你能在一堆假币中辨认出真币吗？人们在完成这个任务时的表现是很糟糕的，即使他们已经见过美分几千次了。参见图3.5。

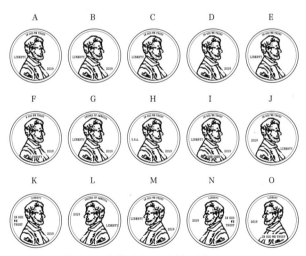

图3.5　你能在假币中找到真币吗？

如果你在美国待过一段时间，你肯定看到过很多次美分，重复的次数可能根本都数不清。但是，你很可能和大多数人一样，对一美分硬币长什么样不太了解（顺便说一句，正确的美分是选项A）。

所以，单靠重复是不行的。同样明显的是，想要记住一些东西的愿望并不是让记忆留存的神奇因素。如果真是这样的话，那该多好啊：学生们会拿着一本书坐下来，对自己说，我想记住这一点，他们就能够记住！你会记得你遇到的人的名字，而且你总是知道你的车钥匙在哪里。遗憾的是，记忆并不是这样工作的，正如一个经典的实验所证明的那样。4个受试者在屏幕上每次看到一个单词，都被要求对每个单词做出简单的判断（一些受试者必须说出这个词是否包含字母A或Q；另一些受试者必须说出这个词是让他们想到愉快的事情还是不愉快的事情）。实验的一个重要部分是，告知一半的受试者，他们对这些词的记忆将在他们看到整个列表之后进行测试，而对另一半的受试者则不予以告知。其中一个显著的发现是，事先知道有测试并不能提高或改善受试者的记忆。其他相似的具有奖励机制的实验表明，即便告诉受试者他们会为因为记住每一个单词而获得报酬也无济于事，所以想要记住对记忆几乎没有效果。

但是这个实验还有一个更重要的发现。当受试者看到每个单词时，他们必须做出判断，要么判断它是否包含字母A或Q，要么判断它是否让他们想到愉快或不愉快的事情。做出第二种判断的人记住的单词几乎是做出第一种判断的人数的两倍。现在我们似乎有了一些进展，我们发现了一种情况会让记忆得到极大的提升。但是，为什么思考一个词是否令人愉快会对记忆有帮助呢？

在这种情况下，这很重要，因为判断是否有愉悦感会让你思考这个词的意义以及与这个意义相关的其他词。因此，如果你看到"烤箱"这个词，你可能会想到蛋糕和烤肉，或者你家厨房里那个已经坏掉的烤箱，等等。但如果你被要求判断"烤箱"的英文单词中是否含有字母A或Q，你根本不需要考虑它的意义。

因此，我们似乎可以确定地说，思考意义对记忆有好处。这很贴近，但并不完全正确。上述识别真假美分的例子并不符合这种概括。事实上，美分的例子正好相反。我说，你接触一美分的次数已经（至少）有几千次了，大多数时候你都在思考一美分的意义，也就是说，你在思考它的功能，思考它的货币价值，但是，当你试图记住一美分是什么样子的时候，考虑一美分的意义是没有帮助的，而这正是图3.5中的测试所需要的。

换一个例子来说明这个问题。假设你走在学校的大厅里，看到一个学生在打开的储物柜前自言自语。你听不清他在说什么，但从他的语气可以听出他很生气。有几件事你可以关注。你可以注意学生的声音，你可以关注他的长相，或者你可以思考事件的意义（为什么学生可能会生气，你是否应该和他对话，等等）。这些想法将导致第二天对事件的不同记忆。如果你只考虑学生的声音，第二天你可能会非常清楚地记得那个声音，但不会记得他的长相。如果你专注于学生的长相，那么第二天你就不会记得学生的声音。同理，如果你只在乎一美分的意义，而不关注其视觉细节，你就不会记得它的样子，即使它们已经在你眼前出现一万次了。

不管你在想什么，那就是你所记得的。记忆是思考的残留物。它一经说明就似乎显而易见了。事实上，建立一个记忆系统是非常明智的。鉴于你不能把所有的东西都储存起来，你应该怎样选择储存什么、放弃什么？你的大脑是这样想的：如果你不经常思考一件事，那么你可能不会需要再想它，所以它不需要被储。如果你确实在思考某件事，那么很可能你将来也会想用同样的方式来思考它。如果当时我看到那个学生时就在想他长什么样子，那么当我以后想到那个学生时，他的外表可能就是我想知道的。

对于这个显而易见的结论，有一些微妙之处需要加以说明。首先，当我们谈论学校时，我们通常希望学生记住事情的意义。虽然有时候事物的外观很重要，例如，帕台农神殿美丽的外观，或贝宁的地形，但更多的时候，我们希望学生思考意义。学生在学校学到的95%的事物关注的是意义，而不是它看起来或听起来像什么。因此，教师的目标应该始终是让学生思考意义。

第二个微妙之处在于，同一种记忆材料可能有不同方面的意义。例如，"piano"（钢琴）一词有许多基于其意义的特征。你可以这样考虑，它可以演奏音乐，或者它很贵，或者它很重，或者它是由优质木材制成的，等等。在我最喜欢的一个实验中，研究人员让受试者通过将单词放在句子中来思考单词的一个或另一个特征——例如，"搬家的人把**钢琴**拖上楼梯"或"专业人士用这台**钢琴**弹奏出华美深沉的乐章"。受试者知道他们只需要记住的是在整句话中凸显出的词语。后来，研究人员对这些词语进行了记忆测试，并给出了一些提示。对于钢琴来说，提示要么是"沉重的东西"，要么是"演奏音乐的东西"。结果表明，如果给出的提示与他们对钢琴的想法一致，那么受试者的记忆力确实很好，但如果不一致，记忆力就会很差。也就是说，如果受试者读到的是"搬家的人"，听到"弹奏出乐章"并不能帮助他们记住钢琴。所以说"你应该思考它的意义"还不够，你必须思考事物意义的对应方面。

让我总结一下到目前为止我所说的关于学习的内容。对于要学习的内容（即最终进入长期记忆），它必须在工作记忆中停留一段时间，也就是说，学生必须注意它。此外，学生对学习经历的思考方式将彻底决定了最终会进入长期记忆的内容是什么。

对教师来说，这显然意味着他们必须设计课程，确保学生思考材料的意义。举个反面例子，我侄子6年级时的教师给他布置了一项看似无用的作业。

教师要他为近期读完的一本书画一幅情节图，该作业的布置旨在让他思考故事的要素以及各要素之间的关系。我相信教师的目标是鼓励学生意识到小说的结构，但是教师认为把艺术融入这个活动项目中会很有用，所以她让学生们用画画来表现情节元素。这意味着我侄子在考虑不同情节元素之间的关系方面不会耗时太久，而把更多的思考时间留给如何画一座漂亮的堡垒。几年前，我女儿完成了一项类似的作业，但她的教师要求学生使用单词或短语，而不是图案。我认为这项作业更有效地实现了教师的预期目标，因为我女儿更多地思考了书中的观点是如何相互关联的。

现在你可能会想，"好吧，认知心理学家可以解释为什么学生必须思考事物的意义，这些都是老生常谈了。你能告诉我如何确保学生思考意义吗？"很高兴你这样问，我将在下一小节解答。

优秀教师的共性

如果你读了第1章，你可以很容易地猜出一个我不推荐的关于让学生思考意义的技巧：努力使主题与学生的兴趣相关。我知道这听起来很奇怪，所以让我仔细说明一下。

试图让教学材料与学生的兴趣相关是行不通的。正如我在第1章中所指出的，内容通常不是决定我们的兴趣能否得到维持的决定性因素。例如，我喜欢认知心理学，所以你可能会想，好吧，为了让威林厄姆注意到这个数学问题，我们将用一个认知心理学的例子来总结它。但威林厄姆很可能对认知心理学感到厌烦了，这一点在我参加过的一些专业会议上已经多次得到证明。试图利用内容吸引学生的另一个问题是，有时很难做到，整个教学设计都是生搬硬套的。一个数学教师怎么能让我13岁的女儿学习代数？有一个现实生活中的例子，使用Instagram（一款分享照片的社交应用软件）上的点赞功能？我刚才在前文指出任何材料都有不同方面的意义。如果教师讲课的数学例题中含有在Instagram上点赞的信息，我女儿想到的会不会是应用本身而不是这个问题呢？想到Instagram就会想到她之前收到的那条即时消息，这就会让她想到她是多么讨厌贾思敏（人名）的闹剧，这就会让她怀疑是否应该邀请贾思敏来参加她的生日晚宴……

所以，如果内容不能做到这一点，那么风格又如何呢？学生们通常把那些使事情变得有趣的人称为好老师。这并不是说教师将材料与学生的兴趣联系起来，而是说他们发现这种教师有一种与学生互动的方式。让我举几个例子，其中的经历来自我的同行（他们都是大学教授），他们始终能够让学生思考意义。

教师A是喜剧演员。她经常讲笑话。她从不放过任何一个列举嬉笑滑稽的例子的机会。

教师B是女训导。她很关心人，性格直率，甚至有点居高临下的感觉，但她很热情，学生还是喜欢她，大家在背后都叫她"妈妈"。

教师C是故事大王。几乎所有的事情他都能用自己生活中的趣事来说明。他的课堂节奏缓慢、不张扬，而他本人则安静、谦逊。

教师D是表演大师。如果课堂上允许点火，他一定会的。他教授的材料并不易于演示，但他花了大量的时间和精力来思考如何有趣地将其操作出来，很多时候会用到他的自制设备。

上述的每一位教师都是学生们所说的让枯燥的材料变得有趣的人，每一位教师都能让学生思考意义。每种风格都适合使用它的人，尽管这样，显然并不是每个人都愿意或能够采用其中的一些风格。这与个性有关。

风格是会被学生们注意到的，但它只是让这些教师的课堂如此有效的一部分原因。大学教授通常会在每门课程结束时收到学生对其教学的书面评价。大多数学校都有供学生填写的表格，其中包括"该教授尊重学生的意见""教授是有效的讨论领导者"等条目，学生要表明他们是否同意每一条陈述。研究人员对这些类型的调查进行了研究，以找出哪些教授获得了好的评价及其原因。其中一个有趣的发现是，大多数条目都是多余的。两个条目的调查几乎和30个条目的调查的作用一样，因为许多问题都是这两个条目的变体："教授看起来亲和友善吗？""课程组织得好吗？"尽管学生们没有意识到，他们评估的30个条目几乎都如出一辙。重要的是认知和联系。

虽然基础教育阶段的学生不会填写关于他们教师的调查问卷，但情况同样适用。学生和教师之间的情感纽带——无论好坏——决定了学生是否学习。在4年级学生看来，那些颇为刻薄但课程组织得很好的教师的课堂是不会很有效的。同理，那些有趣的教师，或者温和的、讲故事的教师，要是他们的课堂组织得很糟糕，效果也不会很好。优秀教师具备这两种品质：他们能够与学生建立个人联系，并以一种有趣且易于理解的方式组织课堂材料。试想，如果这两个人是教师会是怎样的呢？《权力的游戏》中的泰温·兰尼斯特（查尔斯·丹斯饰演），他聪明但冷漠。《老友记》中的乔伊·崔比安尼（马特·勒布朗饰演），他为人热情友好，但并不聪明。要知道教师既要有良好的组织能力，又要平易近人。

这就是我介绍这些运用不同教学方式的教师的真正目的。当我们想到一个好老师时，我们倾向于关注其风格及其表现自己的方式。但这只是好的教学的一半。笑话、故事和热情的态度都产生了善意，调动了学生的注意力。

但我们如何确保他们思考意义呢？这就是成为一名好教师的第二个特点，即以连贯的方式组织教学计划中的思想，以便学生能够理解和记住。认知心理学不会告诉我们，如何在人面前变得优雅可爱，有风格且讨学生喜欢，但我可以告诉你一套帮助学生思考一节课意义的原则。

重视故事的力量

人类的大脑似乎非常擅长理解和记忆故事，以至于心理学家有时称故事为"心理特权"，这意味着它们在记忆中受到的对待有别于其他类型的材料。我想说的是，组织一个像故事一样的教案是帮助学生理解和记忆的有效方法。这也是我所描述的四位教师所使用的组织原则。尽管他们每个人在情感上与学生联系的方式迥异，但他们让学生思考材料意义的方式是相同的。

在我们讨论如何将故事结构应用于课堂之前，我们必须先研究一下什么是故事结构。关于故事的构成，目前还没有普遍的共识，但大多数研究都指向"4C原则"。第一个原则是因果关系（causality），这意味着事件之间存在因果关系。例如，"我看见了简，我离开了家"只是按时间顺序叙述事件。但如果你读到的是"我看见了简，我那绝情的旧爱；我离开了家"，你会明白这两件事是有因果关系的。第二个原则是冲突（conflict）。一个故事的主人公追求一个目标，但他或她无法达到这个目标。《星球大战》中的主角是卢克·天行者，他的目标是将一个偷获的设计图送至目的地，它可以摧毁死星。目标和阻碍目标的力量导致冲突的发生。如果卢克没有一个像达斯·维达这样难搞的对手的话，这部电影很快就全剧终了。在任何故事中，主人公都必须努力实现自己的目标。第三个原则是复杂性（complication）。如果卢克在90分钟的时长里仅仅为了送出设计图而奋勇抵抗，那将是相当乏味无聊的。复杂性是主要目标产生的子问题。因此，如果卢克想要实现计划，他首先必须离开他的家乡塔图因星球——但他没有交通工具。这个复杂的因素让他遇到另一个主要角色汉·索罗，并和他在枪林弹雨中离开这个星球——这是电影的一个精彩片段。第四个也是最后一个原则是角色（character）。一个好故事是围绕着强大而有趣的角色展开的，而表现人物特质的关键是行动。一个熟练、有技巧的讲故事的人会向观众展示而不是告诉观众一个角色是怎样的。例如，《星球大战》的观众第一次看到莱娅公主时，她正在向帝国部队发起进攻。因此，她那不让须眉的形象也就不言自明。

如果我们试图与他人交流，采用故事结构有几个重要的好处。首先，故事容易理解，因为观众知道故事的结构，这有助于理解角色的行为动作。例如，观众知道故事中的事件不是随机发生的，必然有因果关系，所以如果原因不是显而易见的，观众会仔细思考之前的情节，试图将它与当前的事件联系起来。例如，在《星球大战》中，卢克、楚巴卡和汉躲在一艘帝国飞船上。他们需要去飞船的另一个区域，卢克建议给楚巴卡戴上手铐。这个体验有点令人费解，因为卢克和楚巴卡是盟友。观众必须弄清楚卢克打算假装楚巴卡是囚犯，他和汉是看守。观众会做一些脑力活动，因为他们知道这一令人费解的动作一定是有原因的。其次，故事很有趣。研究阅读的学者进行了一些实验：让人们阅读大量不同类型的材料，并对每种材料的有趣程度进行评级。即使呈现相同的信息，故事类材料也总是比其他种类（例如，说明文）更有趣。故事可能很有趣，因为它们需要我在第1章中讨论过的那种推理过程。回想一下，如果问题（如填字游戏）既不太难也不太容易，那么它们就很有趣。故事需要这些中等难度的推理，就像刚刚例子中对"手铐"的推理一样。

研究表明，如果故事中包含了太多的信息以至于无法让受众做出推断，那么人们会认为这种故事的有趣程度很低。尽管如此，不进行严谨的实验也可以证实这一现象。我们都有一两个朋友，总会用过多的信息亲手扼杀掉自己所讲的故事。我认识的一个熟人，她花了10分钟的时间告诉我，由于她最喜欢的中餐厅不收支票，她有一年没去过了，后来有一天她碰到了餐馆老板并说了这件事，老板很乐意为她破例。如果15秒内，她厚着脸皮骄傲地说出这个故事，一定会很可爱。但在整整10分钟的时间里，她添加了冗杂的细节，使我无法做出任何推论，我只能克制自己的烦躁，以免失态。

最后，故事容易记住。这里至少有两个促成因素。因为理解故事需要很多中等难度的推理，所以你必须始终思考故事的意义。正如本章前面所述，思考意义对记忆非常有益，因为它通常是你想要记住的意义。故事的因果结构也有助于你对故事的记忆。如果你还记得情节的一部分，那么接下来发生的事情很有可能是由你所记得的那件事引起的。例如，如果你试图回忆卢克给楚巴卡戴上手铐后发生的事情，你会记住他们在一艘帝国飞船上（这是一个计谋），这可能有助于你记住他们是去营救莱娅公主的。

现实生活中也有这样的例子，比如在2020年美国参议院弹劾美国总统特朗普的审讯期间，参议员们难以集中注意力，一些人甚至睡着了。它如此无聊，我想一部分原因是，听众已经从新闻报道和简讯中了解了所有的证据。正像参议员迈克·布劳恩向记者解释他们看起来如此无聊的原因那样，"这些内容我们都听说过了"。

故事结构的实际应用

现在，关于电影故事的描述是一段有趣的插曲（我希望如此），但这与你的课堂有什么关系呢？我不建议你只是简单地在课堂上讲故事，虽然这样做并没有什么错。相反，我是想让你更进一步，因为真的只是一步之遥。要利用故事结构的"4C原则"——因果关系、冲突、复杂性和角色来组织你的课程，并不意味着你必须在课堂上滔滔不绝，借助故事结构的方法在小组活动或其他活动中都可以使用。注意，故事结构适用于你鼓励学生思考的内容，而不适用于你教授内容所用的方法。

在某些情况下，将教案组织成故事的方式是常见的。例如，可以把历史看作是一组故事。一个事件是由其他事件引起的，经常涉及冲突，等等。尽管如此，在考虑教案的时候，谨慎地考虑"4C原则"是有帮助的，这可能会鼓励你从不同的角度来讲故事。例如，假设你是一位美国教师，正在备一节关于珍珠港的课。您可能首先想到图3.6所示的结构。它是按时间顺序排列的，以美国为主体，也就是说，事件是从美国的角度来看的。你的目标是让

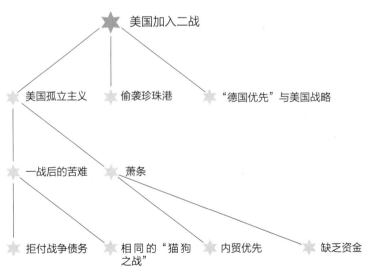

图3.6 以时间顺序排列的"珍珠港事件"教案的典型结构

学生们思考三点：珍珠港事件前的美国孤立主义、袭击事件、随后的"先德后日"德国优先的策略和美国正式宣战的状态。

然而，假设你在讲这个故事时想到了"4C原则"。从这个角度看，美国并不是强者。此时日本才是强者，因为该国有推动事态发展的目标——地区统治，并且日本在实现这一目标上有重大障碍——该国缺乏自然资源，并且卷入了与中国的持久战。这种情况树立了一个次级目标：横扫欧洲在南太平洋的殖民地。实现这一目标将提高日本作为世界强国的地位，并有助于获得关键物资以结束在中国的战争。但这个次级目标带来了另一个复杂性的问题。美国是太平洋上的另一个主要海军强国。日本是如何处理这个问题的？日本没有掠夺欧洲殖民地，也没有冒险让美国跨越五千英里的海域进行干预（美国可能不会这么做），而是选择试图通过一次突袭来消除威胁。如果试图将一个教案组织成一个故事，那么图3.6中以时间顺序排列的教案显然不如图3.7中的教案（从讲故事的角度来看，日本是一个强大的角色，因为它采取行动并推动故事向前发展）那么引人注目。

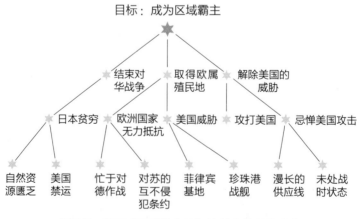

图3.7　关于"珍珠港事件"的教案的替代方案

我建议从日本的角度出发来讲解"珍珠港事件"，并不意味着不能从美国的角度出发，或者从美国出发的角度应该被忽略或被认为不那么重要。事实上，我可以想象出一位美国教师不愿从日本的角度来展开一堂美国历史课，所以拒绝使用这个故事结构。我的观点是，使用故事结构可能会让你以未曾考虑过的方式组织课程。故事结构确实带来了认知优势。

用讲故事的方式来教历史似乎很容易，但你真的能在数学课上使用故事结构吗？绝对没问题，下面是我在介绍统计学知识Z分数（一种转换数据的常用方法）概念时使用的一个例子。从最简单且最熟悉的概率例子——抛硬币讲起。假设我有一枚硬币，我说它是有瑕疵的——它总是正面朝上。为了向你证明这一点，我掷硬币，它确实是正面朝上的。你确信吗？大学生们明白答案应该是否定的，因为硬币正面朝上的概率是50%。连续出现100次正面向上怎么样？显然，一枚硬币连续出现正面100次的概率非常小，所以你会得出这个硬币质地不均匀的结论。

我们判断一枚硬币是否有瑕疵的逻辑可以被用来评估许多科学实验的结果。当我们看到报纸上的头条新闻说"新药物对治疗阿尔茨海默病有效"或者"司机年龄越大，开车越不安全"，又或者"看视频的孩子今后掌握的词汇量更小"时，这些结论与掷硬币的逻辑相同。为什么呢？

假设我们想知道一则广告是否有效。我们问了200人，"高露洁牙膏是否能让你看起来性感？"其中100人看过高露洁的广告，100人没有看过。我们想知道，看过广告的那组说"它能"的受访者的比例是否高于没看过广告的那组受访者的比例。这里的问题就像掷硬币的例子一样。前者比后者高的概率大约为50%，因为两组中必有一组更高。如果他们碰巧打成平手，我们会认为广告不起作用。

解决这个问题的逻辑与抛硬币的例子是一样的。对于抛硬币，我们认为连续100次正面朝上是高度不可能事件，假设硬币是质地均匀的。一枚质地均匀硬币连续100次正面朝上的概率极其小。因此，如果我们观察到硬币连续出现100次正面的事件，我们就可以得出结论，我们的假设一定是错误的，这不是一枚正常的硬币。所以看过广告的那组受访者比另一组的多也不是不可能。但是如果这个比例高太多呢？就像我们认为那枚硬币不对劲一样，我们也应该认为看过广告的受访者在回答我们的问题时有异常。

当然，"有异常"在这种情况下意味着"不可能"。就硬币而言，我们知道如何计算事件的"异常性"或"不可能性"，因为我们知道所有可能结果的数量（两个）和每个个体结果的概率（50%），因此很容易计算出连续事件的概率，如表3.1所示。但我们的下一个问题是：我们如何计算其他类

表3.1　投掷10次硬币连续掷出正面朝上的概率

投掷的次数	全部正面向上的近似概率
1	0.5
2	0.25
3	0.125
4	0.063
5	0.031
6	0.016
7	0.008
8	0.004
9	0.002
10	0.001

型事件的"异常性"或概率？在我们被提示说"嘿，这两组孩子是不一样的"之前，看视频的孩子的词汇量要比不看视频的孩子的词汇量低多少？如果他们是势均力敌的，他们的词汇量也会是一样的。但他们的词汇量完全不一样。

　　所有这些关于硬币、广告和实验的描述都是本节统计课的引子。我试图让学生理解和关心这节课的目标，也就是解释我们如何确定偶然事件发生的概率。这就是本节课的冲突之处。在我们追求这一目标的过程中，难搞定的不是达斯·维达，而是我们所关心的大多数事件都不像抛硬币那样——它们的结果数量并不有限（正面或反面），我们很容易就能得知其概率（50%）。这是一个复杂的问题，我们用一种直方图来解决这个问题。但实施这种方法会让问题变得更加复杂：我们需要计算出直方图曲线下的面积，这是一个复杂的计算。问题通过使用Z分数得到解决，这是本节课的重点（见图3.8）。

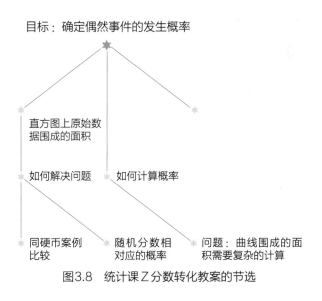

图3.8　统计课Z分数转化教案的节选

有几件事值得注意。以一节 75 分钟的课为例，通常有 10 到 15 分钟的时间用来设定目标，或者换句话说，说服学生知道如何确定偶然事件的概率是很重要的。在这个设置过程中涉及的材料只能与课程相关。谈论抛硬币和广告活动与 Z 分数本身没有多大关系。这都是为了引出要点。

花大量时间澄清冲突遵循了好莱坞的叙事模式。在一部 100 分钟的好莱坞标准影片中，其冲突通常在 20 分钟左右时发生。编剧用这 20 分钟让你熟悉人物角色及其处境，这样当主要冲突出现时，你已经置身其中了，你关心角色会发生什么。一部电影可能以一系列动作开始，但这很少与电影的主要故事线相关。詹姆斯·邦德"007 系列"影片通常以追逐场景开始，但这并不是主线，冲突在电影开始后 20 分钟左右才出现。

回到教学上来，我是这样想的：我想让学生学习的材料实际上就是对一个问题的答案。就其本身而言，答案几乎毫无意义。但是如果你知道这个问题，答案可能会很有趣。这就是为什么把问题弄清楚是如此重要。但正如我在第 1 章中所说，我有时觉得，作为教师我们太专注于获得答案，没有花足够的时间确保学生理解问题并理解其重要性。对我们来说，这是显而易见的，但是对他们来说，并非如此。

再次强调，一个人可以通过多种方式成为一名优秀教师。我的意思并不是说，大家都要依托认知科学使用故事结构来制订教学计划，这只是帮助我们确保学生思考意义的一种方式。但是我希望每个教师都应该让学生思考学习内容的意义，接下来我要说一些例外情况。

应对事物无意义的情况

本章一开始就提出了这样一个问题："我们如何让学生记住一些东西？"

认知科学给出的答案很简单：让他们思考这意味着什么。在前文中，我提出了一种让学生思考意义的方法——故事结构。

但是，如果学生们必须学习的内容没有意义呢？例如，当学生们正在学习不规则拼写"Wednesday"（星期三），或者"enfranchise"的意思是赋予投票权，又或者"travailler"是法语动词"工作"的意思的时候，你又如何能强调这些词的意义呢？因为强调意义似乎也对记住学习内容没有意义。即使真的有意义，星期三的起源与日耳曼神话中的"奥丁"有关，你也不确定是否值得深入研究。当一个人进入一个新的领域或知识领域时，这种学习材料似乎特别普遍（见图3.9）。生物教师可能最感兴趣的是让学生理解眼睛的生理功能……但是，如果不能说出眼睛的各个部位，就很难谈论其功能。因此，在本单元学习开始时，教师可以选择让学生记住一些眼球的解剖结构名称。

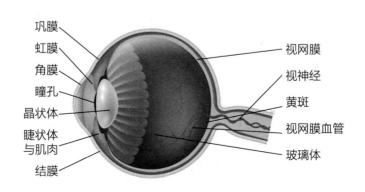

图3.9　人眼解剖图

记忆无意义的材料通常被称为死记硬背。我将在第4章中详细介绍死记硬背，但现在让我们承认，一个已经记住元素周期表前九个元素的学生几乎不知道或根本不知道自己为什么这么做，或者这个顺序可能意味着什么。有时，教师可能会认为，让学生在长期记忆中掌握这些知识，是在为深入理解某些内容打基础，这是很重要的。教师如何帮助学生将这些材料带入长期记忆呢？

有一组记忆技巧，通常被称为记忆法，帮助人们记住没有意义的内容。表3.2列出了6种常用的助记法及其作用原理与示例。

表3.2　常用的助记法

记忆法	作用原理	示例
字钩法（peg word）	用同韵词记住一系列单词，例如，1是面包（英文单词"one"与"bun"的发音接近，下同），2是鞋，3是树，等等。然后，通过视觉图像将新材料与参照物联系起来，记忆新材料。	要学习"收音机、贝壳、护士"这组词，你可能会想象一个夹在面包里的收音机，一只放在海滩上的鞋，里面装着海螺，还有一棵树上结满护士帽。
位置记忆法（loci）	记住熟悉的散步路线上的一系列地点，例如，你家的后门廊，一棵垂死的梨树，家门口的砾石车道，等等。然后再将你要记忆的新材料放到路过的每一站。	要学习"收音机、贝壳、护士"这组词，你可能会想象一台收音机挂在你家后门廊的栏杆上，有人将贝壳磨成肥料帮助垂死的树恢复活力，一个护士正铲起砾石倾倒在你的车道上。
连接法	以某种方式把每个项目连接起来。	要学习"收音机、贝壳、护士"这组词，你可以想象一个护士在全神贯注地听收音机，同时脚上穿着大海螺贝壳，而不是鞋子。
首字母缩写法	为要记住的单词创建一个缩略词，然后记住它。	要学习"收音机、贝壳、护士"这组词，你可以使用大写字母作为提示，可以记成"葡萄干（RaiSiN）"，因为三个单词的首字母分别为"R""S""N"。
首字母法	类似于首字母缩写法，这种方法让你想到一个短语，短语中的单词的首字母与要记住单词的首字母一一对应。	要学习"收音机、贝壳、护士"这组词，你可以记住短语"玫瑰闻着真恶心"（roses smell nasty），然后把每个单词的首字母作为列表中单词的提示。
唱歌法	想一个熟悉的曲调，你可以把单词编进歌词里，唱出来。	要学习"收音机、贝壳、护士"这组词，你可以用"祝你生日快乐"的曲调唱出来。

我不太喜欢字钩法和位置记忆法，因为它们很难运用于不同的材料。如果我用我的冥思（后廊、垂死的梨树、砾石车道等）来学习元素周期表的一些元素，我能用同样的冥思来学习一些法语动词的变位吗？问题是列表两侧之间可能存在干扰，当我到达砾石车道时，我对那里的东西感到困惑，因为我把这两件事联系在一起。

其他方法更加灵活，因为学生可以为他们所学的每件事创建一个独特的记忆法。首字母缩写法和首字母法是有效的，但学生需要对要学习的材料有一定的了解。关于生物学的分类顺序，我总是会想起"亲爱的凯特，请过来吃意大利面"①这句话。如果我还不知道分类名称，它们的首字母的提示对我没有多大帮助，但脱口而出的这句话中的每个单词的首字母都能成功唤醒我的记忆。与首字母缩写法的工作方式大致相同，也有相同的局限性。

把将要学习的信息设置为音乐或有节奏的吟诵也很有效。大多数说英语的人通过唱ABC歌曲来学习字母表中的字母，我也听过元素周期表被编进奥芬巴赫的康康舞曲（Can-Can Music）中。音乐和节奏确实让单词令人难忘。我（和数百万其他孩子）是在周六早上看《校舍摇滚》动画片长大的，这些动画片里面包括学习地理、公民、数学或语法方面的小片段。我记得我在上中学的时候，英语课上，我对着自己默唱《连词之歌》。编成歌曲的困难在于，它们比其他记忆方法更难生成。

　　"连词连词，你的功能是什么？就是把单词、短语和从句连接起来。"

为什么记忆法起作用？主要是给你提示。缩写"ROY G. BIV"（红、橙、

---

① "Dear kate, Please Come Over For Great Spaghetti"，该句中每个单词的首字母分别与域、界、门、纲、目、科、属、种的英文单词首字母对应。——编者注

黄、绿、蓝、靛、紫）给出可见光光谱中每种颜色英文单词的首字母。首字母是记忆的有效线索。正如我在下一章中所讨论的，记忆建立在线索的基础上。如果你对某个主题一无所知，或者你试图记住的东西由于非常随意而令人困惑（红色的波长显然比绿色长），那么助记法会有所帮助，因为它们会给定你试图记住的东西一定的顺序以便你记忆。

小结

如果我们同意背景知识很重要这个观点，那么我们必须认真思考学生如何获得背景知识，也就是学习是如何进行的。学习受到许多因素的影响，但其中有一个因素是最重要的，胜过其他因素：学生能记住他们所想的。这一原则强调了让学生在正确的时间思考正确的事情的重要性。我们通常希望学生理解事物的意义，这是课程计划（教案）的目的。我们如何确保学生在思考意义呢？我提出了一个建议，那就是借助故事结构的力量。故事易于理解和记忆，而且十分有趣；但是，如果学习内容（材料）没有意义，就无法让学生思考意义。在这种情况下，使用助记法可能是适当的。

对课堂的启示

思考意义有助于记忆。教师如何确保学生在课堂上思考意义？以下是一些实用的建议。

根据学生可能想到的内容来重新审视你的课程计划

这句话可能代表了认知心理学为教师提供的最普遍、最有用的观点。关于学校教育，最重要的是学生在放学后会记住什么，他们在一天中的想法和他们以后的记忆之间有着直接的关系。因此，对每一个课程计划来说，这是一个有用的双重检查，以尝试预测这堂课会让学生思考什么（而不是你希望它会让他们思考什么）。这样做可以清楚地表明，学生不太可能从这堂课中得到教师想要的东西。

例如，我曾经观摩过一所高中的社会研究课，班上三人一组的作业是关于西班牙内战的。每组学生都要研究西班牙内战冲突的不同方面（例如，将其与美国内战进行比较，或考虑其对当今西班牙的影响），然后用自己选择的方法将他们所学到的内容传授给其他学生。一组学生注意到电脑上安装了幻灯片应用软件，他们迫不及待地用它向其他组的学生传授。那是很久以前的事了，当时幻灯片在高中学校还没有普及。教师对他们的首创精神印象深刻，同意了他们的做法。很快，所有小组都使用了幻灯片。许多学生对幻灯片的基本操作有一定的了解，所以它可以派上用场。问题是，学生们把作业从"学习西班牙内战"改为"探索幻灯片的奥妙"。虽然大家对学习仍然充满热情，但学生们研究的主要目标很快变成了如何使用动画、增添影像、寻找特殊的字体，等等。在这个时候，教师觉得要求所有组转换学习内容已经太迟了，所以他花了这个星期剩下的大部分时间来教导学生，以确保他们的展示有内容，而不仅仅是浮于表面。

这个故事说明了这位教师经验丰富。这名教师肯定在第二年授课时不会让学生使用幻灯片，或者是想出了让学生专心听课的方法。在你积累这些经验之前，能做到认真考量你的学生对作业的反应，以及作业会让他们思考什么就已经很棒了。

吸引注意力要慎重

我遇到的几乎每一位教师，至少在某些情况下，都喜欢一开始上课就用一个事物把学生的注意力强行吸引过来。如果你在课程一开始就吸引学生，他们应该知道让其惊讶或敬畏的东西背后是什么。但是吸引注意力的方法并不一定屡试不爽。这是我和我的大女儿在她上 6 年级时的一段对话。

> 我：你今天在学校做了什么？
>
> 丽贝卡：今天我们科学课上来了一个嘉宾。他教我们化学知识。
>
> 我：哦？你都学会什么了？
>
> 丽贝卡：他拿了一个杯子，里面看起来装了水，当他把一小块金属一样的东西放进去时，它就沸腾了，太酷了！我们全班都尖叫起来了！
>
> 我：嗯，好吧，他为什么给你们演示这个？
>
> 丽贝卡：我不知道。

当然，这位嘉宾是为了引起全班同学的兴趣而策划了这场演示，而且也达到了这个目的。我敢打赌，他一定在演示结束后，对这一现象给出了能让孩子们听懂的解释，但这一信息没有被学生记下来。丽贝卡不记得了，因为她还在想这个演示是多么炫酷。你只记得你所思考过的内容。

另一位教师曾告诉我，她在开启古罗马单元的第一天就穿着长袍去上课，我相信这绝对引起了她的学生的注意，我也肯定它会持续吸引他们的注意力，也就是说，一旦教师准备好让他们去想别的事情，就会分散他们的注意力。

这里还有一个例子。生物课上的一位嘉宾让学生们回想他们自出生以来所看到的第一件东西。学生们仔细思考了这个问题，做出了诸如"把我拉出来的医生""妈妈"之类的猜测。嘉宾接着说："实际上，你们最先看到的东西是一样的，是穿过母亲肚皮的粉红色的漫射光。今天这堂课我们将讨论初体验如何影响视觉系统的发展，以及它如何继续影响你今天看事物的方式。"

我很喜欢这个例子，因为它抓住了学生的注意力，让他们渴望听到更多关于这节课的主题。

正如我在前文提到的，我认为要把握好课堂开始的时刻培养学生对学习内容的兴趣，通过理解当天课程的基础问题，或者利用故事结构来制造一种"冲突"，都是非常有用的。然而，你可能会考虑，在课堂的开头是否真的需要抢夺注意力。根据我的经验，从一门学科到另一门学科（或者对于年龄较大的学生来说，从一个教室或教师到另一个教室或教师）的转换足以让他们获得至少几分钟的注意力。通常是在课程进行到一半的时候，需要一点戏剧性的表演来吸引学生，把他们的注意力拉回来。但是不管何时使用它，仔细想想你将如何在吸引注意力及其设计意图之间建立联系。学生们能理解这种联系吗？他们能把吸引注意力的兴奋抛到一边，继续学习吗？如果没有，有没有办法改变吸引注意力的方式来帮助学生实现这种转变？也许可以把长袍穿在便装外面，上课几分钟后就脱掉。在解释了基本原理并促使学生预测可能发生的情况后，"金属物沸腾"的演示效果可能会更好。

开展发现性学习要慎重

发现性学习指的是学生通过探索目标、与同学讨论问题、设计实验或其他自主学习方式而不是教师教授学生知识的方法来学习。事实上，在理想的情况下，教师更多的是作为一种资源，而不是作为班级的主管。发现性学习在记忆方面有很多可取之处。如果学生在决定他们想要解决的问题上有充足的发言权，他们很可能会参与到他们选择的问题中，很可能会深入思考材料，并带来相应的益处。然而，这种方法有一个重大的缺陷：学生们会想什么是难以预测的。如果花费大量时间让学生自己去探索想法，他们很可能会探索无用的思维方式。如果记忆是思考的残留物，那么学生对错误"发现"

的记忆就会和对正确"发现"的记忆一样多。当然，发现性学习也有其他的优点和缺点，但我在这里主要关注的是记忆力。

然而，这并不意味着我们要放弃发现性学习，只是要注意使用场合。当环境能及时反馈给学生是否在以一种有用的方式思考问题时，发现性学习可能是最有用的。进行发现性学习的最好的一个例证就是孩子们学习使用电脑，无论是学习操作系统、复杂的游戏，还是网络应用程序。在这种情况下，学生们表现出了非凡的创造力和勇气。他们不害怕尝试新事物，他们对失败不屑一顾。他们通过发现来学习！然而，请注意，计算机应用程序有一个重要的特性：当你操作错误时，它立刻就能提示。电脑执行了一些与预期不符的操作，这种即时反馈创造了一个良好环境。其他环境并非如此。想象一下，一个学生在生物课上胡乱解剖一只青蛙，那又会是怎样一种场景？在发现性学习中，有时候不用借助教师的指导就可以限制学生将要探索的思维方式，因为其学习环境本身就能有效地做到这点而且这将有助于学生的记忆。

通过作业设计让学生思考意义

如果课程计划的目标是让学生思考一些材料的意义，那么最好的方法就是让思考意义的过程变得不可避免。有一件事一直让我感到惊讶，那就是人们对自己的记忆系统的运作方式的无知程度。如果对别人说"一会儿我要测试你的单词记忆情况"，也不会有什么效果。因为他们不知道怎样才能记住这些单词。但如果你在其间布置一个简单的任务，让他们思考单词的意思，例如，按照他们对每个单词的喜欢程度打分，他们就会记住这些单词且效果很好。

这个想法既可以在实验室里用，也可以在教室里用。前文我说过让 4 年级学生烤饼干并不是让他们理解"地下铁路"生活的好方法，因为他们花了太多时间思考如何做饼干，而我们的目的是让学生们思考黑奴试图逃跑的危险经历。所以，一个更有效的课堂应该引导学生去思考这种经历，例如，问他们逃跑的黑奴如何获得食物，在哪里获得食物，如何准备食物，又或者如何购买食物等。

不要排斥助记法

我遇到的许多教师对记忆法的使用感到不寒而栗，他们联想到19世纪的教室里，孩子们唱着州首府的歌曲。但是，如果一个教师在上课时只使用记忆法，那么课堂会很糟糕，记忆法确实有其使用的时间和地点，我认为不应该剥夺教师的这种教学技巧。

什么时候要求学生记住无意义的事情合适呢？也许这种情况不经常出现，但有时教师会觉得有些材料虽然现在可能毫无意义，但只有先学会，学生才能继续前进。一个典型的例子是在阅读和学习外语词汇之前，先学习字母和发音的联系。

有时候，将助记法与其他强调意义的方法搭配使用也是适宜的。在我上小学的时候，没有人要求我背诵乘法口诀表。相反，我使用了不同的材料和技巧来强调乘法的真正含义。这些技巧很有效，我很快就掌握了这个概念。但是到了大约5年级的时候，不会背口诀表真的拉低了我的学习速度，因为很多新的知识里面都有乘法运算。所以每次我在一个问题中看到8×7，我就得停下来算出乘积。在6年级的时候，我转到了一所新学校，我的新老师很快就指出了我的问题，并让我记住乘法口诀。这时候，数学对我来说简单多了，尽管过了几周我才承认这一点。

围绕冲突组织一个教学计划

如果你仔细观察，几乎所有教学计划中都有冲突。换句话说，我们希望学生知道的材料是问题的答案，而问题就是冲突。对冲突有清晰了解的好处是，它会自然地推进主题。在电影中，解决冲突往往会导致新的复杂情况。学校教材也是如此。从你希望学生学习的内容开始，然后回顾它提出的智力问题。例如，美国可能会要求6年级学生学习在20世纪初"百家争鸣"的原子模型。这些就是答案。问题是什么？在这个故事中，目标是理解物质的本质。障碍在于不同实验的结果似乎相互冲突。提出的每个新模型（卢瑟福、克劳德、玻尔）似乎都解决了冲突，但随后又产生了一个新的复杂问题——测试模型的实验似乎与其他实验冲突（相悖）。如果这个结构很有用，你可能会花一点时间思考如何向学生阐明和解释这个问题，"物质的本质是什么？"这个问题将如何引起6年级学生的兴趣？

正如我所强调的，围绕冲突制订教学计划对学生的学习非常有帮助。此外，如果你成功了，你就是在让学生了解这门学科的实质内容，这也是我提倡"围绕冲突"备课的另一个原因。我一直被"让它与学生相关"的建议困扰，原因有二。首先，我经常觉得它并不适用。比如，如何让学生立刻理解《吉尔伽美什史诗》或者三角学，而且还能与学生有关？让这些话题与学生的日常生活相关十分困难，而且学生们很可能觉得生搬硬套的痕迹太过明显了。其次，如果我不能让学生相信某些东西与他们相关，这是否意味着我不应该教它？如果我不断尝试在学生的日常生活和学校科目之间架起桥梁，学生们可能会得到这样的信息：学校永远与他们有关。然而，我始终坚信，学习与我无关的东西是一种价值，非常有趣，像追求一种美感。我并不是说谈论学生感兴趣的事情毫无意义。我的建议是，学生的兴趣不应该成为课程规划的主要动力。相反，它们可以被用来作为最初的触发点，帮助学生理解你想让他们思考的主要观点，而不是他们考虑这些观点的理由或动机。

在上一章，我认为学生必须具备背景知识才能进行批判性思考。在本章中，我讨论了记忆是如何工作的，希望通过理解这一点，我们可以最大限度地提高学生学习这方面背景知识的可能性。关于我们如何做到这一点，很多答案都与思考意义有关。但是，如果学生不理解学习材料的意义怎么办？在下一章中，我将讨论为什么学生很难理解复杂材料的意义，以及你可以做些什么来帮助他们。

讨论问题

1. 情绪会带来更好的记忆，但有意地在学生中诱发情绪来帮助他们记忆，会让人感觉受到操纵。你觉得有办法在课堂上运用情绪吗？

2. 学习意图不会影响记忆。当然，这并不意味着学生们是否关心在校学习就不重要了。何以解决这个明显的悖论呢？

3. 我认为，试图将教学内容与学生的兴趣联系起来是有风险的。因为我女儿对Instagram很感兴趣，所以她更有可能随心所欲地畅想。针对这个问题，你有什么解决方案吗？

4. 我建议从两个广角维度来思考一个人的教学：组织/知识和情感温暖。自我反省一下，你认为你在这些方面的优势和劣势有哪些？你想做什么？你希望获得哪些支持资源？

5. 我建议使用故事结构来组织教学计划以保持学生的兴趣。但要做到这一点，学生们必须理解并关心推动故事发展的冲突。考虑下一节你要教的课。如果教学计划的内容就是答案，你认为你的学生知晓问题吗？以合乎学生年龄的方式表达这个问题容易吗？是什么让他们关心这个问题？也许与他们自己的关注点相似？或者这是一个能够吸引他们并引导他们进入下一环节的谜题？

6. 你是否要求学生学习相对缺乏意义的内容？正如我所说，我认为这种做法有时是有意义的，但我理解大家为什么会批判它，所以我认为这值得我们反思。如果你确实要求学生进行这种记忆，你可以创造记忆法辅助他们记忆。我非常喜欢让学生在任何可能的时候进行创作，你也可以尝试一下，但事先说明，有研究表明人们不太擅长创造出自己的记忆法。一个可能的解决办法是看看学生是否能自己想出更好的记忆法，并把最好的分享给大家。如果它们都不理想，就用一个你已经准备好的。

7. 你认为学生应如何度过他们的业余时间？他们是否有共同的活动可以丰富本章所讨论的认知学习？是否有更多样且密切相关的活动？如果有，作为教师，我们应该如何鼓励他们呢？

8. 我建议在上课前，提前考虑这堂课实际上会让学生思考什么内容，这并不难，对吗？考虑别人的课会不会更容易一些？或者说，如果你已经一周没有琢磨这门课了，那么你可以重新审视它。

第 **4** 章

为什么学生很难理解抽象的概念？

问： 有一次，我看到一位教师在帮助学生解决有关面积计算的几何问题。在几次失败的尝试后，学生准确地解决了一道计算桌面面积的应用题。随后不久，就出现了一个问题，学生碰到新的应用题——计算足球场面积。他一脸茫然，甚至在提示下，也看不出这个问题与他刚刚解决的问题有什么关系。在他看来，他解决了一个关于桌面的问题，这个问题与足球场完全不同。为什么抽象的概念，例如面积的计算，在一开始就很难理解，一旦理解了，用新的方式表达时又难以应用呢？

答： 抽象思维是学校教育的目的。教师希望学生能够将课堂学习应用到新的环境中，包括学校之外的环境。但是，大脑似乎并不关心抽象概念。大脑似乎更喜欢具体的东西。这就是为什么当我们遇到一个抽象的原理时，例如物理定律的力=质量 ×加速度，我们需要一个具体的例子来帮助我们理解。指导这一章的认知原则是：

> **我们在已有知识的背景下理解新事物，多数知识都是具体知识。**

因此，学生很难理解抽象的概念，也很难在新的情况下应用它们。帮助学生理解抽象概念的最可靠的方法是让他们接触抽象事物的多种版本，也就是说，让他们解决桌面、足球场、信封、门等的面积计算问题。有一些技巧可以帮助学生加速这一过程。

理解是伪装的记忆

在第2章中，我强调了事实性知识对学校教育的重要性。在第3章，我描述了如何确保学生获得这些事实，即这些东西是如何进入记忆的。但我也假设学生理解你试图教给他们的东西。正如你所知道的，你不能完全指望学生能理解你教给他们的东西。对于学生来说，理解新观点往往是困难的，尤其是那些全新的、与他们先前所学毫无关联的观点。关于学生是如何理解事物的，认知心理学家有哪些发现呢？

答案是，他们通过将新观点（未知之事）与旧观点（已知之事）联系起来以理解新观点。这听起来相当简单。有点像你遇到不熟悉的单词时的过程。例如，如果你不知道"ab ovo"是什么意思，你就去查字典，你可以看到它的定义"from the beginning"（从一开始），因为你已经知道这些词的意思，所以现在你知道"ab ovo"的意思了[1]。

事实上，我们通过将新观点与我们已知的事情联系起来去理解它们，有

---

① 你可能已经注意到了一个问题。如果我们通过将新事物与我们已知的事物联系起来来理解新事物，那么我们又如何理解我们所学的第一件事呢？换句话说，我们怎么知道"beginning"是什么意思呢？如果我们查一下这个词，就会发现它的意思是"a start"。如果我们继续查单词"start"，我们会看到它被定义为"a beginning"。这样看来，用其他词来定义一个词并不能真正起作用，因为我们很快就会遇到循环定义。这是一个有趣的问题，但不是本章讨论的中心。简而言之，有些意义是可以直接通过我们的感官就能理解的。例如，你不需要借助字典就能知道红色的意思。这些意义可以作为其他意义的锚，帮助我们避免在"ab ovo"例子中看到的循环问题。——作者注

助于我们理解每位教师都熟悉的原则。一个原则是类比的有用性；它们通过将新事物与我们已知的事物联系起来，帮助我们理解新事物。例如，假设我试图向一个对电学一无所知的学生解释欧姆定律。我告诉她电是由电子流动产生的能量，欧姆定律描述了这种电子流动带来的影响。我告诉她欧姆定律是这样定义的：

$$I=U/R$$

I 是电流的度量单位，也就是电子运动的速度。U 是电压，是引起电子移动的电位差，电势本是均匀的，所以如果两点之间的电势有差异，这个差异会导致电子的移动。R 是电阻的度量单位。有些材料是非常好的导体（低电阻），而另一些材料是比较差的导体（高电阻）。

虽然这种描述是准确的，但很难去理解，教科书通常会提供一个类似于水的运动的类比。电子沿着导线流动就像水通过管道一样。如果管道的一端压力很高（例如，由泵产生的），另一端压力较低，水就会流动，对吗？但由于管道内部的摩擦，运动会减慢，如果部分管道还堵塞，速度会更慢。我们可以用一种计量单位，如每分钟加仑[①]，来描述水的流动速度。如果用水流类比，欧姆定律指的是水流的速度取决于水管中水压和阻力的大小。这个类比对我们的理解很有帮助，因为我们了解水在管道中流动。我们利用这些先验知识来帮助我们理解新信息，就像我们利用对单词"beginning"（开始）的认识来帮助我们理解"ab ovo"一样。

所以要理解新事物可以将它们与我们已理解的事物联系起来。这就是类比作用显著的原因。

---

① 是一种容/体积单位，1美制加仑 ≈ 3.79升。——编者注

我们依赖先验知识的另一个结果是我们需要具体的例子。如你所知，抽象概念，例如，力=质量×加速度，或诗歌韵律五步抑扬格的描述，即使所有术语都已定义，学生也很难理解。他们需要具体的例子来说明抽象的含义。实际上，如果他们听到下面两个例子或其他类似的例子的轻重音搭配，就能很好地理解什么是五步抑扬格。

> Is this the face that launched a thousand ships
> And burnt the topless towers of Ilium?
> 这就是让千帆启航，
> 烧毁了特洛伊的无顶塔楼的真相吗？

> Rough winds do shake the darling buds of May
> And summer's lease hath all too short a date
> 狂风会把五月的蓓蕾吹落，
> 夏天的租约又未免太短。

例子的作用大不仅仅是因为它们能让抽象的事物具体化。不常见的实例作用不大。假设你我之间发生这种情况：

我：不同的测量尺度提供不同类型的信息。顺序量表提供等级，而在等距量表中测量值之间的差异是有意义的[①]。

你：天哪，你这简直是天书！

我：好，这里有一些具体的例子。矿物硬度的莫氏标度是有序标度，而成功的拉什模型（Rasch Model）提供了等距测量。懂了吧？

你：我还是先喝杯咖啡吧。

因此，给出合适的实例也并非一件易事。它们必须为人所知，大多数人并不熟悉莫氏标度和拉什模型。重要的是，给出的例子重要的不是要足够具体，而是要足够常见。然而，大多数学生所熟悉的东西还是具体的，因为抽象的概念很难理解。

奥地利哲学家路德维希·维特根斯坦推测，"问题的解决不是通过提供新的信息，而是通过整理我们一直知道的事情"。他是对的。理解新观点主要是将正确的旧观点输入工作记忆，然后重新排列它们——进行我们以前没有做过的比较，或者思考我们以前忽略的特征。设想一个场景，一个女人用相同的力量挥动球棒，击打不同质量的棒球或汽车。我们知道球的加速度和赛车的加速度是完全不同的。你知道当你用球棒击打一颗球时会发生什么，你知道当你用球棒击打一辆车时会发生什么，但是你以前有没有同时思

[①] 量表上的数字之间的关系有且只有四种方式。（1）名义尺度：每个数字代表一件事，但数字是任意的——例如，棒球衫上的数字不会告诉你关于球员的任何信息。（2）顺序尺度：这些数字是有意义的，但无法告诉你数字彼此之间的差距——例如，在一场赛马比赛中，你知道第一名的马领先第二名，但你不知道领先多少。（3）等距尺度：不仅数字有序，而且区间也有意义——例如，10°和20°之间的差值与80°和90°之间的差值相同。区间尺度上的"零"是任意的，也就是说，0℃并不意味着没有温度。（4）比率尺度：如年龄，有一个真正的零点。零岁表示没有年龄。——作者注

考过这两种想法，并认为不同的结果是由于质量的不同？

现在你明白为什么我认为理解是伪装的记忆了。没有人能直接向学生灌输新思想。每一个新观点都必须建立在学生已知的观点之上。为了让学生理解，教师（或家长、书籍、视频、同伴）必须确保学生的长期记忆中的正确想法被提取出来并输入工作记忆。此外，这些在记忆中的正确的特征必须被用到，即运用比较、组合或以某种方式操纵。要帮助你理解顺序量表和等距量表之间的区别，只说"想想温度计，想想赛马"是不够的。这样做会让这些概念进入工作记忆，但我还必须确保它们以正确的方式进行比较。

但我们都知道，事情并非如此简单。如果我们给学生一个解释和一组例子，他们能理解吗？通常不会。看过上文我给出的注释后，你知道的肯定比以前多，但是你对知识的理解可能感觉不是很深刻，并且你可能没有信心辨识一个新例子的测量尺度，例如，尺子上的厘米刻度，人们根据自己的喜好对意式浓缩咖啡给出1—7的评分，以及歌曲播放列表上面的编号。

要想更加深入地了解什么能帮助学生理解，我们需要解决两个问题。其一，即使学生理解了，在理解程度上也有一定的不同。一个学生的理解程度可能很肤浅，而另一个学生的理解程度可能很深刻。其二，即使学生在课堂上理解了，这些知识也可能无法很好地迁移到课堂外的世界。也就是说，当学生们看到一个本质上是旧问题的新版本时，他们可能会认为自己被难住了，尽管他们刚刚解决了同样的问题。他们确实不知道他们的确知道答案！在接下来的两节中，我将详细阐述浅表知识和缺乏迁移。

学生习得的为什么是浅表知识

每个教师都有这样的经历：你问一个学生一个问题（在课堂上或在考试

中），学生用你解释概念时使用的词语或课本上的用词做出回答。虽然他的答案肯定是正确的，但你不禁会想，这名学生是否只是死记硬背了定义，而并没有理解他所说的内容。要知道，你所担心的学生只是鹦鹉学舌地说出他们不理解的想法并不是什么新鲜事，19世纪中期的法国就有漫画来说明这种现象，学生都顶着鹦鹉的脑袋，当然漫画中老师的形象也欠佳，顶着驴的脑袋在照本宣科。

这个场景让人想起哲学家约翰·塞尔提出的一个著名问题。塞尔想要论证的是，计算机可能会在没有真正理解自己在做什么的情况下表现出智能行为。他提出了这样一个思考问题：假设一个人独自待在一个房间里。我们可以把写有中文的纸条塞到门下。房间里的人不会说中文，但会回复每一条信息。她有一本很厚的书，每一页分成两栏，左右两栏都有汉字。她扫视着书，把纸片上的汉字与左栏中的汉字匹配起来。然后她小心翼翼地把对应右栏上的字抄在那张纸上，然后把它塞回门缝里。我们用中文提出了一个问题，房间里的人也用中文回答，那么房间里的人真的懂中文吗？

几乎每个人都说不懂。她给出了合理的回答，但她只是照本宣科。塞尔举了这个例子来论证计算机，即使它们表现出复杂的行为，比如理解中文，也不会以我们理解这个词的方式去思考[1]。我们可能会对学生说同样的话。死记硬背的知识可能会让学生给出正确的答案，但这并不意味着学生在思考。

我经常可以看到学生往我的电子邮箱中转发一些不理解的复杂答案的例子。其中一些是死记硬背的知识的例子，例如"有三种血管：动脉、静脉和

---

[1] 并非所有人都被塞尔的论点所说服，人们提出了不同的反对意见，最常见的是，一个人单独待在一个房间里的例子并不能完全说明计算机可能具备的所有功能。——作者注

毛毛虫①"，"我总是读骑士派诗人的作品，他们的作品总是反映一种感情：停止②每一天"。这些例子除了让我们咯咯笑外，还表明学生只是简单地记住了答案而没有理解它们。

在美国，一些教育工作者担心学生最后只会学到死记硬背的知识，但事实是，死记硬背的知识（在这里我使用的是术语rote knowledge）可能相对较少。死记硬背的知识意味着对材料没有理解。学生只是记住了单词，所以他们并不会觉得奇怪，以轻歌曼舞的抒情诗和浪漫的生活观而闻名的骑士派诗人会有"停止每一天"的"哲学"。

比死记硬背的知识更常见的是我所说的浅表知识，这意味着学生对材料有一些理解，但他们的理解是有限的。我们说过，学生通过将新观点与旧观点联系起来来理解新观点。如果他们的知识浮于表层，过程就到此为止。他们的知识与所提供的类比或解释有关。他们只能在提供的上下文中理解概念。例如，学生知道"把握今天！"的意思是"享受当下，不必担心未来"，他们记得教师说过的"尽可能地采撷你的玫瑰花蕾"（出自罗伯特·赫里克的《致少女，珍惜青春》）就是体现这种情感的一个例子。但所知甚少。如果教师提供一首新诗，他们就很难判断它是不是骑士派诗人的风格。

我们可以将浅表知识与深层知识进行对比。知识渊博的学生对这门学科了解得更多，他们的知识碎片之间的联系也更为丰富。这类学生不仅理解部分，也理解整体。这种理解使学生在许多不同的背景下灵活地应用知识，以不同的方式谈论它，想象如果一个部分发生变化，整个系统将如何变化，等

---

① 此处应指毛细血管（blood capillary），在英文中与毛毛虫（caterpillar）的拼写十分接近。——编者注

② 此处应指把握（seize），在英文中它的读音与停止（cease）的读音很接近。——编者注

等。一个对骑士派诗歌有深入了解的学生应该能够在其他文学作品中识别出骑士派理想的元素，比如中国古代诗歌，尽管这两种形式在表面上看起来毫不相关。此外，学生还可以考虑假设性问题，如"如果英格兰的政治局势发生变化，骑士派诗歌会是什么样子的"。他们能够思考这类问题，因为他们的知识是非常紧密地联系在一起的。它们是相互关联的，就像机器的零件一样，如果问题意味着用一个零件替换另一个零件，那么，有深厚知识背景的学生可以预测，如果更换一个部件，机器将会如何运行。

显然，教师希望他们的学生掌握深层知识，大多数教师试图灌输给学生深层知识。那么，为什么学生习得的最终会是浅表知识呢？一个明显的原因是学生可能没有认真听课。一提到玫瑰花蕾，一个学生就会想起那次她从滑板上摔下来，掉进了邻居的玫瑰花丛里，诗的其余部分她就不记得了。还有其他一些不太明显的原因也可能会导致学生习得的是浅表知识。

这里有一种思考方式。假设你打算向1年级学生介绍政府的概念。你想让学生理解的重点是，一起生活或工作的人会制定规则，让事情变得更容易。你将使用两个熟悉的例子——教室和学生的家——然后介绍一个观点，即更多人住在一起时还需要遵守其他规则。你的计划是让学生列出一些课堂规则，并思考每条规则存在的原因。然后你要让他们列出一些家规，并思考这些规则存在的原因。最后，你要让他们说出一些课堂和家庭之外的规则，你知道这需要给学生更多的提示。你希望你的学生看到，每个群体（家庭、教室和更大的社区）的规则起着相似的作用（见图4.1）。

一个死记硬背的学生之后可能会说，政府就像一间教室，因为两者都有规则。学生不了解这两个群体有什么共同点。习得浅表知识的学生明白，政府就像一间教室，因为这两个群体都是需要在一套规则上达成一致意见的人组成的团体，这样事务才能顺利和安全进行。学生只能意识到这一相似点，但不能逾越这一点。例如，如果被问到"政府与我们学校的区别是什么"，学生会被难住。一个理解透彻的学生能够回答这个问题，并可能成功地将这一项原则拓展到其他可能需要制定规则的群体，例如，他的一群在打篮球的朋友。

```
班级规则

1. 成为一个好的倾听者；
2. 尊重自己、他人以及重要的人；
3. 成为一个好朋友；
4. 勤奋努力。
```

图4.1　班规

这个例子可以帮助我们理解为什么不是所有的学生都能获得深层知识。"群体需要规则"这一目标知识是相当抽象的。这样看来，正确的策略是直接教授抽象概念；毕竟，这是你想让他们学到的。但我之前说过，学生不易于或无法很快理解抽象概念，他们需要例子。这就是为什么使用课堂规则的例子是有用的。事实上，学生可能会说，"当人们聚集在一起时，他们通常需要一些规则"，但如果学生不理解教室、家庭和社区是如何体现这一原则的，他就不会真正理解。因此，拥有深层知识意味着理解一切——包括抽象概念和示例，以及它们如何结合在一起。因此，要理解为什么大多数学生习得的都是浅表知识就容易多了，至少当他们开始学习一个新的话题时，深层知识比浅表知识更难获得。

为什么知识不能迁移？

本章是关于学生对抽象概念的理解。如果有人理解一个抽象的原理，我们希望他们能够进行知识迁移。当进行知识迁移时，这意味着他们已经成功地将旧知识应用到新问题上。现在，在某种意义上，每个问题都是新的；即使我们看到同一个问题两次，我们可能也是在不同的环境中看到它，因为一段时间过去了，可以说我们已经改变了，即使只是一点点。认知心理学家在谈论迁移时，通常是指新问题与旧问题看起来不同，但我们确实有适用的知识来帮助解决它。例如，考虑以下两个问题：

> 杰登一共花了40美元买了三罐鸡尾酒酱和一盘大虾。如果一盘大虾的价格是25美元，那么一罐鸡尾酒酱的价格是多少？

> 上周，茱莉亚开车去上班，来回三趟，还跑了一次去看望她的朋友，总共跑了80英里。她的朋友住在50英里外。朱莉娅住的地方离工作的地方有多远？

每个问题都需要减去总数的一部分（大虾的价格或看朋友汽车跑出的里程数），然后除以结果得到一个单位值（单罐鸡尾酒酱的价格或去上班跑出的里程数）。这两个问题在认知心理学家所说的表层结构上是不同的，也就是说，第一个问题与购买食物有关，第二个问题与增加汽车里程有关。这些问题具有相同的深层结构，因为它们需要相同的解答步骤。每个问题的表层结构是使抽象的概念具体化的一种方法。

显然，问题的表层结构对于解题并不重要。我们希望能够解决第一个问题的学生也能够解决第二个问题，因为深层结构才是关键。然而，人们似乎更易受到表层结构的影响。为了展示这种影响，在一个经典的实验中，实验人员要求大学生解决以下问题：

> 假设你是一名医生，面对一位胃部长有恶性肿瘤的病人。受条件所限，对病人进行手术是不可能的，但是如果肿瘤不被切除，病人就会死掉。现在，有一种射线可以用来切除肿瘤。如果这些射线以足够高的强度同时触及肿瘤，肿瘤就会被切除。不幸的是，在这种强度下，射线在切除肿瘤的途中穿过的健康的身体组织也会被破坏。低强度的射线对健康的身体组织无害，但却无法切除肿瘤。怎样在避免破坏健康的身体组织的前提下，还能用射线切除肿瘤呢？

如果一个受试者没有解决这个问题，而且大多数受试者都无法解决，那么实验人员会告诉他或她解决方案：从不同的角度发射一些低强度的射线，并使它们都聚焦在肿瘤上。这样，每条弱射线都可以安全地穿过健康的身体组织，但所有的射线都会在肿瘤处相遇，因此肿瘤会被切除。实验人员确保受试者都理解了解决方案，然后向他们提出以下问题：

> 住在堡垒里的独裁者统治着一个小国。堡垒位于这个国家的中部，许多路从那里向外延伸，就像车轮上的辐条。一位伟大的将军发誓要攻占这个要塞，把这个国家从独裁者手中解放出来。这位将军知道，如果他的全部兵力都能立即猛攻这个要塞，就能把它攻陷。但线人报告说，独裁者在每条路上都埋了地雷。地雷的设置只允许让少数人可以安全地通过每条路，因为独裁者需要能够调动军队和工人。然而，任何大部队的行动都会引爆地雷。这一行动不仅会炸毁道路，而且还会使这位独裁

者摧毁许多村庄作为报复。那么，将军要如何攻占堡垒呢？

这两个问题有着相同的深层结构（见图4.2）：当联合力量会造成附带伤害时，分散力量，让它们从不同的方向进攻。这种解决方案可能看起来显而易见，但对很多参与实验的学生来说并不明显。只有30%的人解决了第二个问题，尽管他们刚刚听到了大同小异的问题及其解决方案。

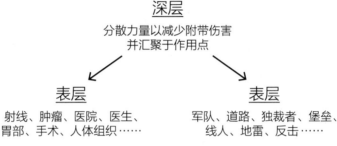

图4.2　射线-肿瘤和军队-堡垒问题中深层结构与表层结构的关系

在第1章中，你遇到了一个类似的现象。我描述了圆环和钉子的问题，然后介绍了一个具有相同的深层结构但表层结构不同的问题——茶道仪式，任务从主人转移到地位最高的客人身上。如果你和大多数人一样，你不会意识到这两个问题有着相同的深层结构。

为什么？答案可以追溯到我们如何理解事物上。当我们阅读或听别人讲话时，我们是在根据我们已经知道的类似主题来解释所写的或所说的内容。例如，假设你读了这段文字："费利克斯，本季度第二个被命名为飓风的风暴，一夜之间以惊人的速度提高了强度，已达每小时150英里，并伴随强阵风。预报员预测，飓风可能在未来12小时内登陆伯利兹海岸。"在第2章中，我强调，理解这类文本需要事先了解背景知识。如果你不知道风暴的名称、伯利兹在哪里，你就不能完全理解这些句子。此外，你的背景知识也会影响你怎样理解将会发生的事。对这些句子的理解会大大缩小你对新文本的理解范围。例如，当你看到"眼"这个词时，你不会想到看东西的器官，不会想到针眼，也不会想到马铃薯上的芽眼，更不会想到孔雀羽毛上的伪眼。你会想到飓风的中心。如果你看到"压力"这个词，你会立刻想到大气压，而不是想到同辈压力或经济压力。

所以，我们的大脑认为我们读到（或听到）的新事物与我们刚刚读到（或听到）的东西有关。这一事实使得理解更快、更流畅。不幸的是，这也使我们更难看到问题的深层结构。这是因为我们的认知系统总是在努力理解我们正在阅读或听到的东西，寻找相关的背景知识，来帮助我们理解单词、短语和句子。但似乎适用的背景知识几乎总是与表层结构有关。当人们阅读肿瘤和射线问题时，他们的认知系统会根据读者拥有的背景知识缩小对它的解释（就像描述飓风的那句话一样），这可能是一些关于肿瘤、射线、医生等的知识。当这个人后来读到问题的另一个版本时，似乎相关的背景知识涉及独裁者、军队和堡垒。这就是为什么知识迁移如此困难。第一个问题被认为是关于肿瘤的问题，第二个问题被解释为关于军队的问题。

这个问题的解决办法似乎是不言而喻的。为什么不告诉人们在阅读时要思考深层结构呢？这个建议的问题在于，问题的深层结构并不明显。更糟糕的是，几乎无数的深层结构可能都是适用的。当你阅读关于独裁者和堡垒的文章时，很难同时思考，深层结构符合逻辑形式否定后件律（modus tollens）吗？深层结构是寻找最小公倍数吗？深层结构是牛顿第三运动定律吗？要了解问题的深层结构，你必须了解问题的所有部分是如何相互关联的，你必须知道哪些部分是重要的，哪些是不重要的。此外，表层结构却非常明显：这个问题是关于军队和堡垒的。

做肿瘤和射线实验的研究人员还试图告诉大家："嘿，关于肿瘤和射线的问题可能会帮助你解决关于军队和堡垒的问题。"当这样，几乎每个人都能解决这个问题。这个类比很容易理解。堡垒就像肿瘤，军队就像射线，等等。因此，问题在于人们根本没有意识到这两个问题是相似的。

其他时候，即使学生知道一个新问题与他们解决的另一个问题有着相同的深层结构，其知识迁移状况也很糟糕。想象一个学生，他知道自己正在研究的代数应用题是一个用两个未知数求解联立方程的习题，他的教科书中有概述这一过程的例题。已解决的课本问题和新问题的表层结构是不同的——一个是关于五金店的库存，另一个是关于手机的通话服务套餐。学生知道他应该忽略问题的表层结构，而专注于深层结构，透过现象看到本质。然而，要想用课本上的例题帮助自己，他必须弄清楚每个问题的表层结构是如何映射到深层结构中的。这就像他似乎理解肿瘤问题及其解决方案，但当面对堡垒问题时，他无法确定军队是在扮演射线、肿瘤还是健康的身体组织的角色。正如你可能猜到的，当一个问题在其解决过程中含有许多组成部分和步骤时，往往会因为难以将已解决的问题映射到新问题中而阻碍知识迁移。有时，结果可能很滑稽。这时常发生在喜剧的剧情中，主人公有时在将已知的解决方案转移到新问题上失败（闹笑话），从而制造出笑点。

这种讨论让人觉得，知识几乎不可能迁移，似乎我们无力超越我们所读或所听内容的表层结构。显然不是这样的。在我所描述的实验中，一些参与者确实考虑过使用他们以前见过的问题，尽管这样做的人的比例非常小。此外，当面对一个新的情况时，成年人通常会以更有成效的方式来对待它，所以比孩子更能接近答案。不知何故，成年人正在利用他或她的经验，让知识进行转移。换句话说，认为只有当背景知识的来源对我们来说是显而易见的时候，我们才会认为旧知识能迁移到新问题上的想法是错误的。当我们第一次看到肿瘤和射线的问题时，我们不会简单地说，"我从来没有见过这个问题或类似的问题，所以我放弃了"。我们有提出解决方案的策略，即使它们最终可能不会奏效。这些策略一定基于我们的经验——不管是我们已经解决的其他问题，还是对肿瘤和射线的了解，等等。从这个意义上说，我们总是在迁移事实性知识和解决问题的知识，即使我们觉得以前从未见过这类问题。然而，人们对这种类型的知识迁移知之甚少，因为很难追踪它的来源。

在下一章中，我将讨论如何使知识迁移的机会最大化。

小结

当我们从记忆中以新的方式收集想法时理解就会发生。例如，当我们将赛马的结果与温度计上的读数进行比较来理解测量尺度时。抽象概念很难理解，因为我们依赖于记忆中的已知内容来理解新概念，而记忆中的大部分内容都是具体的。我们对新想法的理解最初是浅层的，因为深入的理解需要更多的想法组成部分之间的联系，它只是需要更多的经验，因此需要更多的时间来发展以形成深刻的理解。一旦我们以多种形式处理同一种想法，我们就能意识到它的深层结构——想法的各组成部分之间的功能关系。但在那之前，我们的理解将依附于我们已经看到的例子，知识迁移将是不确定的。

对课堂的启示

这一章的信息似乎相当令人沮丧：我们很难理解东西，但当我们最终理解了，它却不会迁移到新的情景。虽然没有那么可怕，但也不能低估深层理解的难度。毕竟，如果学生能轻松理解，你也能轻松教学。这里有一些关于如何在课堂上应对这一挑战的建议。

谨慎做出知识能广泛地迁移的承诺

教育史上到处都是半途而废的尝试，曾试图教给学生一种"训练思维"的技能，以帮助学生对一切事物进行更具批判性的思考。

在19世纪，学生们学习拉丁语，希望语法的逻辑结构能使逻辑思维成为习惯。教育心理学早期代表人物爱德华·桑戴克指出，学过拉丁语的学生在其他课程上的表现并不比没学过拉丁语的学生好。

20世纪60年代，一些教育理论家认为，计算机编程需要逻辑思维，也需要使用一些广泛应用的概念（如递归），这重新燃起了广泛地进行知识迁移的希望。也许如果孩子们学会了编程，这些思维技能就能广泛应用。这比教他们拉丁语好一点，但也只是一点点。

一些人认为学习国际象棋可以让孩子成为逻辑思考者，另一些人则主张教他们演奏乐器更有助于培养孩子的逻辑思维。你在这一章中看到的是学习的持续性和专一性。我认为下棋和演奏乐器都很美妙，但如果你想让孩子们对科学进行逻辑思考，那就教他们科学是如何运作的。如果你想让他们学会用说明文来评价一个论点，那就去教他们写说明文。不要徒劳地认为教授一种不同的技能，就可以指望它能打磨出孩子的其他技能。

给学生提供不同的实例，敦促他们比较

正如前文提到的，经验可以帮助学生看到问题的深层结构，所以要通过大量的例子为学生提供经验。另一个可能有帮助的策略是让学生比较不同的例子。因此，一位试图帮助学生理解反讽概念的英语教师可能会提供以下例子：

● 在《俄狄浦斯王》中，德尔菲神谕预言俄狄浦斯将弑父娶母。俄狄浦斯离开家是为了保护那些他认为是他父母的人，但这样做引发了一些事件，最终使预言成真。

● 在《罗密欧与朱丽叶》中，罗密欧自杀是因为他相信朱丽叶已经死了。当朱丽叶醒来时，她对罗密欧的死悲痛欲绝，自杀了。

● 在《奥赛罗》中，高贵的奥赛罗相信他的旗官伊阿古的为人，他告诉奥赛罗他的妻子对他不忠，然而没想到竟是伊阿古策划了这一切。

学生（在一些提示下）可能会对比这些例子有什么共同之处。一个人物做了一些事情，期望得到一个结果，但是相反的事情发生了，因为这个角色都遗漏了一个关键的信息：俄狄浦斯被收养了，朱丽叶还活着，伊阿古是个骗子。观众知道缺失的信息，因此知道结果会是什么，使得这出戏更具悲剧色彩，因为当观众看到事件展开时，他们知道如果剧中人物知道他们所知道的，那么不幸的结局应该就可以避免。

戏剧讽刺是一种抽象的概念，很难理解，但比较不同的例子可能会帮助学生思考这个问题的深层结构。学生们知道，这个练习的重点不是浅层的比较，比如"每部戏里都有男人和女人"。正如第 2 章所讨论的，我们记得我们在想什么。这种让学生思考问题的深层结构的方法可能会大有助益。

让深层知识体现在方方面面

你很可能会让你的学生知道，你希望他们了解事物的含义，也就是说，学习深层结构。你还应该问问自己：你所表达的重点是否同你没直接说出来的信息相符？你在课堂上都提出了哪些问题？一些教师提出的问题大多是事实性的，而且往往是以一种快速的方式："在这个公式中 b 代表什么？"或者"哈克和吉姆回到木筏上会怎么样？"基础的事实是很重要的，正如我已经讨论过的，但如果你只问这些，就会向学生传递这样一个信息，即这就是全部。

作业和评估是关于什么是重要的隐含信息的另一个来源。当布置一项作业时，它是否需要进行深刻的理解，或者仅仅通过材料的浅表知识就可以完成它？如果你的学生到了能够参加小测试和测验的年龄，那么一定要测试他们的知识深度。学生会从测试内容中得到一个强烈的隐含信息：因为它出现在测试中，所以它是很重要的知识点。

让你对深层知识的期望切合实际

虽然获得深层知识是你的目标，但你应该清楚学生能达到什么目标，以及他们能多快达到目标。渊博的知识来之不易，是大量实践的产物。如果你的学生还没有对一个复杂的主题有深入的理解，不要绝望。知识再浅也比没有知识要好得多，而浅表知识是通往深层知识的必经之路。你的学生可能需要经年累月才能真正深入理解，任何教师能做的最好的事情就是让他们沿着这条路走下去，或者以适宜的节奏继续督促他们进步。

在本章中，我已经描述了为什么抽象的概念如此难以理解，以及为什么在不熟悉的环境中应用它们如此困难。我说过，思考和使用抽象概念的练习对于灵活应用它是至关重要的。在下一章中，我将详细讨论练习的重要性。

讨论问题

1. 深层知识来之不易，因此需要大量时间学习。不是所有的知识都需要深度学习。对于哪些应该深度学习，是由成年人（教师和家长）决定，还是由学生自己决定？谁来决定这件事会有多重要？或者我们应该如何权衡？

2. 学生对死记硬背知识的看法是什么？为什么死记硬背看起来很有吸引

力？我以测验的作用为例，教师可能会（不知不觉地）做些什么来刺激学生死记硬背。还有什么其他因素可能产生影响呢？

3. 知识迁移问题在培养教师的工作中似乎非常棘手，未来的教师经常在大学课堂上学习如何成为一名教师，然后期望在自己的课堂上亲身实践这些知识。反思在你曾经参与的培训中，有哪些因素导致了良好的或不良的知识迁移？

4. 你在课堂中学到了哪些更深刻、更有用的深层结构？你从学生或课堂情境及动态中学到了什么？这些在不同的课堂看似不同，但在不同的情境中却反映了更深层次的真相。

5. 我说过，深层知识来之不易；它需要在许多情况下处理想法，这通常需要大量时间。这使得在你的教室里，有一些学生可能会对上一年的一些知识有印象，但是他们仍然需要进一步学习，学习一些你将讲授的其他想法。要理解学生的知识在学年末可能依然浅显，但你要知道在下学年他们会继续学习。你对学校关于这些知识的交流有多大信心，以及对每个学生围绕这些知识展开的能力又抱有多大信心？如果情况不尽如人意，你会采取哪些措施来改善沟通？

6. 浅表知识似乎与"自动驾驶"的反应密切相关，如第1章所述。你感知到情况X，并知道反应Y通常会导致一个好的结果，所以你不再深入思考X，例如，其他表面不同的情况是否与X具有相同的深层结构。你不会发现Y在其他情况下可能有用，因为你从来没有想过X，所以你永远不会对它有更深的理解。每个人在实践中都有X和Y。你的X和Y是什么？哪些情况是你在"自动驾驶"的状况下就解决了的，并且从更深层次的反思中获益？

第5章

反复练习值得吗?

问: "操练"(drill)被赋予了一个坏名声。"操练"本是军事术语,在这里代替更中性的术语"练习",表示这些机械简单的、不愉快的操练总是以纪律的名义而不是为了学生的利益。此外,英文短语"drill and kill"也被用来批评某些类型的教学,意思是"死读书,读到死"。教师训练学生,人们往往说这会扼杀他们天生的学习动机。然而教育保守派学者持不同意见,他们认为学生必须练习,以便学到一些他们需要的知识和技能,例如,数学知识"5+7=12"。很少有教师会认为,练习可以提高学生的积极性和兴趣。认知上的好处是否值得我们牺牲学习的动力?

答: 我们认知系统的瓶颈在于同时处理头脑中几个想法的能力。例如,在你的头脑中计算"19×6"很容易,但要计算"184930×34004"几乎是不可能的。尽管做乘法的过程是一样的,但在后一种情况下,你的头脑中没有多余的空间来推算后面的步骤。大脑有一些技巧来解决这个问题,最有效的方法之一是练习,因为它减少了脑力劳动所需的空间。指导本章的认知原则是:

如果没有长期的练习,你几乎不可能精通任何脑力工作。

如果你在带球的过程中，注意力集中在踢球的力度和角度等方面，那么你就不可能成为一名优秀的足球运动员。像这样的低级过程必须在你的身上是自动进行的，才能为你要解决的高级问题（如战术策略）腾出空间。同样地，如果你不熟记数学知识，就不可能精通代数。学生们必须练习一些东西。但并非所有的事情都需要练习。在本章，我将阐述练习为何如此重要，并会讨论哪些材料值得练习，以及如何以学生认为最有用和最有趣的方式安排练习。

为什么要练习？一个原因是能获得最基本的能力。孩子在父母或教师的帮助下练习系鞋带，直到他能够在没有监督的情况下自己系好鞋带为止。我们还练习可以完成但希望改进的任务。职业网球运动员几乎每次都能将球发到对手的场地上，但他们仍在练习发球，以提高球的速度和落点位置的精准度。在教育环境中，掌握和发展技能的理由似乎都是有道理的。学生可能会在掌握长除法之前不断做练习，直到他们能攻克这类问题。发展其他技能，比如写说明文，即使学生掌握了这类文本，他们仍需练习，努力完善并精进自己的写作能力。

获得能力和提高能力，这两个推动练习的理由是不言而喻的，也不会有太多争议。当你似乎已经掌握了一些知识时，练习技能的原因就仿佛不再明晰了，而练习能让你变得更好的效果似乎也不太显著了。尽管看起来很古怪，但练习对于教学工作至关重要。练习可以带来三个重要的好处：强化学习更高阶技能所需的基本技能；防止遗忘；改善知识迁移。

练习促进进一步的学习

为了理解为什么练习对学生的进步如此重要，让我带你回忆思考过程的两个要点。图5.1表明工作记忆是思考的场所。当你以新的方式组合信息时，就会产生思考。这些信息可能来自环境，也可能来自你的长期记忆，或者两者兼而有之。例如，当你试图回答像"蝴蝶和蜻蜓有什么相似之处？"这样的问题时，你对每种昆虫特征的想法都存在于工作记忆中，因为你试图找到对这个问题似乎有用的比较点。

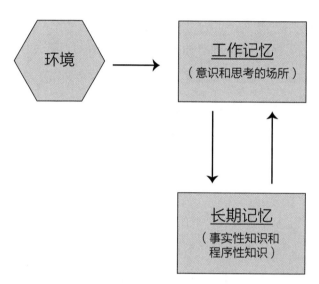

图5.1　大脑中的简化思考模型

然而，工作记忆的一个关键特征是它的空间有限。如果你试图混淆太多的知识或以太多的方式比较它们，你就会忘记你在做什么。假如我说：蝴蝶、蜻蜓、筷子、药盒和稻草人有什么共同之处①？太多东西了，你无法同时进行比较。当你在思考如何把药盒和筷子联系起来的时候，你已经忘记其他东西是什么了。

① 这些词语还有其他的共同之处，但我在此处选择它们是因为在英语中它们都是复合名词。——作者注

129

工作记忆空间有限是人类认知的一个基本瓶颈。你可以想出很多方法来改善你的认知系统——更准确的记忆、更敏锐的注意力、更好的视力，等等。但是如果灯神从阿拉丁神灯中出来，许诺可以为你提供一种改善思维的方法，那么你应该许愿想拥有更多的工作记忆能力。工作记忆能力更强的人思维能力更强，至少在学校里是这样。有大量证据表明这一结论是正确的，并且大部分结论都遵循一个非常简单的逻辑：选取100人，测量他们的工作记忆能力，然后测量他们的推理能力①，看看他们在每项测试中的分数是否趋同。令人惊讶的是，在工作记忆容量测试中取得好成绩预示着在推理测试中取得好成绩，而工作记忆成绩差预示着推理成绩差（当然，工作记忆并非一切，我在第2章强调过知识的重要性）。

当然，你不会从灯神那里得到更多的工作记忆容量。因为这一章是关于练习的，你可能会认为我会建议学生们做一些练习来提高他们的工作记忆能力。遗憾的是，这样的练习并不存在。众所周知，工作记忆或多或少是固定的——你得其所以，而练习并不能改变它。在过去的10年里，人们曾多次尝试制订一套训练方案来提高和改善工作记忆，并且围绕这些方案进行了大量宣传，但研究表明，尚不存在一套有效的方案。

---

① 工作记忆容量测试通常是让人们做一些简单的脑力工作，同时让他们努力在工作记忆里保留一些信息。例如，有一项测试要求受试者听一组字母和数字组成的信息块（例如3T41P8），然后按数字和字母常规的排序，先数字后字母地背出组成信息块的数字和字母（即1348PT）。这项任务要求受试者记住他们说了哪些数字和字母，同时对它们进行比较以获得正确的排序。实验人员进行多次试验，改变数字和字母的数量，以估计被试者能记住的最大信息块。有很多方法可以测量推理能力，有时会使用标准智商测试，或者更专注于推理的测试，比如"已知如果P是真的，那么Q是真的。若Q不是真的，又会是什么情况呢？接下来会发生什么？"。工作记忆和阅读理解之间也存在着可靠的联系。——作者注

虽然你无法增加工作记忆容量，但你可以克服这个限制。在第2章中，我详细讨论了如何通过压缩信息在工作记忆中保留更多信息。在一个称为信息分块的过程中，你将几个独立的知识视为一个单元。工作记忆中保留的不是单独的字母c、o、g、n、i、t、i、o和n，而是将它们划分为一个单元，即单词"cognition"（认知）。一个单词在工作记忆中所占的空间与一个字母所占的空间大致相同。但是把字母拼成一个词，你需要知道这个单词，才能这么划分单元。假设字母是p、a、z、z、e、s、c和o，你碰巧知道"pazzesco"组合起来是一个意为"疯狂"的意大利语词汇，你就可以有效地合并它们。但是如果你的长期记忆中没有出现过这个词汇，你就无法把字母组合起来。

因此，摆脱工作记忆有限性的第一种方法是借助事实性知识，这使得分块记忆成为可能。第二种方法是你可以让处理工作记忆中信息的过程变得更有效率。想想学系鞋带吧。起初，它需要你全神贯注，从而占用了所有的工作记忆空间，但通过练习，你可以下意识地系鞋带[1]了。

过去在工作记忆中占据所有空间的知识现在几乎不占据任何地方了。作为一个成年人，你可以在交谈的时候系鞋带，甚至在脑子里思考数学问题的时候系鞋带。

正如我前文提过的开车的例子。当你第一次学习开车时，它会占用你所有的工作记忆容量。就像系鞋带一样，你所做的事情占据了你的精神空间——比如看后视镜，注意你踩油门或刹车时的力度，看车速表，判断其他车辆有多近。请注意，你并没有试图同时记住很多东西（比如字母）；当你这样做的时候，你可以通过分块记忆获得思考空间。在本例中，你尝试快

---

① 系鞋带有正确和错误的方法。研究人员通过模拟行走发现，正确的打结方式使鞋带保持不松开的时间更持久。——作者注

速连续地完成很多事情。当然，一个有经验的司机在做所有这些事情时似乎得心应手，甚至还可以做其他事情，比如和乘客交谈。

思考过程也可以自动化。这种不假思索的自动处理很少甚至不需要工作记忆空间。它们也往往是相当迅速的，你似乎还没意识到，就下意识地做到了。一位经验丰富的司机在换车道前会看一眼侧视镜并检查盲点，她自己也不会想："好的，我要换车道了，所以我需要做的是看侧视镜并看一眼盲点。"对于自动过程的示例，请参见图5.2，并命名每个简图所代表的内容。忽略这些单词，说出图画对应的名称。

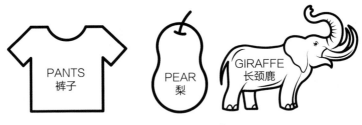

图5.2　看图说物

毫无疑问，正如你所注意到的，有的单词与图片匹配，有的则不匹配。当出现不匹配时，说出名称可能会更困难。这是因为当一个熟练的阅读者看到文字时，很难略过不读它。阅读是自动的。因此，印刷的单词PANTS（裤子）与你要想起的单词"T-shirt"（衬衣）相冲突。冲突减缓了你的反应。一个刚开始阅读的孩子不会表现出这种干扰，因为阅读对他来说不是自动的。当面对字母P、A、N、T和S时，孩子需要费力地（并因此缓慢地）检索与每个字母相关的发音，将它们组合在一起，并认识到由此产生的声音组合形成单词"pants"（裤子）。

自动化不仅可以通过提高心理过程（mental process）的效率来实现，还可以通过心理表征（mental representations）的发展来实现。不需要读出P、A、N、T和S，而是在大脑内存中找到与该字母串匹配的视觉图形。正如我们在第1章中提到的，依赖记忆处理比依赖心理快得多，这是学习阅读的一个关键方面。

自动化的数学知识也以同样的方式运行。当学生第一次接触算术时，他们通常使用计数策略来解决问题。例如，他们从5开始计算5+4，再加上4个数字，得出答案9。这种策略足以解决简单的问题，但你可以看到问题变得更复杂时会发生什么。例如，在一个像97+89这样的多位数问题中，没有记住数学事实的学生可能通过计数将7和9相加，得到16作为结果。现在，学生必须记住写下6，然后通过计数解决9+8，同时记住将进位1加到结果上。如果学生已经记住了7+9=16这一事实，那么问题就简单多了，因为他们会以较低的记忆成本得出问题子部分的正确答案。在长期记忆中找到一个经过反复练习已完全掌握的知识，并将其放入工作记忆中，几乎不需要工作记忆。毫不奇怪，记忆数学知识的学生在各种数学任务中都比数学事实性知识缺失或不确定的学生做得更好。研究表明，练习数学知识有助于成绩较差的学生更好地掌握高等数学。

阅读和数学都为自动化过程的性质提供了很好的例子：（1）它们发生得很快。（2）它们是由环境中的刺激因素引起的，如果刺激因素存在，即使你不希望，这个过程也可能发生（或相关记忆可能被检索）。因此你知道不阅读图5.2中的单词会更容易，但你似乎无法避免不去阅读。假如你的开车技术很好，而且你正乘坐在一辆处于危险状况的汽车，这时你的脚会自动地伸出去踩下一个压根儿不存在的刹车。（3）你对于自动化过程的组成部分毫不自知。例如，阅读的组成过程（比如识别字母）从来都不是有意识的。"裤子"这个词最终出现在意识中，但得出"裤子"这个词的结论所需的心理过程却没有出现。对于一个了解每个组成步骤的初学者来说，这个过程是截然不同的。

图5.2中的示例展示了一个自动化过程是如何运行的，但这是一个不寻常的示例，因为自动化过程会干扰你尝试执行的操作。大多数情况下，自动化过程是有帮助的，而不是阻碍。它们之所以有帮助，是因为它们为工作记忆腾出了空间。从前占用工作内存的进程现在占用的空间非常小，因此有空间供其他进程使用。就阅读而言，这些"其他"过程包括思考词语的实际含义。阅读初学者慢慢地、费力地读出每个字母，然后将这些声音组合成单词，这样工作记忆中就没有空间去思考意义了（见图5.3①）。

```
16    9    3   20  21   18    5
20    8    9   19
 3   15   13   13  15   14   16  12   1   3   5
19    3    5   14   5
```

图5.3　破译数字

即使是有经验的熟练阅读者也会发生同样的事情。我上高中时，一位教师让一位朋友大声朗读一首诗。他读完后，她问他对此有何反应。他一脸茫然，然后承认自己一直专注于有没有读错，以至于没有真正注意到这首诗的

---

① 这个句子是用一个简单的代码写的：1＝A，2＝B，3＝C，依此类推，每新起的一行都表示一个新词。阅读初学者努力阅读的样子，可能就和你现在解码这句话一样费力。因为每行数字代表的意思都必须弄清楚，才能破译这句话。如果在你努力破译这句话的时候，不将对应的字母写下来，在破译到快结尾的时候，你很可能已经忘记了开头。这个练习还可以用于论证背景知识很重要，试想如果你在一开始就在长期记忆里搜索出要破译的这句话，那么破译也不会很困难。——作者注

内容。就像一个1年级的学生一样，他的注意力集中在单词的发音上，而不是意义。全班同学都笑了，发生这样的事情是可以理解的，即使是不幸的。

回顾一下，我曾经说过，工作记忆是大脑思考的场所，我们将想法汇集在一起，并将它们转化为新的东西。困难在于在工作记忆中只有这么多的空间，如果我们试图把太多的东西放进去，或者做太多的事情，我们就会被搞糊涂，失去我们试图解决的问题的线索，或者试图遵循的知识，又或者试图在做出复杂决定时权衡的因素。工作记忆容量较大的人更擅长这些思考任务。虽然我们不能使工作记忆的空间变大，但我们可以通过两种方式使工作记忆的内容变小：(1)通过分块使知识占据更少的空间，这需要长期记忆中的知识，如第2章所述。(2)通过使我们用来将信息带入工作记忆的过程更加有效率，或者通过创建一个记忆表征来消除对这些过程的需求。

这就引出了下一个问题：要使这些进程高效或创建大脑内存表征需要什么？你知道答案：练习。你可能期望会有一个变通的方法、一个作弊的方法，这样你就可以在不付出练习代价的情况下收获自动化的好处。但是就当前科学和世界文化的智慧水平来说很难达到。众所周知，就目前而言，发展心智能力的唯一途径是一次又一次地重复目标过程。

你可以理解为什么我说练习促进进一步学习。你可能已经"掌握"了阅读，因为你知道哪些声音与哪些字母搭配，并且你可以靠自己正确地将声音串成单词。既然你知道字母，为什么还要继续练习呢？你练习不只是为了更快，而是为了更善于识别字母，以便自动检索单词的意思。如果这个过程可以自动完成，那么你已经释放了工作记忆空间，过去用来从长期记忆中提取声音的空间，现在可以用来思考句子和段落的意义。

阅读适用于大多数或所有的学校科目，也适用于我们希望学生拥有的技能。它们是分层的，有一些基本的过程（如检索数学知识或在科学中使用演绎逻辑），最初需要工作记忆，但随着练习，会变成自动化的过程。为了让学生把他们的思维进阶到下一个层次，这些过程必须成为自动的。伟大的哲学家阿弗烈·诺夫·怀特海总结了这一现象："我们应该培养思考当下事情的习惯。这是一个荒谬之极的观点，所有的杰出人士在发表演讲时都在重复这一点。情况恰恰相反，文明的进步是通过扩大重要练习的数量来实现的，这些练习我们无须思考就能完成。"

练习促使记忆更持久

几年前我有过这样的经历，我敢打赌你也有过。我偶然发现了一些我高中几何课的试卷。上面有问题集、小测验和测试，布满我的笔迹，都显示了详细的问题解决方案和事实性知识的证据，而现在我什么都不记得了。这种经历会使教师感到绝望。高中几何教师辛辛苦苦帮助我获得的知识和技能都消失不见了，这让学生们偶尔抱怨说："反正我们永远不会用这些东西了。"所以，如果我们教学生的东西就这么消失了，我们教师到底在做什么呢？事实上，我还记得一点点几何学知识，当然远不及我刚完成课程时知道的数量，但我知道的总比我学习这门课之前的多。研究学生记忆的研究人员得出了相同的结论：我们很快就忘记了我们所学的很多（但不是全部）东西。

在一项研究中，研究人员追踪了3至16年前参加过大一学期发展心理学课程的学生，让这些学生做了关于已学过的课程材料的测试。图5.4显示了课程中最初获得A的学生和获得B或更低成绩的学生的结果，分别用折线表示。总的来说，知识记忆率并不高。课程刚结束3年，学生们只记住了一半或更少的所学内容，这一比例一直下降到第七年，之后趋于平稳。得A的学生的记忆更全面，这并不奇怪，因为他们从一开始就知道得更多。但是他们会忘记，就像其他学生一样，而且忘记的速度是一样的。

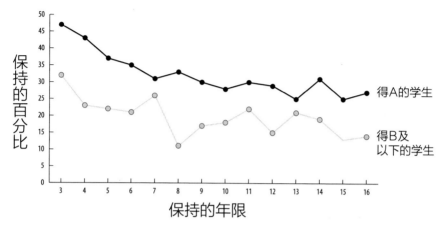

图5.4　得A和得B及以下的学生对发展心理学课程中材料的记忆程度

　　因此，很显然的是，努力学习并不能防止遗忘。如果我们假设一个学生学习很努力，我们就必须承认他们和其他人一样健忘。但还有一件事情可以防止遗忘：持续的练习。在另一项研究中，研究人员对不同年龄的人进行了一次基础代数测试。超过1 000名有着不同背景的受试者参与了该实验，更重要的是他们的数学成绩存在差异。

　　请看图5.5，纵轴显示了代数测试的分数。为了实验的准确性，每个人接受测试的时间都相同。受试者按照在高中和大学里学习数学课程的数量被分成4组。首先看最底部的曲线，它代表上过一门代数课的受试者的分数。横轴代表距离他们上这门数学课程的时间，自左向右逐年增加。所以最左边的（大约60%的正确率）来自刚修完代数课的人，最右边的点代表55年前修过代数的人。最底部的线看起来与你预期的一样，上代数课的时间间隔得越长，代数考试的成绩就越差。

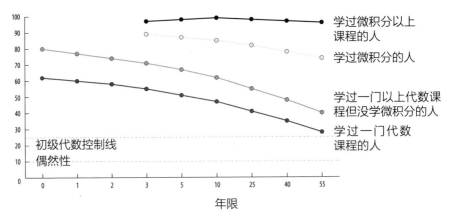

图5.5　1月至55年前上过这门课的人在基本代数测试中的表现

从下往上数第二条线显示的是上过一门以上代数课程的受试者的分数。正如你所希望的那样，他们在测试中表现得更好一些，但和前一组人一样，也表现出了遗忘的迹象。现在看最上面的一条线。这些是选修超出微积分课程难度水平的人的测试分数。有趣的是这条线几乎是平的。50多年前上过数学课的人对代数的了解还和5年前上过数学课的人一样好。

这是怎么回事呢？这种结果并不是因为那些继续学习更多数学课程的人更聪明或更擅长数学。虽然没有在图表中显示出来，但就像之前的发展心理学的那个研究一样，把第一次代数课得分的学生按照等级划分没有用，他们遗忘的速率是一样的。换句话说，在第一次代数课上得了C，然后再上几门数学课的学生会记住代数，而在代数课上得了A，但没有再上数学课的学生会忘记代数。这是因为参加更多的数学课程可以保证你持续思考并练习基础代数。如果你做了足够多的代数练习，你将永远不会忘记它。其他研究也对不同的领域做了探索，显示了完全相同的结果，比如学习作为外语的西班牙语，以及儿时居住的邻街名称。

这些研究没有弄清楚的一件事是，你的记忆变得更持久是因为你练习得更多还是因为你的练习时间更长。很可能两者都很重要。

从短期来看，你也很可能从练习中获益。现在，很明显，复习有助于记忆：如果我想知道法语中"雨伞"的拼写是"parapluie"，我最好复习五次而不是一次。但假设我似乎已经知道这个事实。我有一长串你帮助我学习的英语和法语词汇，有些我学得很吃力，但最近两次我们浏览这个词汇表时，你说"雨伞"，我只能回答"parapluie"。我觉得我明白了。我还有什么理由继续学习它吗？还是应该把它从我的练习列表中删除？

答案似乎是要继续学习它。这种类型的复习被称为"超量学习"（overlearning），即在你似乎知道一些事情之后继续学习。这正是我们一直在讨论的练习类型，因为它让人感觉没有任何好处。你一直在说"雨伞"，我一直回答"parapluie"，我在想这有什么意义？

但是这样想，假设我对每一个单词都像对"雨伞/parapluie"一样熟悉，我已经连续两次把清单上的每一个单词都说对了。如果在3天后接受测试，会发生什么情况？我能达到100%的正确率吗？可能不会。在3天的时间里，我会忘记一些事情。这就是超量学习的好处。它提供了防止遗忘的保护。但是，我们很难强迫自己做到这点，因为这种练习感觉毫无意义。我们正在复习那些我们觉得自己已经知道的内容，但是我们很难保证以后会知道。现在，我们可以做一件很明显的事情，让超量学习感觉不那么无聊或没有意义，那就是把学习时间分散开来。如果几天后我都记不住正确的拼写，我可能会更倾向于学习"雨伞/parapluie"。

研究人员还研究了学习时间的重要性。时间不是指一天中的时间，而是指你如何分配学习的时间。让我这么说吧：前文是在强调学习两个小时比学习一个小时更好。假设你决定学习两个小时，你该如何分配这120分钟呢？你应该连续学习120分钟吗？还是分散在两天，每天学习60分钟？如果每周学习30分钟，坚持4周又会怎样？

在考试前集中时间强化学习通常被称为临时抱佛脚。在我上学的时候，学生们会吹嘘自己考试考得很好，但一周后就什么都记不住了，因为他们在死记硬背知识点。研究证实了他们的吹嘘。如果你在短时间内学习很多东西，你足以应付眼前的考试，但你很快就会忘记。如果你换一个方式，分几个阶段学习，中间有一段时间的延迟，你可能不能在眼下的考试中做得理想，但与考试前强化训练式的临时抱佛脚不同的是，你会在考试后更长的时间内记住你学习过的材料。

间隔效应（spacing effect）可能不会给教师带来惊喜了。我们当然都知道填鸭式学习不会带来持久的记忆。相比之下，分散学习更有利于记忆的说法自然更有说服力。然而，明确间隔效应的两个重要含义是很重要的。我们一直在谈论练习的重要性，我们刚刚说过，如果把练习间隔开，效果会更好。以我们描述的方式分散练习，与集中练习相比，可以减少练习的时间。间隔练习还有另一个好处。我们在本章中讨论的练习类型意味着继续学习你已经掌握的东西。文如其义，这听起来有点无聊，尽管它能带来认知上的好处。如果这些任务在时间上分散开来，教师会更容易让学生对它们感兴趣。参见图5.6，该图显示了认知心理学家所说的记忆间隔效应。学生A（学习任务用加粗字体表示）在第一次考试的前一天学习了4个小时，而学生B（学习任务用正常字体表示）在考试前4天中每天学习1个小时。学生A在这次考试中可能会比学生B考得好一点，但是学生B会在一周后的第二次考试中考得更好。

周日	周一	周二	周三	周四	周五	周六
		1	2	3	4	5
6	7 学习	8 学习	9 学习	10 学习 学习 学习 学习 学习	11 考试 **考试**	12
13	14	15	16	17	18 考试 **考试**	19
20	21	22	23	24	25	26
27	28	29	30	31		

图5.6　分散学习与集中强化学习的对比

练习促进知识迁移

在第4章中，我详细讨论了将已知的知识迁移到新环境中的挑战。还记得用一小队士兵攻击堡垒的问题吗？即使受试者听了一个类似的解决方案（射线消除肿瘤），也没有把知识迁移到"军队攻击堡垒"这个新问题上。就像我刚才提到的，知识迁移确实发生了，即使在两种情况之间看上去并没有明显的相似性。这种情况时有发生，但很罕见。我们能做些什么来增加知识迁移的概率呢？是什么因素让学生更有可能说"嘿，我以前见过这样的问题，我知道如何解决呢"？

事实证明，许多因素对成功的知识迁移起作用，但其中有几个是特别重要的。正如我说过的，当新问题的表层结构与之前看到的问题的表层结构相似时，知识迁移更有可能。也就是说，如果这道题是以货币交换而不是以计算引擎的效率为题目框架的数学等价问题，那么硬币收集者更有可能认识到，她可以轻松处理涉及分数的数学题。

练习是良好知识迁移的另一个重要因素。处理大量特定类型的问题会使你更有可能认识到问题的深层结构，即使你以前没有见过该问题的这个特定版本。因此，阅读射线–肿瘤的故事使你更有可能知道当你遇到军队–堡垒的问题时该怎么做。但是，如果读过好几个关于力量分散并集中到目标点的故事，你就更有可能认识到问题的深层结构。

换个方式说，假设你看了下面的问题：

> 你住在加拿大，正在计划去墨西哥旅行。你会发现，如果你带了加币，到了那里可以兑换成墨西哥比索，然后用现金支付酒店费用，可以省下一笔可观的支出。你将住4晚，每晚100墨西哥比索。你还需要什么信息来计算需要携带多少加币，你会如何计算？

为什么一个成年人能立即看到这个问题的深层结构，而一个4年级的学生却不能？

研究人员认为有以下原因。第一个原因是，练习使你更有可能在读到此问题之前就已经理解了问题，并且你会记住你使用的解决方案。如果你当时不理解它，或者你不记得你尝试过哪些方法来解决它，那么它迁移到一个新情况的希望就不大了。但是一个4年级的学生确实理解问题背后的基本数学（除法）。为什么他不认为这对解决加币/比索问题有用，而你却知道呢？

在第4章中我提到，当你阅读时，你预测后面发生事情的可能范围会迅速缩小。我举了一个描述飓风的例子，说如果你后来看到"eye"这个词，它不会让你想到"眼睛"，也不会是马铃薯的"芽眼"，等等。重点是，当你在阅读（或听别人讲话）时，你是在根据你与类似主题的关联来解释所看（听）到的内容。你知道很多与"eye"一词相关的东西，你的大脑会根据你所阅读的内容来挑选合适的事物，你不必有意识地做出选择，你自己会想："嗯……我现在要知道在'eye'的众多释义中，哪个在该语境下是最合适的。"正确的释义会显现在脑海里。

上下文信息不仅可以用来理解有多个释义的词语，还可以用来理解你所读内容中不同事物之间的关系。例如，假设有这样一个故事：我和妻子在一个小岛上度假，那里有一条特殊的规定：如果两个或两个以上的人在天黑后一起走，他们必须每人携带一支笔。酒店的门上有温馨提示，钢笔随手可拿。但当我们第一天晚上出去吃饭时，我忘带笔了。

当你读这个故事的时候，你会毫不费力地理解其中的要点：我违反这条规定了。注意，你对表面结构没有相关的背景知识——你以前从来没听说过这样的规定，它没有多大意义。但你对故事元素的功能关系有丰富的经验，故事的中心围绕着一种许可展开。在许可关系中，允许你采取行动之前，必须满足一个先决条件。例如，要喝酒，你必须至少年满21岁。在小岛上，为了和另一个人一起出门，你必须带一支笔。你还知道，许可不仅有规定，它们通常还会跟着一个违反规则的后果。因此，当我开始讲述我的古怪故事时，你很可能就能预测故事的下一步走向：故事将围绕"我是否因为没带笔而被抓住了，如果我真的被抓住了，后果会是什么"展开。一个富有同情心的听众就迎合我说："哦，不！你没带笔被抓了吗？"如果听众说"真的吗？旅馆给你提供了什么样的笔？"，我认为他没有理解这个故事的要点。

当我告诉你关于这支笔的故事时，许可规则的想法就会自动出现在你的脑海中，就像当你读到飓风故事中的单词"eye"时，你会想到飓风中心的意思一样。你在上下文中理解"eye"，因为你以前多次看到"eye"这个词用来指飓风中心。同样地，当你听到关于笔的故事时，你脑海中就会浮现出许可规则的深层结构，出于同样的原因，你之前做过很多许可规则的练习[1]。许可规则和"eye"之间的唯一区别是，后者是一个单词，而前者是由几个概念的关系形成的想法。你的大脑存储了概念之间的功能关系（比如"许可"的概念），就像它存储单个单词的意思一样。

第一次有人告诉你，"eye"可以指飓风中心，你理解它不会有任何困难，但这并不意味着下一次当你遇到"eye"时，你第一时间想到的就是它所代表的正确意思。更可能出现的是这样的情况：你会有点困惑，需要从上下文中理解它的含义。要自动正确地解读"eye"，你需要见过很多次——简言之，你需要练习。深层结构也是如此。你可能在第一次看到深层结构时就理解了它，但这并不意味着你会在再次遇到它时就能自动识别出它。总之，练习有助于知识迁移，因为练习使深层结构更加明显。在下一章中，我将讨论当我们对某事进行大量练习时会发生什么。我比较了专家和初学者，并描述了他们之间的根本区别。

---

[1] 仔细想想，深入理解许可是很复杂的。比如，这并不是单纯地说禁止在水上比赛，也不是说你必须穿罩衣，而是说：如果你想在水上比赛，就必须穿罩衣。然而，3岁的孩子对这些规则表现出相当好的理解，可能是因为他们经常遇到这些规则。——作者注

小结

我在本章开始时指出，有两个显而易见的理由说明我们需要练习：获得最基础的能力（如青少年练习手动换挡驾驶，直到他能熟练操作）和获得熟练程度（如高尔夫球手练习推杆以提高准确性）。然后，我指出我们有理由继续练习心理技能，即使我们的能力没有明显的提高。这种练习有三个好处：（1）它可以帮助心理过程变得自动化，从而使进一步的学习成为可能。（2）它使记忆持久。（3）它增加了学习迁移到新环境中的可能性。

对课堂的启示

虽然练习有很多好处，但是其缺点似乎也是显而易见的。如果我们没有进步，那么练习就会很无聊。事实上，不仅仅是无聊，而是令人沮丧！我将提供一些以最低成本使练习发挥最大化优势的方法。

练习高频次出现的事情和领域内的关键技能

要知道，并不是每件事都可以广泛地练习。首先，我们根本没有那么多时间，但幸运的是，并非所有的事情都需要练习。我所说的从练习中获得的好处为应该练习什么样的事情提供了一些方向。如果练习使心理过程自动化，那么我们可以问，哪些过程需要自动化？从记忆中检索数字事实似乎是一个不错的选择，从记忆中检索字母发音也是如此。科学课程教师可能会决定，他的学生需要掌握有关进化的基本事实。一般来说，需要自动化的过程可能是技能的组成部分，如果自动化，这些技能将提供最大的好处。构建模块是一个人在一个主题领域反复做的事情，它们是更高阶工作的先决条件。考虑到练习的其他好处，我们可能还会问自己，在这门学科中，哪些问题会一再出现，从而使学生认识到自己的深层结构变得很重要？我们可以问，什么样的事实性信息是这个领域的核心所在以至于我们应该超量学习，这才能确保学生记住它？

进行分散练习

没有必要把与特定概念相关的所有实践都集中在短时间内完成，甚至在特定单元内进行。事实上，分散练习是很有道理的。如前所述，当练习间隔开时，记忆会更持久，重复练习同样的技能容易令人厌烦，最好是做出一些改变。分散练习的另一个好处可能是，学生们将通过应用他们所知道的知识获得更多的思考练习。如果一项技能的全部练习集中在一起，学生就会知道他们遇到的每一个问题都是他们正在练习的技能的变体。但是，如果给出的学习材料跨越一周、一个月或三个月，学生就必须更仔细地思考如何解决问题，以及他们所掌握的哪些知识和技能适用于此。此外，请记住，你不是学生将遇到的唯一的教师。英语教师可能会认为，让学生了解诗歌中意象的运用非常重要，但欣赏意象所需的知识和技能将在多年的教学中获得。

把练习融入更高级的技能中

你可以将一项基本技能定义为需要进阶到精通程度的技能，但这并不意味着学生不能在更高级的技能背景下练习。例如，学生可能需要练习根据印刷的字母检索发音，但一旦学生准备好了，为什么不把这种练习放在有趣的阅读环境中呢？一个桥牌高手在计算手牌的点数后才能出牌，但如果我是桥牌教练，我不会让我的学生什么都不做，而是让他们自动计算点数。自动化需要大量的练习。明智的做法是，不仅要把练习分散到不同的时间，还要分散到不同的活动中。尽可能多地考虑创造性的方法来练习真正关键的技能，但请谨记，学生在学习更高级的技能时，仍然可以在基础上进行练习。

确保练习的多样性

我说过，练习可以帮助你看到深层结构，但我应该更精确一点，越来越多的证据表明，练习表层结构的各种形式有助于理解深层结构。最近的一个实验测试了那些花大量时间思考职业篮球比赛可能获胜的队伍的人：教练、评论员和其他非常擅长某种概率计算的人，问他们："如果你认为A队会打败B队，比如说，有60%的概率，那么A队在7场系列赛中，4场比赛获胜的概率是多少？或者B队有5场比赛获胜的概率是多少？"研究人员发现，有经验的职业篮球比赛观察员在这种类型的计算方面表现得非常出色，但如果使用不同的表层结构，他们就无法进行同样的计算。例如，概率专家偏爱的概率学经典问题，从罐中抓取不同颜色的弹珠。这给我们的教训是：学生不仅需要在特定的深层结构问题上进行练习，以识别不同形式的深层结构。他们首先更需要的是用不同的形式来练习这个问题。我们可以说，通过实践，学生知道了问题的哪些方面是无关紧要的，从而更好地理解哪些是重要的。

讨论问题

1. 假如你的大多数学生没有掌握本应掌握的自动化的知识，你会怎么做？以前的教师因没能确保这些知识而感到沮丧，现在你该做什么呢？

2. 关于间隔效应或者分散学习的一个问题是，学生们会觉得"我们已经学会了啊！为什么还要继续？"。这时，你要如何回答学生呢？

3. 本章讨论的有关代数能永续的一个关键特征是，它需要多年的反复练习，因此不是一个教师的工作。教师们必须相互协调以确保学生能做到，那么大家如何才能达成共识呢？考虑你自己的情况，教师对这类课程的决定没有决策权，那么谁来决定？教师如何才能获得更大的发言权？

4. 在这一章中，我讨论了一种特殊的练习，看起来像是对学习没什么太大的帮助。我坚定地认为，如果学生们正在练习一项他们还没有掌握的技能（比如长除法）或者一项可以进一步发展的技能（比如写一篇有说服力的文章），那么练习的必要性是不言而喻的。这对你来说当然可以理解，但对你的学生来说也是吗？说说那些看不到练习价值的学生，他们这种态度的背后可能存在什么信念或经历？你能做些什么来改变？

5. 在本章中，我们使用了术语"自动性"，这一点很贴切，但它似乎与通常所说的习惯密切相关。我们可以联想到环境中的刺激因素会自动导致反应的其他例子。例如，你的手机发出"叮"的声音（刺激），你将注意力从你正在做的事情转移到手机上（反应）。或者一个学生有一个特殊的触发点，当他被取笑时，比如说他的体重（刺激），他会自动感到愤怒（反应）。将不适当的课堂行为（注意力不集中、愤怒）设定为自动行为是否会让你对其产生不同的感觉？这是否改变了你想要帮助学生克服困难的想法？

6. 有一个关于记忆和遗忘的残酷事实：我们教给学生的很多东西都会被遗忘。在一个理想的世界里，学生们会反复接触某些核心思想，这些思想会一直坚持下去。但并不是所有的事情都可以重复，很多事情都会像我的几何知识一样被遗忘。我一直在安慰自己，至少学生们接触到了这些内容，对一些人来说，这可能点燃了兴趣的火焰，他们会自己学习这个科目，即使在学校里没有重复。你对这个问题有什么看法？我们是否应该更担心学生的遗忘？如果是这样，我们该怎么办？

7. 获取有关内容的详细信息。当学生来到你的课堂上时，你希望哪些知识和/或技能是他们已经自动掌握的？你希望什么样的新知识或技能在课程结束时，他们也自动掌握？

第 6 章

让学生像真正的科学家、数学家和历史学家一样思考的秘诀是什么？

问： 教育工作者和政策制定者有时会对课程设定与他们的期望相去甚远的现象深表失望。例如，历史课强调事实和日期。好的课程应该给予学生一定的探讨空间。我曾听过一名教育工作者对教科书总结出的"美国内战的起因"大为不满，因为这就像板上钉钉一样。但很少有课程鼓励学生像历史学家那样思考，即分析文史资料和证据，并解释历史。同样，科学课程要求学生记住事实并进行实验室实验，在实验中观察到可预测的现象，但学生并没有实践真正的科学思维，也没有探索和解决问题。如何让学生像科学家、历史学家和数学家一样思考呢？

答： 这种对学校课程的抗议表面上是合理的：如果我们不培养和训练未来的科学家去做科学家实际在做的事情，学生如何成为下一代的科学家呢？但这种逻辑包含了一个有缺陷的假设，即它假设学生在认知上有能力做科学家或历史学家做的事情。指导本章的认知原则是：

> **训练早期的认知与训练晚期的认知有本质的不同。**

这不仅仅是因为学生比专家知道的少，还因为他们所知道的东西在他们的大脑中以不同的记忆方式储存。刚开始的时候，专家的思维方式并不像"受训专家"。他们像新手一样思考。事实上，不经过大量的训练，没有人会像科学家或历史学家那样思考。这一结论并不意味着学生永远不应该尝试写诗或进行科学实验，但是教师和行政管理人员应该清楚这些作业对学生有什么作用。

回想一下你在初高中阶段上过的科学课。以我个人为例，我记得它们大概是这样的：（1）在家里，你读了一本写满生物学、化学或物理学原理的教科书。（2）第二天，教师解释了原理。（3）与小组伙伴一起进行了一次实验室练习，旨在阐明该原理。（4）那天晚上，你完成了配套的习题，以便练习该原理的应用。

这些活动似乎没有给学生提供任何科学家的实践内容。例如，科学家在做实验之前并不知道实验的结果——他们做实验是为了找出会发生什么，他们必须解释结果，这往往令人惊讶，甚至自相矛盾。事实上，高中生知道实验室练习有可预测的结果，因此他们的重点通常不是实验是要说明什么，而是更多地关注他们是否"做得对"。同样，历史学家不阅读和记忆教科书——他们使用原始资料（出生证明、日记、当代新闻报道等）来构建对历史事件的理性叙评。如果我们不让学生练习历史学家和科学家实际做的事情，我们教他们历史和科学又有什么意义呢？

真正的科学家都是专家。多年来，他们每周在科学领域工作40小时（甚至更多）。事实证明，与消息灵通的业余爱好者相比，这些年的练习使他们的思维方式发生了质的变化，而不是量的变化。像历史学家、科学家或数学家那样思考是一项非常艰巨的任务。我将通过让大家了解专家学者做什么以及他们是如何做的来开始讨论。

科学家、数学家和其他专业人士在做什么？

显然，专家所做的事情取决于他们的专业领域。但是，不仅在历史、数学、文学、科学等学术领域，在医学、金融等应用领域，在国际象棋、桥牌、舞蹈等娱乐领域，专家之间也存在着重要的共同点。

在影视剧《豪斯医生》中，脾气暴躁、才华横溢的豪斯医生解决了令其他医生束手无策的疑难杂症。专家的能力在这里得到了淋漓尽致的彰显。下面是豪斯医生的病例摘要，可以帮助我们理解专家是如何思考的。

1.一个16岁的男孩，他抱怨自己出现复视和夜惊症状。豪斯指出，如果大脑没有受到创伤，青少年的夜惊通常与可怕的精神压力有关，比如目睹谋杀或遭受性虐待。因此，初步诊断为：性虐待。

2.豪斯发现男孩的大脑确实受到了创伤：他在一场长曲棍球比赛中头部被击中。在问诊的最后一刻才得知这一事实，豪斯很恼火，他判断男孩得了脑震荡，并急躁地说赛后给他做检查的急诊室医生显然"搞砸了"。初步诊断为：脑震荡。

3.当豪斯要离开时，男孩正坐在柜台上晃腿。豪斯注意到男孩的腿部抽搐，并认为这是我们睡着时身体做出的动作，但男孩并没有睡着。这个观察推翻了之前的诊断，豪斯怀疑是退化性疾病，他命令男孩立刻住院治疗。

4.豪斯要求对男孩进行睡眠测试（似乎证实了他的夜惊症状）、血检和脑部扫描，其他医生什么也看不出来，但豪斯在片子上看到有个大脑结构略有畸形，他推测是由于流体压力造成的。初步诊断：浸泡在组织液中的脑部有系统堵塞，对大脑造成压力，从而导致了观察到的症状。

5.豪斯要求检测男孩大脑周围的液体是否正常流动。该测试显示其大脑周围的液体存在堵塞，因此他要求进行手术。

6.在手术过程中，豪斯在男孩的大脑周围的液体中发现了与多发性硬化症状相关的化学标记物，但没有发现与该疾病相关的大脑损伤。初步诊断为：多发性硬化症。

7.病人有幻觉，豪斯意识到男孩一直在产生幻觉，而不是夜惊。这使得他不太可能患有多发性硬化症，但很可能他的大脑已经被感染。但测试结果没有显示出感染，豪斯解释说，神经性梅毒患者30%呈假阴性。初步诊断为：神经性梅毒。

8.病人又产生了幻觉，这使豪斯认定这个男孩没有神经性梅毒，因为如果是，他会从治疗中好转。豪斯得知病人是领养的，父母隐瞒了这一事实，甚至对男孩也是如此。豪斯推断，男孩的生母没有接种麻疹疫苗，男孩在出生后6个月内感染了麻疹。虽然他康复了，但病毒发生了变异，进入大脑，休眠16年后发作了。最终男孩被诊断为：亚急性硬化性全脑炎。

当然，我省略了这一集中的大量剧情，它比病例摘要有趣得多，但即使这只是摘要也显示了一些专家的典型行为。

像其他医生一样，豪斯被各种信息轰炸：他自己的检查数据、多项实验室测试的结果、病史等。我们通常认为信息越多越好，但并非如此。当你使用浏览引擎搜索时，得到500万个结果，想想你的反应。医学专业的学生很难分辨出信息的优劣，但经验丰富的医生似乎对什么是重要的、什么应该被忽略有第六感。例如，豪斯对患者的复视问题并不关心。他在问诊的一开始，就告诉男孩：戴上眼镜吧。他把注意力集中在患者的夜惊症状上。经验也使豪斯对其他人忽略的蛛丝马迹更加敏感，只有他一个人注意到男孩的腿奇怪地抽搐，后来，在脑部扫描中他发现了一个结构的轻微畸形。

正如你在第2章的讨论中所期望的，专家们关于他们的领域有很多背景知识。但成为一名专家需要的不仅仅是知识，接受培训的专家通常与专家知道的一样多（或几乎一样多）。在豪斯手下接受培训的初级医生在他诊断或提请注意某一症状时，他们很少显得茫然。但是豪斯可以从记忆中快速准确地获取正确的信息。这些信息的确在他们的记忆中，但就是一时想不到。

专业知识甚至体现在所犯错误的类型上。当专家们失败时，他们表现得非常优雅。也就是说，当专家没有答出正确答案时，错误的答案通常是很好的猜测。豪斯在做出正确诊断的过程中经常出错（如果他从不出错，这集电视剧最多只有5分钟），但他的猜测是有意义且有依据的，而他的初级医生同事的初步评估往往没有意义且毫无根据。豪斯会指出（通常是带有讽刺意味）患者有（或没有）某个症状，使其提出的诊断站不住脚。

专家行为的最后一个特征在这个例子中没有说明，但不代表就不重要。专家指出，他们迁移到类似领域比新手做得更好。例如，历史学家可以分析她的专业领域之外的资料，仍然得出合理的解释。只是分析将花费更长的时间，不像她自己领域的材料那样详细或尽可能准确，而且看着更像是专家的分析而非新手的。你可以想象，如果让一个过去10年一直为《时代》杂志撰写影评的人为《华尔街日报》写一篇金融建议专栏，会发生什么样的事情？他的很多专业知识都是关于评论电影的，但是他的很多写作技巧（比如句子结构和组织段落的能力）会迁移，所以他写出来的专栏肯定会比随便一个业余爱好者写的专栏更专业。

与新手相比，专家能够更好地挑选出重要的细节，提出合理的解决方案，并将他们的知识迁移到类似的领域。这些能力不仅体现在医生身上，也体现在作家、经济学家、园林设计师和教师身上。例如，新手教师往往注意不到不当行为，但这些很少会被老教师忽视。难怪学生们经常感叹，经验丰富的老师后脑勺上仿佛长了眼睛。和豪斯医生一样，专业教师也可以快速获取信息。与新手相比，他们可以想出更多的方法来解释一个概念，而且他们可以更快地想出这些替代方法。

专家的心理工具箱里有什么？

我在前文指出专家能够做什么。那么他们是如何做到的呢？他们需要哪些解决问题的能力或专业知识？我们如何确保学生们能得到所需的一切呢？

专家们所依赖的机制有点像我之前提到的那些机制。在第1章中，我发现工作记忆是有效思考的一个重要瓶颈。工作记忆是思考发生的工作空间，但空间是有限的，如果它变得拥挤，我们就无法了解自己在做什么，思考也就受阻了。我发现了两种克服工作记忆局限性的方法：背景知识（第2章）和练习（第5章）。新手可以通过任何一种机制获得思考的优势。专家们也使用这两种方法，但他们丰富的经验使这些策略更加有效。

记住，背景知识可以帮助我们克服工作记忆的局限，因为背景知识可以让我们将信息分组，或将信息分成块，比如将字母B、B和C看作"BBC"（英国广播公司）。当你了解到专家在他们的专业领域拥有大量的背景知识时，你肯定不会感到惊讶。但是专家的头脑比我们其他人的头脑多了另一个优势。这不仅是因为专家的长期记忆中有大量的信息，而且因为该记忆中的信息组织方式与初学者的不同。

专家们不像新手那样从表面特征的角度思考问题，他们能够从功能或深层结构的角度思考。例如，一个实验比较了国际象棋大师和新手的区别。两名受试者被要求用很短的时间观察一盘棋，结束后在另一个空棋盘上完成复盘。研究人员特别关注受试者放置棋子的顺序。他们把这些棋子按组放回，这意味着他们迅速放回四五个棋子，然后停下来，再放下三四个棋子，然后停下来，依此类推。他们停下来，是给回忆下一组棋子的位置留出时间。例如，新手可能首先放置位于棋盘一角的所有棋子，然后放置位于棋盘另一角的棋子，依此类推。相反，专业棋手是基于战略布局的功能来对棋子进行分组记忆，也就是说，棋子在同一个集群中不是因为它们彼此相邻，而是因为一个棋子对另一个棋子有威胁，或者因为一个棋子支持另一个棋子防守（见图6.1）。

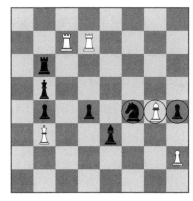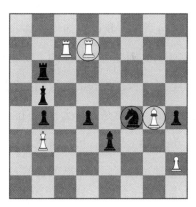

图6.1　专家级棋手与新手复盘对比实验

我们可以说专家们的思考是抽象的。请记住，我在第4章中说过，人们认为抽象概念很难理解，因为他们关注的是表层结构，而不是深层结构。专家们理解抽象概念并不困难，因为他们看到了问题的深层结构。

在这一理念的经典演示中，物理学的新手（修过一门物理课程的本科生）和物理学专家（研究生和教授）被要求对24道物理题进行分类。新手根据问题中的对象创建分类，如涉及弹簧的问题被归为一种模式，涉及斜面的问题被归为另一种模式，依此类推。相反，专家们根据对问题解决至关重要的物理原理对问题进行分类。例如，无论是涉及弹簧还是斜面，只要是运用能量守恒定律的问题都被放在同一组中（见图6.2）。

这种概括——专家对问题类型有抽象知识，但新手没有——似乎对教师也是如此。当面对课堂管理问题时，新手教师通常会立即尝试解决问题，但有经验的教师首先会试图定义问题，必要时收集更多信息。因此，专家型教师具备不同类型课堂管理问题的知识。毫不奇怪，专家型教师解决这些问题的方式更多的是解决根本原因，而不仅仅是行为事件。例如，专家型教师比新手更有可能对班级座位进行永久性调整。

在第4章中，我说过知识迁移非常困难，因为新手往往关注表面特征，不太善于看到问题之间抽象的、功能性的关系，而这些关系是解决问题的关键，但这是专家所擅长的。他们在长期记忆中有问题和情况的描述，这些表征是抽象的。这就是为什么专家们能够忽略不重要的细节，而专注于有用的信息。从功能上思考，可以清楚地看出什么是重要的，这也解释了为什么他们能很好地适应新问题。新问题的表层结构各不相同，但专家们认识到了深层次的抽象结构。这也是为什么他们的判断通常是明智的，即使他们的判断并不完全正确。例如，经验丰富的医生能从身体的生理机能角度思考问题。他们太了解身体系统的运作机制了，能够据此直观地了解外在症状是由何引起的，并且他们关于人体系统的知识非常丰富，因此很少（如果有的话）说

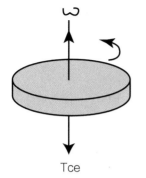

新手2："角速度、动量、圆周运动"
新手3："旋转功能、角速率、角速度"
新手6："以一定角速度旋转的问题"

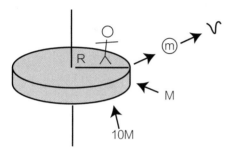

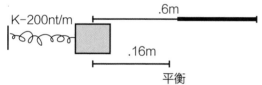

平衡

专家2："能量守恒"
专家3："功能定律，均为直线运动"
专家4："通过能量问题解决，应该知道能量
守恒定律或者功耗方式"

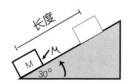

图6.2　物理学新手与物理学专家分类问题的对比

一些自相矛盾或荒谬的话。相比之下，医学院新生可以识别他们记忆中的症状类型，但他们没有功能性思维，因此当他们遇到不熟悉的病症时，他们就无从下手了。

第二种克服工作记忆有限问题的方法是反复练习操作程序，使其成为一种自动化过程。这样，操作步骤就不会占用工作记忆的空间。系上几百次鞋带，你就不必再去想它了；你的手指只是做常规动作，没有任何挤满你的工作记忆的思考过程的指示。专家们已经将许多高频常规的过程自动化了，这些过程在培训初期需要仔细思考。桥牌高手一眼就能算出他们手中的牌有何威力而无须刻意动脑筋。好的外科医生在缝合伤口时也无须大费周折。专家型教师有一套常规的方法流程来开启课堂、引起学生注意、处理学生干扰课堂的情况、结束课堂。有趣的是，新手教师经常预先计划好他们要说的内容，精确地计划他们要说什么。专家型教师通常不会，他们计划以不同的方式讨论或演示一个概念，但他们不写脚本，这表明将抽象概念翻译成学生能够理解的单词的过程已经自动化。

因此，专家们通过获取广泛的、功能性的背景知识，并使思考过程自动化，节省了工作记忆的空间。他们如何利用工作记忆中腾出的额外空间呢？他们所做的一件事就是与自己对话。专家与自己有什么样的对话？他们会经常和自己讨论正在研究的一个问题，并且是在我刚才描述的抽象层次上。物理学专家说，像这样的问题可能是能量守恒问题，我们将把势能转换成动能。

这种和自己对话的有趣之处在于，专家可以从中得到启示。刚才提到的物理学专家已经对问题的本质提出了一个假设，随着她继续阅读，她将评估她的假设是否正确。事实上，这位专家接着说："现在我真的确定了，因为我们要把弹簧压扁，那将会有更多的势能。"因此，专家们不只是叙述他们在做什么，他们还会提出假设，从而检验自己的理解，并在这个过程中思考可能的解决方案。然而，自我对话需要工作记忆，所以新手不太可能这么做。如果他们当真这样做了，可以预见：他们所说的要比专家所说的肤浅得多。他们会重申问题，或者试图将问题映射到一个熟悉的公式中。当新手和自己对话时，他们会描述自己在做什么，而不会拥有专家那样可以自我评估的优势。

如何让学生像专家一样思考？

我已经讨论了科学家、历史学家、数学家和一般专家的能力。他们在他们选择的领域中功能性地看待问题和情况，而不是在表面上看待问题。以这种方式看待事物使他们能够在大量信息中找到重要的细节，想出的总是明智和合理的解决方案（即使它们并不总是正确的），并显示出他们在相关领域的一些知识迁移。此外，许多由专家完成的常规性操作流程已经通过练习变成了自动化完成的。

听起来很棒，但我们如何教学生这样做？遗憾的是，这个问题的答案并不会令人振奋。显然，向新手提供诸如"功能性思考"或"和自己对话"之类的建议是行不通的。专家们做这些事情，只是因为他们的心理工具箱使他们能够这样做。要想获得专业知识，达到专业水准，唯一的途径就是实践练习。曾有这样一个笑话，讲的是一个年轻人在曼哈顿大街上拦住一位上了年纪的妇女说："打扰一下，女士，请问怎么去卡内基音乐厅？"女人冷静地回答："练习，练习，再练习。"

研究人员曾试图研究专家的专业技能，方法是对比专家的生活和我们可

能称之为"准专家"的人的生活。例如，一组研究人员要求小提琴手估算他
们在不同年龄段练习小提琴的时间。一些受试者A组（专业人士）已经与国
际知名交响乐团有合作。受试者B组都是二十出头的音乐系学生，其中一些
学生（顶尖学生）被他们的教授提名为未来国际独奏家。受试者C组也是音
乐系学生（优秀的小提琴手），也在以同样的目标学习，但他们的导师认为
他们的潜力较小。受试者D组是为了成为音乐教师而不是专业表演者学习小
提琴的。图6.3显示了四组小提琴手在5岁至20岁之间练习的平均累计小时
数。尽管优秀学生和顶尖学生都在同一所音乐学院学习，但两组人报告的自
童年以来的练习量存在显著差异。顶尖学生称，他们练习的时间和中年小提
琴演奏专业人士（在20岁之前）差不多，比优秀的小提琴手练习的时间多
很多。事实上，到20岁时，顶尖学生累计的练习时间比优秀学生多了将近
50%。不出所料，未来的音乐教师的练习时间更少（尽管按照大多数标准，
他们当然是相当称职的小提琴手）。其他研究表明，从体育运动到象棋和拼
字游戏，练习对各种技能都很重要。

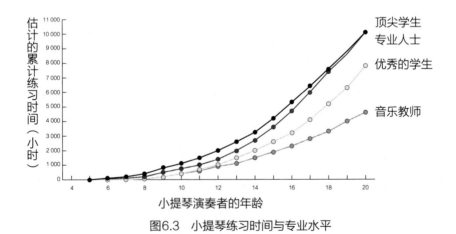

图6.3 小提琴练习时间与专业水平

　　其他研究采用了更详细的传记式方法。在过去50年中，有几次研究人员接触了大量（10名以上）杰出科学家，他们同意接受详细采访，进行人格和智力测试，等等。研究人员随后寻找这些科学界伟人的背景、兴趣和能力的相似之处。这些研究的结果相当一致，是一个惊人的发现。根据标准智商测试，科学界的伟人并不以其非凡的才智而著称；可以肯定的是，他们非常聪明，但并不能与他们在各自领域所做出的杰出贡献成正比。他们真正的突出之处是他们持续工作的能力。伟大的科学家几乎都是工作狂。我们每个人都知道自己的极限；在某个时刻，我们需要停下工作，去看一个不用费脑子的节奏轻松的电视节目，浏览社交媒体软件，或者做类似的事情。伟大的科学家有着惊人的毅力，他们的精神疲惫阈值非常高。比如托马斯·阿尔瓦·爱迪生，以发明或极大地改进了灯泡、荧光屏、留声机和活动电影放映机而闻名。爱迪生的工作习惯也很有名，每周工作100小时不在话下。爱迪生不怎么在家里睡觉，而是在实验室桌子旁的小床上打个盹。

　　安杰拉·达克沃思（Angela Duckworth）不仅在科学家身上考察了这种品质，还在音乐家、西点军校学员、拼写比赛选手等人身上考察了这种品质。就像最成功的科学家不一定是智商最高的人一样，研究人员也很难找出在其他领域非常成功的人的特征，除了他们比其他人付出更多的努力。达克沃思指出了两种基本的性格成分，即坚持和对长期目标的热情，并将其称为坚毅。

　　这个概念在许多国家引起了大众的想象，并在许多方面被误解和滥用。我认为这是一个有用的科学概念，它帮助科学家理解为什么有些人会为一个目标努力多年。我认为，如果我们觉得我们可以让学生变得坚毅，那就大错特错了。坚毅的一半是激情，是学生热爱的东西。

不管你是否坚韧不拔，在你投入时间之前，你不会成为专家——这是练习重要性的另一个含义。许多研究人员已经认可了所谓的"10年规则"：一个人不能在不到10年的时间内成为任何领域的专家，无论是物理、国际象棋、高尔夫还是数学。这一规则已应用于音乐创作、数学、诗歌、竞技游泳和汽车销售等多个领域。有人认为，像莫扎特这样5岁就开始作曲的天才并不例外，因为他们早期的作品通常是模仿的，不被同行认可。即使每个世纪都会有一些神童，10年规则依然奏效。

坚持10年学习并没有什么神奇的，学习背景知识和发展我在本章中提到的自动化过程似乎需要很长时间。[1]事实上，研究表明，那些练习时间较少的人需要花费超过10年的时间，而在短跑或举重等学习较少的领域，一个人只需几年的练习就能取得成功。然而，在大多数领域，10年是一个很好的经验法则。即使获得专家地位，学习和练习也不能结束，如果要继续保持地位，则需要继续努力练习。

比如，获得"格莱美终身成就奖"的爵士钢琴家汉克·琼斯（Hank Jones）。在他87岁时，有人问琼斯是否还在练习。他的回答是："哦，当然了，是的。我不认为有谁不练琴，我练习指法……"

电影《铁与丝》（*Iron and Silk*）中所展现的传奇武术家潘清福对练习的看法更直白：大师们每天都要吃苦，就是这样。在这种情况下，吃苦意味着忍受来自不知疲倦的练习的痛苦。

---

[1] 你可能听说过10000小时，而不是10年，因为这是获得专业技能所需的时间。这个数据来自马尔科姆·格拉德威尔的书《异类》，安德斯·艾利克森在他的书《刻意练习》中指出了这种计算在许多方面的不准确性。要记住的重点是，当你瞄准专业技能时，你凝视的是一个需要数年时间的过程。——作者注

小结

我们首先回顾了专家的四个特征。第一，他们似乎有第六感，知道哪些信息可以忽略，而哪些信息是重要的。第二，他们注意到新手错过的细枝末节，因为专家会密切关注关键特征，因此细微之处对他们来说更加明显。第三，他们就连失败也很优雅，这意味着即使犯了错误，回顾过去，他们的行动方针也是明智的。第四，比起新手，他们将知识迁移到新环境中的能力要强得多。专家们之所以能够做到这四件事，是因为他们的经验使他们能够看到深层结构。最后，我们回顾了大量研究，论证了成为专家的关键因素是扩展练习。

对课堂的启示

专家不仅仅比新手更擅长在他们选择的领域思考问题；专家们思考问题的方式实际上是不同的。你的学生不是专家，他们是初学者。这将如何影响你的教学？

学生做足理解知识的准备，但尚未能创造知识

阅读本章后，你应该对数学家、科学家和历史学家与新手的区别有了一定的了解。他们在自己的领域工作了多年，他们积累的知识和经验使他们能够以我们其他人无法接受的方式思考。因此，试图让你的学生像他们一样思考不是一个现实可行的目标。你的反应很可能是"好吧，当然。我真的没指望学生会获得诺贝尔奖！我只是想让他们理解一些科学知识"。这是一个有价值的目标，与学生像科学家一样思考的目标非常不同。区分知识理解和知识创造可能会有所帮助。知识由专家创造。例如，科学家创造性地提出并验

证关于自然现象的理论，历史学家创造历史事件的叙事诠释，数学家创造复杂模式的证明和描述。专家们不仅了解他们的领域，还为其贡献新知。

对学生来说，一个更为谦虚和现实的目标是理解知识。学生可能不能发展自己的科学理论，但他们可以发展对现有理论的深刻理解。一个学生可能不会依据史实给出全新的见解，但是她可以理解别人的诠释。

学生的学习不能到此为止。学生们还可以理解科学是如何运作甚至是如何进步的，即使他们还不能很好地洞悉这一过程，甚至根本没有能力。例如，学生可以了解科学中具有里程碑意义的发现，以此作为理解科学的一种方式，将科学视为一种不断完善理论的方法，而不是发现永恒的定律式。学生们阅读关于雅尔塔会议的不同报道，以此作为学习历史学家如何进行诠释的一种方式。

你可能会发现分阶段考虑专业技能的发展是有用的。（1）理解并欣赏专家们的成就和它的特殊之处。（2）通过分析专家的工作过程来了解他们的方法。（3）即使他们没有必要的知识和经验，也要努力使用这些方法来加深他们的理解。

学生不能像专家一样创造并不意味着他们就不应该创造

我曾经说过，专家和见多识广的业余爱好者之间的一个关键区别在于专家创造新知识的能力和业余爱好者理解他人所创立概念的能力。如果你要求学生创造新知识，会发生什么呢？如果你让他们设计一个科学实验或分析一个历史文献，结果又会怎样？显然，不会有什么可怕的事情发生。最有可能的结果是，他们不会做得很好。就像我在前两章描述过的那样，这需要大量的背景知识和经验。

但是教师要求学生做这些事情可能还有其他原因。例如，教师可能会要求学生解释实验室实验的结果，强调某一特定现象，或希望他们注意密切观察实验结果的必要性，而不是期望他们能像科学家一样思考。

需要创造力的作业也可能有激励作用。音乐课可能强调练习和正确适当的技巧，但也可能鼓励学生创作自己的作品，因为学生会发现这很有趣。为了让学生像音乐家一样思考，这种练习是必要的还是必需的？或许不是。初学作曲的学生还没有具备作曲的认知能力，但这并不意味着他们在作曲时不会感到开心，有时这个理由就足够了。

科技成果展也是如此。我曾参加过很多科技成果展，而且坦白讲——我先声明我没有吹毛求疵——这些项目大多都很糟糕。学生们似乎对科学方法没有太多的了解，因为他们的实验设计漏洞百出，也没有严谨缜密的数据分析。但是，很多学生真的为他们所做的事情感到骄傲，他们对科学或工程的兴趣得到了极大的提升。因此，尽管该科学项目在创造性方面通常是失败的，但科技成果展似乎是激发学生动机的好机会。有时候，学生会做一些真正有创意和实际的事情！

最重要的是，让学生接受创造新事物的挑战往往难度很大，但这并不意味着永远回避这种任务。只要牢牢记住，学生能从中得到什么或者不能得到什么。

鼓励学生，牢记"熟能生巧"

关于练习的研究可能会促使我们重新思考如何与学生谈论他们的希望和梦想。一方面，这项研究提供了一个真正有希望的信息：如果"生物学"指的是遗传的天赋，那么生物学不能决定命运。我们将在第8章中进一步探讨这个话题，但我们已经看到，真正将取得顶尖成果的人与普通人区分开来的是持续的努力。因此，我们也应该鼓励那些想成为伟大科学家或小说家的学生，即使他们现在还没有表现出非凡的才能。我们回顾的研究表明，我们应该告诉学生如果他们真的努力学习，那么他们就真的有成功的可能。

但另一方面，这种鼓励也有其自身的问题。鼓励不等于说"没错，做一个工作狂至少10年，你绝对可以成为一名伟大的科学家"你显然不会给出这种令人沮丧的建议，但有没有更明智的方式来思考练习和学生未来的联系呢？

记住，10年规则适用于非凡的成就。不仅仅是擅长某件事，还要成为一个创新者，在某种程度上成为这个学科的先驱。你的学生可能不是工作狂，也可能没有达到工作狂的地位，但他们仍可能在自己的领域做出贡献，并为此感到兴奋。

即使是这个较为温和的目标，也需要在很长一段时间内进行大量的艰苦工作。但令人高兴的是，学习者可以看到进步的迹象，我认为这是长期保持动力的关键。不要过于关注雄心勃勃的目标本身，而要关注中途站，即成功的中间阶段。把"熟能生巧"换成"熟能进步"。

别指望新手能像专家一样学习

当考虑到如何帮助学生获得技能时，鼓励他们模仿专家似乎是很自然的。因此，如果你想让学生知道如何编写Python程序，那就找一个擅长编写Python语言的程序员，开始培训学生掌握这位程序员使用的方法。这种方法听起来很有逻辑性，但它可能是错误的，因为正如我强调的那样，专家和新手的思维方式存在着显著差异。

想想这个例子：我们应该如何教阅读？好吧，如果你看有经验的读者阅读，他们的眼球运动比不熟练的读者要少。所以可以说，更好的阅读方法是识别整个单词，学生应该从一开始就学会这种方法，因为好的阅读者就是这样的。事实上，我书架上的一本纸页较旧的教育心理学教科书引用了图6.4[①]所示的眼动数据，并提出了这一论点。

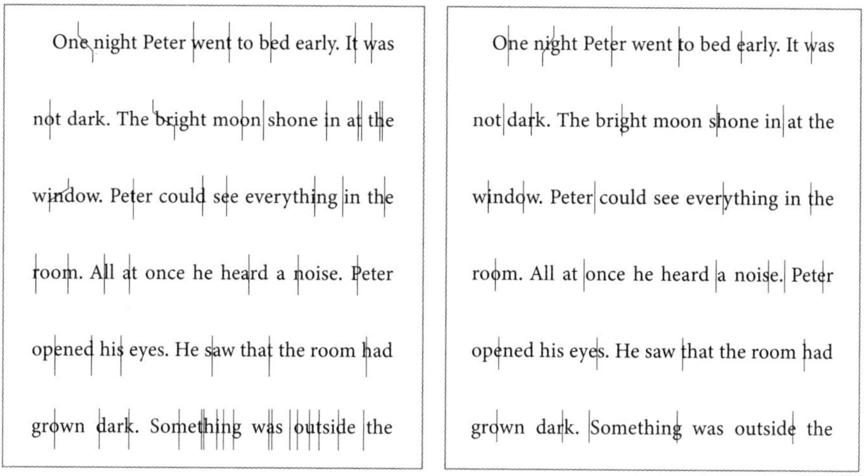

图6.4　初学阅读者与有经验的阅读者的眼球停顿对比

对这种论点应持怀疑态度。在这种情况下，我们从其他数据得知，有经验的阅读者可以一次性阅读全部，但他们并不是这样开始阅读的。同样，专业的网球运动员在比赛中也会花大部分时间思考策略，并试图预测对手会做什么。但我们不应该让新手考虑战略，新手需要考虑的是步法和挥拍。

每当你看到一位专家做的事情与一位非专家做的事情不同时，事实很可能是专家当初也像新手一样，而这样做是走向专业化的必要一步。拉尔夫·沃尔多·爱默生更巧妙地说："每个艺术家首先都是从学徒做起的。"

---

① 每一行都显示了阅读者在阅读段落时眼睛停留的地方。左图是初级阅读者的典型结果，右图是有经验的阅读者的结果。有经验的阅读者的眼睛比初学者的眼睛停顿的次数少。但这并不意味着初学者可以直接使用有经验的阅读者的策略。——作者注

讨论问题

1. 研究表明，幼儿教师倾向于将科学描述为一种身份（今天我们将像科学家一样行事）。而在另一项研究中，研究人员让教师把科学描述为一项活动（今天我们要做科学之事），他们发现孩子们在几天后坚持做科学任务的时间更长。这只是一项研究，所以还远没有定论，但值得更广泛地思考这个问题。我们怎样才能让学生更接近、更有可能获得科学家、历史学家或作家的专业知识呢？

2. 我们回顾了新手和专家在认知上的一些差异：专家已经自动化了常见任务的常规部分，他们拥有广泛的知识，能够实现组块，并且他们的知识是按功能组织的。想想你的教学，也许可以分开考虑课堂管理和指导，或者以你认为合适的方式来分解。你觉得你在教学中有这三种认知能力吗？或者，如果你对教学比较陌生，你看到发展了吗？在三种认知能力中，你认为其中哪一种需要做更多的工作来培养？你能想象出一种方法让你在工作中得到更多的练习或更好的反馈吗？

3. 很明显，学生们不会在所有方面都成为专家，我们已经研究过，在一件事情上成为真正的专家是多么困难。然而，我们是否一直在假设，学校应该把"让每个学生都成为某方面的专家"作为一个目标？另一个看似合理的目标是，学生不需要成为任何一个领域的专家，但应该在许多方面有能力。仅仅因为时间和资源的原因，在通往专业知识的道路上，希望学生在许多学科上都有能力与在较少的学科上有能力之间存在着一种紧张关系。你所在的学校现在在做什么？如果目标改变了，它会如何改变？

4. 坚毅指的是追求长期目标的激情和坚持，要知道并不是每个学生都十分坚毅。在那些有毅力的学生中，可能只有少数人在与功课有关的事情上有毅力：一个可能对养蜂有毅力，一个可能对钓鱼有毅力，另一个可能对爬山有毅力。如果有的话，学校有什么责任去鼓励和激发那些对非典型学校科目感兴趣的学生的热情呢？

5. 坚毅如此备受争议的原因之一是，它可以被解读为把所有学习的责任都推给了孩子。也就是说，如果孩子不学习，不是因为她的家庭条件不好，不是因为她的老师没有经验，不是因为课堂缺乏组织，也不是因为所在的学校资金不足……她只是不够坚毅。这种立场虽然荒谬，但在另一个方向上也可能会走得太远。我们应该承认，有些挑战是学生无法控制的，会影响他们的成功（我们应该努力补救），但随着学生的成长，我们确实开始期望他们对自己的学习承担更多的责任。他们被要求在家阅读，自己准备考试，等等。有没有一种合理的方式来考虑这种紧张关系呢？我们能不能从答案介于两者之间的乏味结论中跳出来？

6. 我在学生创造力问题上采取了一种可能被认为是极端的观点，声称很少有人拥有像科学家、历史学家或其他专家那样从实际出发去思考的技能和知识。但你可能会争辩说，在确定哪些孩子能够达到这一水平方面，我们几乎没有付出什么努力。天才或荣誉课程通常只是重点班课程的另一种说法，面向的是大量的成绩优异的学生。那么，1%或1‰的学生呢？他们在这门课上还是有点无聊，难道是因为他们可以在自己的领域里一飞冲天吗？学校欠他们一个导师吗？一个上地方高校的机会吗？或者，仅仅预测这将及时发生就足够了吗？

第7章

如何因材施教?

问： 所有学生都不一样。有些学生学习得好是因为依靠了视觉（他们必须看到才能学习），有些学生学习得好是因为依靠了听觉（他们必须听到才能学习），这是真的吗？又该怎样对待运用线性思维和整体思维的学生呢？看来，针对每个学生的认知风格订制教学方案可能具有巨大的意义，也许学习有困难的学生更适合采用其他教学方法。与此同时，在同一个教室里分析并适应多种学习方式对教师来说似乎是一个巨大的负担。那么，哪些差异是重要的?

答： 记住，每一种学习风格背后的理论假设是很重要的。任何学习风格理论的预测都是"彼之珍宝，吾之芥草"，对学生A有效但并非适用于学生B。两个学生各自偏好的教学法始终存在差异。在过去的50年里，人们进行了大量的研究来探索这一观点，找到两个学生在这种情况下的差异一直是教育研究的"圣杯"，但没有人找到一致性的证据支持描述这种差异的理论。指导本章的认知原则是：

> **孩子在思考和学习方面的相似之处多于不同之处。**

请注意，这种说法并不是说所有的孩子都是一样的，也不是说教师可以不加区分地对待儿童。当然，有些孩子喜欢数学，而另一些则英语更好。有些孩子害羞，而有些外向。教师与每个学生的互动方式不同，就像他们与朋友的互动方式不同一样。但教师们应该意识到，就科学家所能确定的而言，并没有绝对不同的学习者类型。

风格和能力

让我们从几个例子开始。假设你是一名11年级的生物教师。你有一个叫凯西的学生，她真的学习很吃力。她似乎尽了最大的努力去学习，你花了更多的时间陪她，但她还是远远落后。你和其他教师讨论了这个情况，了解到凯西是一个被认为有天赋的诗人。你会考虑请凯西的英语老师和你一起把诗歌及她的生物课联系起来，以期待她能更好地掌握生物学概念吗？

再举个例子。和凯西一样，李在你的生物课上学习得很吃力。他喜欢科学，但他在理解克雷伯氏循环（柠檬酸循环）时遇到了很多麻烦。在一次测试中，他分数很低，他的父母也因此被叫到学校。李的父母认为问题在于材料的呈现方式；克雷伯氏循环是以线性方式呈现的，而李倾向于整体思考。他们礼貌地问，是否有一种方法可以让李以整体的方式而不是循序渐进的方式接触到新的学习材料，家长表示他们会全力支持。这时，你会对他们说什么？

很明显，学生们是不同的。刚才介绍的故事例证了这一事实所蕴含的美好愿景：教师可以利用差异来影响学生。第一种可能是，教师可以利用学生的优势来弥补劣势。比如对凯西可以用诗歌来帮助她掌握科学知识。第二种可能是，教师可以利用学生不同的学习方式。例如，如果学生不能很好地理解一个概念，可能是因为他的最佳学习方式和内容的教学方式不匹配。对授课展示稍作调整，就能使难以理解的概念变得更易理解。

必须承认的是，这些令人兴奋的可能性意味着教师要做更多的工作。发挥学生的优势（如凯西的情况）或改变你展示材料的方式（如李的情况）意味着你要在教学方法上做出改变，并竭尽所能为班上的每个学生做一些不同的事情。这听起来要做很多额外的工作。这样做值得吗？

认知心理学家对学生之间差异的研究可以论证这个问题，但在我开始讨论前，弄清楚我谈的究竟是认知能力的差异还是认知风格的差异是很有必要的。[1]认知能力的定义很简单：它意味着在某种类型的思维中取得成功的能力。如果我说萨拉在数学方面很有能力，你知道我的意思是她倾向于快速学习新的数学概念。与能力相比，认知风格是一种偏好或倾向，即以一种特定的方式思考，例如，线性思考（一次一件事）或整体思考（同时思考事情的所有方面、全局性）。

能力和风格在几个重要的方面有所不同。能力是我们处理内容（例如，数学或语言艺术）的方式，它反映了我们所知道和能够做的事情的水平（也就是数量）。风格是我们倾向于思考和学习的方式。我们认为能力强比能力弱好，但我们不认为一种风格比另一种好。对于特定的问题，一种风格可能更有效，但根据定义，所有的风格总体上都是同样有用的（如果不是，那我们谈论的就应该是能力，而不是风格了）。以体育活动类比，我们可以说两个足球运动员的能力是一样的，即使他们在场上有不同的风格。比如两位最佳球员实力相当，但一位因其天赋和技术而闻名，而另一位则以总能为球迷

---

[1] 一些人区分了认知风格（我们如何思考）和学习风格（我们如何学习）。我不认为这种区别很重要，所以我在本章中使用了"认知风格"这个词，即使在我谈论学习时也是如此。——作者注

带来刺激、激烈的比赛而闻名。

在这一章的问答中，我谈到学生的学习方式与其说不同，不如说相似。考虑到学生个体之间的差异如此明显，又该作何解释呢？在下文，我会依次考虑认知风格和能力，并试图调和学生之间的差异，得出的结论是：这些差异对教师教学来说没有多大意义。

认知风格

有些人做事冲动，而有些人则需要长时间思考才能做出决定。有些人喜欢探索复杂，有些人追寻简单。有些人喜欢具象思考，有些人喜欢抽象思考。我们都对人们如何思考有点直觉，并且从20世纪40年代开始，实验心理学家对测试这些直觉产生了浓厚的兴趣。他们测试的区别通常是相对的（宽/窄；线性/整体），他们发现这两种风格实际上是一个连续体，大多数人处于这两个极端的中间。表7.1显示了心理学家评估过的一些区别。

通读这个表，尽管它只显示了已经提出的几十种分类中的一小部分，但是你可能会认为其中许多分类听起来至少是可信的。我们如何知道哪一个是正确的，或者其中几个是正确的？

这些不是教学理论，它们是关于大脑如何工作的理论。因此，它们在实验室环境下相对容易测试，心理学家使用了一些技术。首先，他们试图表明一个人的认知风格是稳定的。换句话说，如果我说你有一种特定的认知风格，那么这种风格应该是在不同的场合和不同的时间段表现出来的，它应该是你认知构成中始终如一的一个部分。其次认知方式也应该是与此相应的，也就是说，认知风格的偏好应该会对我们的重要事务产生影响。如果我说有些人习惯线性思考，而有些人习惯整体思考，那么这两类人在学习数学或历史、理解文学方面应该有所不同。最后，我们必须知道认知风格并不是真正的能力测量。请记住，风格只代表了我们在思考上的个人偏好，而不应该是衡量我们思考能力的标准。

最后一点似乎是显而易见的，但它给表7.1中的一些区别带来问题。例如，那些更倾向于将目标从背景中分离出来的人被称为场独立型，而场依赖型的人则倾向于根据对象与其他事物的关系来看待一个对象（见表7.1）。

表7.1 心理学家已经提出并测试过的一些认知风格上的差别

认知风格	描述
宽/窄	倾向于从多角度思考与倾向于从较少角度思考
分析型/非分析型	倾向于区分对象的属性与倾向于在对象之间寻找主题和相似性
齐平型/尖锐化型	倾向于忽略细节与倾向于关注细节并聚焦于差异
场依赖型/场独立型	倾向于根据周围环境解释事物与不受环境影响而独立地解释
冲动型/沉思型	倾向于快速反应与倾向于深思熟虑
自动型/创造型	倾向于简单重复性任务与倾向于需要重构和新思维的任务
聚合型/发散型	倾向于逻辑演绎思维与倾向于宽泛、联想性思维
序列型/整体型	倾向于按顺序完成与倾向于全局思考
适应型/改革型	倾向于既有思维和想法与倾向于新视野和新想法
逻辑型/直觉型	倾向于通过推理学习与倾向于通过洞察力学习
视觉型/言语型	在解决问题时倾向于视觉意象与倾向于自言自语
视觉/听觉/动觉型	感知和理解信息的首选方式

人们被划分为场独立型或者是场依赖型仅仅是基于视觉测试，这似乎和认知学并没有什么联系。但似乎有道理的是，场依赖者看到的是关系，而场独立者看到的是个体细节，这可能也适用于所有的认知任务。这是个好方

法，但问题是，在大多数认知测试中，场独立者往往比场依赖者表现更好。请记住，场依赖型被认为是一种认知风格，一般来说，不同风格的人在能力上并没有什么不同。事实上，图7.1所示的测试是以某种方式而不是风格来衡量能力，尽管我们可能不确定其机制是什么。

这是一个简单的图形，我们标记为"x"

这是命名为"x"的简单图形，隐藏于下面较为复杂的图形中

图7.1　确定场依赖型与场独立型的两种方法[①]

　　我认为，认知风格理论必须有以下三个特性：（1）一个人的认知风格应该始终如一。（2）人们以不同的方式思考，每个人的学习方式也随之各不相同。（3）平均而言，风格不同的人不会在能力上体现出差异。时至今日，还没有一个理论具有这些特性。这并不意味着认知风格不存在——它们当然

---

① 左侧是杆和框架测试。杆和框架是发光的，在黑暗的空间里也能看到。受试者调整杆，使其垂直。如果受试者的调整过程受到周围框架的强烈影响，那么他就是场依赖者，反之为场独立者。右侧是嵌入图形测试的一个项目，受试者试图找到隐藏在更复杂图形中的简单图形，如果这类任务完成出色，那么他便能体现其场独立性。同左侧任务类似，它似乎表明一个人将视觉体验的一部分与他所看到的一切分开的能力。——作者注

可能存在，但是经过几十年的尝试，心理学家还是没能找到它们。为了更好地了解这项研究是如何进行的，让我们更仔细地验证一个理论：视觉型、听觉型和动觉型学习者理论。

视觉型、听觉型和动觉型学习者

你可能很熟悉视觉型、听觉型和动觉型学习者的概念。它指出，通过三种感官之一，每个人都有一种接收新信息的首选方式。视觉（看）和听觉（听）无须解释你已明晰，但动觉可能需要解释一下。动觉是告诉你身体部位在哪里的感觉。如果你闭上眼睛，我移动你的手臂，就像你在挥手一样，你会知道你的手臂在哪里，即使你看不见它。这种信息来自你关节、肌肉和皮肤上的特殊传感器。这就是动觉。

视觉/听觉/动觉理论认为，每个人都可以通过三种感觉中的任何一种来接收新信息，但我们大多数人都有一种偏爱的感觉。当学习新的东西时，视觉型学习者喜欢看图表（如图7.2所示），甚至只要看教师说的内容的文字版就可以了。听觉型学习者更喜欢描述，通常是口头的，他们可以听。动觉型学习者喜欢用身体操纵物体，他们移动身体是为了学习。学习相同的知识，不同风格的学习者可能会从不同方式中受益。例如，在学习加法时，视觉型学习者可能会观察对象的分组（螃蟹、糖果、香蕉、蝴蝶），听觉型学习者可能会听一组节奏（比如鼓声），动觉型学习者可能会将对象分组（比如给彩色模型分类）。

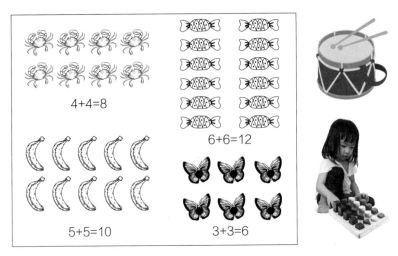

图7.2 各类型学习者的不同偏好

在分析这个理论前，我将从认知心理学家已经研究出的一些关于记忆的事实开始。人们的视觉和听觉记忆能力确实不同。[1]也就是说，我们的记忆系统可以同时存储事物的外观和声音。当我们在脑海中创造一个视觉图像时，我们使用视觉记忆表征。例如，假设我问你："德国牧羊犬的耳朵是什么形状的？"或者"你的教室里有多少扇窗户？"大多数人会说，他们通过创建一个可以察看的视觉图像来回答这些问题。20世纪70年代，大量实验心理学家的工作表明，这类图像确实与视觉有很多共同的特性——也就是说，你的"心灵之眼"和大脑中可视的部分之间有很多重叠。我们还以声音的形式存储一些记忆，比如艾玛·斯通的声音、美国米高梅电影制片公司（MGM）片头雄狮的吼声，或者手机铃声。例如，如果我问你"谁的嗓音更加低沉，校长还是主管？"，你可能会试着去想象每个人的声音，并进行比

---

① 我们在动觉方面也有所不同，但关于这方面的文献描述起来更为复杂，所以我在此坚持使用视觉和听觉的例子。——作者注

较。我们可以存储视觉和听觉记忆,就像其他认知功能一样,我们每个人储存的效率也各不相同。我们中的一些人有非常详细而生动的视觉记忆或生动而详细的听觉记忆,而其他人却没有。然而,认知心理学家也表明,我们并不是把所有的记忆都存储为视觉或声音。我们还根据记忆对我们的意义来储存它们。例如,如果一个朋友告诉你一些关于一位同事的八卦(有人看到他在加油站买了几百张刮刮乐彩票),你可能会记住这个故事在视觉和听觉上的细节(例如,讲故事的人的样子和声音),但你也可能只记得故事的内容(刮刮乐),而不记得听故事期间感受到的任何视听细节。意义有它自己的生命,独立存在于感官细节之外(见图7.3)。你知道"足浴"意味着用水浸泡脚,通常是在脚酸痛的时候,但足浴也可能是一种让自己休闲享受的方式。你对"足浴"这个词的了解是作为一种意义来存储的,这与你第一次学习这个词的方式无关——比如看别人足浴、听别人对它的描述,亦或自己实际感受泡脚。**教师希望学生知道的大部分内容都存储为意义。**

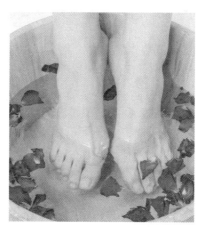

图7.3 "足浴"是如何被了解的?

现在我们要探索视觉/听觉/动觉理论的核心了。的确,有些人有特别好的视觉或听觉记忆。在这个意义上而言，视觉学习者和听觉学习者确实存在。但这并非该理论最想说明的问题。这一理论最想论证的是，当教学与学生的认知风格相匹配时，他们的学习效果会更佳。也就是说，假设安妮是听觉型学习者而维克多是视觉型学习者。我分别给他们俩两个新单词表。他们通过听磁带的方式学习第一个单词表，磁带反复播放词汇及其意义。他们通过观看幻灯片的方式学习第二个单词表，幻灯片上展示的是描述这些词汇的图片。如果该理论成立，安妮从第一张单词表上学会的单词数量应该比从第二张单词列表上学会的更多，而视觉型学习者维克多刚好相反。许多研究都是沿着这条主线进行的，其中包括使用更贴近在教室里使用的教学材料的研究，总的来说，这个理论没有充足的证据支持。给学生匹配各自偏好的学习模式并不会给这个学生带来任何学习优势。

这怎么可能呢？既然安妮是一个听觉型学习者，为什么她在听觉演示的情况下不能学得更好呢？因为听觉信息并不是考察点。听觉信息就是磁带里朗读的人的声音，而考察的却是这些词的含义。安妮在听觉记忆方面的优势无法在意义是重要考察目标的情况下帮助她。同样，维克多可能更擅长识别和单词相关的图片的视觉细节，但同样，这种能力并不是考核目标。

事实上，有实验表明，有些人为了向他们自认为的学习风格"致敬"，会重新定义一些东西。因此，那些认为自己是言语型学习者的人看到一个红色条纹三角形并被告知要记住它时，他们会通过对自己说"红色的，带有条纹的三角形"来给自己一个语言刺激。而那些自认为是视觉型学习者的人，看到"红色条纹三角形"这个词，会在脑海中创造出这个图形的视觉图像。但这些努力并没有像理论预测的那样提高他们的记忆力。

大多数时候，学生需要记住事物的意义，而不是它们的声音或外观。当然，有时候信息很重要，例如，视觉记忆力好的人在记忆地图上某个国家的形状时会有优势，而听觉记忆力好的人在学习一门新语言时，在掌握新语言的发音方面会做得更好。但绝大多数的学校教育关注的是事物的意义，而不是它们的形状或声音。

那么，这是否意味着视觉/听觉/动觉理论只在少部分情况下是正确的呢？比如，学生学习识别地图上的国家或外语发音时。这个理论的重点是，相同的材料可以以不同的方式呈现，以匹配每个学生的优势。因此，基于理论，教师应该这样做：当学习地图上的国家时，视觉型学习者应该看到地图上国家的形状，而听觉型学习者应该听到对国家形状的描述；当学习外语发音时，听觉型学习者应该多听该外语为母语者的发音，但视觉型学习者如果看到对语音的书面表达，会学得更快。很显然，这种方法行不通。

如果视觉/听觉/动觉理论是错误的，那为什么它看起来如此正确？对欧洲、中美、北美和南美的教育工作者进行的调查显示，大约85%的教育工作者认为这个理论是对的，这一理论得到了很好的支持。

这个理论看起来可信，可能是由于受到以下几个因素的影响：

首先，它早已成为普世智慧。这是一个每个人都认为是正确的事实，因为每个人都相信它，这种现象被称为"社会认同"（social proof）。尽管这听起来似乎很傻，但我们都会因为社会认同而相信很多事情。我相信物质的原子理论是准确的，但我真的无法描述出任何支持它的科学依据。每个人都说这是科学家已经发现的一个事实，所以我相信这是事实。人们可能以同样的方式对待学习风格。

其次，与理论很接近的一个道理是正确的。孩子们在视觉和听觉记忆的准确性上的确存在差异。例如，你可能看到一个学生画了一幅栩栩如生的图画，这幅图画描绘了一次郊游的生动经历，你感觉很惊奇，然后想，"哇，莱西显然是一个视觉型学习者。"正如我所描述的，莱西可能有很好的视觉记忆力，但这并不意味着她是该理论所暗示的那种"视觉型学习者"。

最后，受到一种叫作认知偏差的心理现象的影响。一旦我们相信某件事，我们就会无意识地把模棱两可的情况解释为我们所相信的。例如，假设一个学生在理解牛顿第一定律方面有困难。你试着用几种不同的方法来解释，然后举个例子：一个魔术师把桌布从桌子上抽出来，而桌布上的盘子和刀叉却纹丝不动，这个学生豁然开朗。你认为，"原来如此，这个视觉形象能帮助他理解，他一定是个视觉型学习者"。但事实也许是这样的：这个例子本身就契合，对任何学生都有帮助，或者学生在听过多个例子后（不管有没有视觉效果），学生突然理解这个概念了。其实学生通过这个例子理解牛顿第一定律的原理还是不确定的，但是你倾向于用你已经相信的方式来解释这种不确定的情况，从而把这个学生判定为视觉型学习者。伟大的小说家托尔斯泰这样说："我知道，大多数人，包括那些对最复杂的问题能保持心安理得的人，很少能接受最简单、最明显的真理，因为如果这样的话，会迫使他们承认曾经自豪地教给别人的结论是错误的，并且他们早就把这些结论一丝丝地编织进他们的生活中。"

这让我想到了一件趣事。当我的第一个女儿出生时，一位护士告诉我："再过几天这里会很热闹。你知道的，就要月圆了。"许多人相信月圆之日会发生各种事情，比如：谋杀率上升，急诊室的入院人数增加，打给警察和消防部门的报警电话响个不停，更多的婴儿出生，等等。事实上，这个假设在经过相关人员的彻底验证后，被证明是错误的。即便如此，为什么人们还是相信它？一个原因是认知偏差。当月圆时，产房很忙，护士会注意到并记住它。当产房很忙而不是月圆时，她就不会注意到这一点。

我对视觉/听觉/动觉理论进行了大量的说明，因为它被广泛地相信，即使认知心理学家知道这个理论是错误的。我针对这个理论所说的同样也适用于所有其他的学习风格理论。委婉地讲，这些证据与理论不相容。在前文，我对风格和能力做了一个重要的区分。在本节中，我讨论了风格——以一种特定的方式思考或学习的偏好或倾向。在下一节中，我将讨论学习的能力。

能力与多元智能

什么是心智能力？你如何描述一个心智健全的人？反思一下，你就会发现有许多任务是需要我们动脑筋思考完成的，我们中的大多数人在其中一些方面很擅长，而在其他方面则不太擅长。换句话说，我们必须谈论多种心智能力，而不是单一的某种心智能力。我们在生活中总认识那么几个人，他们似乎有文字天赋，但却几乎不能处理平衡支票簿所必需的数学问题，或者他们能在任何乐器上弹出曲调，但在尝试任何运动时似乎都会摔倒。

心智能力概念背后的逻辑如下：如果不同的心智活动背后有一种单一的心智能力——如果你愿意，可以称之为智能，那么擅长一种心智活动（例如数学）的人应该擅长所有心智活动。但是，如果有些人擅长一种心智活动（数学）而不擅长另一种心智活动（阅读理解），那么这些活动必须由不同的思考过程来支持。100多年来，心理学家一直在用这种逻辑来研究思考的结构。

在一项典型的研究中，主试者测试100个受试者，让每个人分别完成一个代数测试、几何测试、语法测试、词汇测试和阅读理解测试。我们所期望的是，每个人在语言测试（语法、词汇和阅读理解）上的得分表现都是一致的——也就是说，如果一个人在其中一项语言测试中取得了好成绩，那就意味着他擅长英语，并由此可以推测出他在其他语言测试中也会取得好成绩。同样，在一项数学测试中取得好成绩的人在另一项数学测试中可能会取得好成绩，这反映出他们的数学能力很强。但数学和语言测试的分数不会有这么高的相关性。如果你做了这个实验，或多或少你得出类似的结果。[①]

结果似乎很明显。我在读研究生时，我的一位教授将常识性发现称为"祖母心理学"（bubbe psychology）。"bubbe"是意第绪语，意为"祖母"，所以祖母心理学就是指给你祖母传授你的东西贴上了科学的标签。就我们所知，这是非常显而易见的事情。当我们试图获得更为详细的信息时，它可能会变得无比复杂（而且运用的统计学方法也十分复杂）。但概略地说，你在学校里注意到的都是真的：一些孩子在数学方面很有天赋，一些是音乐大师，一些是体育健将，他们不一定是同一个孩子。

就拿美国生物学家 E. O. 威尔逊举例，他是一个杰出的科学家，他在哈佛大学任教 40 余年，还是一个杰出的作家，曾两次获得普利策非虚构文学奖。然而，在 32 岁成为一名教授之前，他一直在吃力地学习数学，回避微积分，甚至在那时他还调侃自己是"从来没超过 C 等的学生"。但是遇到一位伟大的作家兼科学家，碰巧他还是一位平庸的"数学家"时，你的祖母并不会对此感到惊讶。

20 世纪 80 年代中期，哈佛大学教授霍华德·加德纳发表了他的多元智能理论，令教育工作者对这类研究产生了进一步的兴趣。加德纳提出智能有 7

---

① 数学和英语成绩并非完全无关。一门学科成绩好可以预测另一门学科成绩好，但这种关系比一次数学测验成绩与另一次数学测验成绩的关系弱。我们将在第 8 章讨论这个话题。——作者注

种，后来又追加了第八种，参见表7.2。

表7.2　加德纳的8种智能

智能	描述	需要高水平智能的职业
言语-语言智能	具备语言和文字的能力	辩护律师、小说家
逻辑-数理智能	具备逻辑、归纳和演绎推理的能力，对数字敏感	计算机程序员、科学家
身体-动觉智能	具备在运动和舞蹈中驾驭身体的能力	运动员、舞者、哑剧演员
交往-交流智能	具备理解他人的情绪、需求和观点的能力	销售人员、政治家
自知-自省智能	具备理解自己的动机和情绪的能力	小说家
音乐-节奏智能	具备音乐创作、制作和欣赏方面的能力	演奏家、作曲家
自然观察智能	具备识别和归类动植物的能力	自然学家、厨师
视觉-空间智能	具备使用和操纵空间的能力	建筑师、雕塑家

　　正如我所提到的，加德纳肯定不是第一个列出人类能力清单的人，他列出的清单看起来与其他人所描述的没有根本不同。事实上，大多数心理学家认为加德纳并不是完全正确。他不重视前人的一些重要研究，而且认为这些研究人员得出的结论是不合理的，他提出了一些在当时被认为是错误的主张，例如，智能是彼此相对独立的，但后来他不再强调这些主张。教育家们对该理论的细节不太感兴趣，却对与该理论相关的三种主张感兴趣：

　　主张1：表7.2所列出的是智能，而不是能力或天赋。

　　主张2：所有8种智能都应该在学校里被教授给学生。

　　主张3：在展示新材料时，多个甚至所有的智能都应该被用作教授新知识的渠道。这样，每个学生都将通过自己最好的智能体验新内容，从而使每个学生的理解都能达到最大化。

加德纳是提出了主张 1 的人，这是一个有趣且有争议的观点。另外两种主张是其他人在加德纳研究的基础上提出的，加德纳本人不同意这些观点。我将描述为什么每种说法都很有趣，并尝试评估它对教师可能意味着什么。

让我们从主张 1 开始，即表 7.2 所示的列表代表智能，而不是能力或天赋。加德纳在这一点上颇费笔墨。他认为，一些能力——言语-语言和逻辑-数理能力——被抬到了太高的位置。为什么这些能力应该被称为"智能"，而其他能力却被称为"天赋"呢？事实上，坚持认为"音乐能力"应该被称为"音乐智能"就可以很好地证明这个理论。加德纳本人也不止一次强调，如果他提到的是 8 种才能而不是 8 种智能，那么这个理论就不会受到太多关注。

所以，它们是智能还是才能？一方面，我作为认知心理学家同意加德纳的观点。大脑有许多才能，没有明显的理由将其中两个分开并称之为"智能"，而用另一个标签来指代其他心理过程。另一方面，智能这个术语已有了牢固的含义，如果认为突然改变这个含义而没有产生任何影响，那是不明智的。我认为，混淆了加德纳的定义和智能的旧定义解释了为什么其他人提出了加德纳反对的另外两种主张。

主张 2 应该在学校里教授给学生 8 种智能。这种主张的理由是，学校应该是所有孩子的智能都被发掘的地方。如果一个学生的自知-自省智能很高，那么这种智能就应该得到滋养和发展，而如果他在言语-语言和逻辑-数理方面的智能较低，那么就不应该让他在这方面感到自卑，尽管这两种智能通常在学校课程中占有重要的地位。这种说法表面上是合理的，它唤起了我们的公平感：所有的智能都应该拥有同样的地位。然而，加德纳不同意这一主张，他认为课程决策应该基于课程目标，反过来，课程目标应该以社会的价值观为基础。要是你根据自认为对学生来说重要的知识和能力来为学生选择要学习的内容，那么智能理论不应该成为你设定课程目标的依据。我个人认为，学校里应该教授所有智能的主张，是将才能重新贴上智能标签的一种反映。[①]我们对智能的部分理解是，聪明的孩子在学校会表现得更加出色。基于这个假设，一些人的想法是这样的：

孩子们上学是为了发展他们天生具备的智能。

一旦一种新的智能被发现，学校也应该因此（帮助学生）开发这个新的智能。

一些教育工作者的确认为加德纳"发现"了人类有音乐、空间智能等等，但事实上音乐智能不过是你的祖母认为的音乐才能。我个人认为音乐应该成为学校课程的一部分，但如果你认为认知心理学家能够编造出任何理由来支持这一观点，那你就大错特错了。

主张3说明的是，通过多种渠道引入教学中的新概念是有用的。例如，当学生学习如何使用逗号时，他们可能会写一首关于逗号的歌（音乐-节奏智能），在森林中搜索逗号形状的生物和植物（自然观察智能），并用自己的身体表演创造出的句子，用不同的姿势代表不同的词性（身体-动觉智能）。预期结果是，不同的孩子会运用不同的方式来理解学习内容，这取决于他们各自的智能。比如，在森林搜索逗号活动的学习方式，会对具备较高自然观

[①] 事实上，现代智力测试始于19世纪末的法国，作为预测学生能否在学校表现优异的一种手段。——作者注

察智能的学生大有助益，其他7种智能也是如此。

这听起来有点像学习风格中的匹配理念，但是加德纳特别撰文指出，他的理论关注的是能力，而不是风格。加德纳也否认这种匹配理念的想法，他这样做自然是有道理的。不同的能力（如果你愿意的话也可以用智能代替）是不能互换的。学习数学概念必须通过数学学习的方法来掌握，而学习音乐的技能则对此无济于事。写一首关于高尔夫球杆挥出弧线的诗对你挥杆也没有帮助。[①]尽管这些能力之间并不是完全隔离的，但它们是相互独立的，以至于我们无法利用自己擅长的一项技能来弥补不擅长的那一项。

有些人总在倡导要利用学生的优势，从而使学生对某个学科感兴趣。例如，要想让一个科学天才开始以阅读为乐，不要递给他艾米莉·狄金森的诗集，而是要给他看物理学家理查德·费曼的回忆录。我对此有点震惊，这种做法本身并无大碍，但是它的影响力毕竟有限，就像我在第1章提到的仅仅试图吸引学生的个人兴趣一样。

小结

每个人都能理解学生之间的差异。教师们能（或应该）对此做些什么呢？有人提出了两种基本方法，希望我们能利用差异来改进教学。第一种方法是基于认知风格的差异，也就是说，如果将教学方法与孩子喜欢的认知风格相匹配，那么孩子的学习就会更容易。不幸的是，还没有人描述过一套有充分证据支持的风格体系。

---

① 虽然音乐和节奏可以帮助我们记忆事物，包括数学公式，但却不能帮助我们深入理解公式的应用。尽管音乐帮助我们记忆东西的原因很有意思，但对它们的讨论会让我们离题太远。——作者注

第二种方法是基于学生能力的差异。如果一个学生缺乏一种认知能力，我们希望能取长补短，至少弥补这项认知能力的不足。不幸的是，有充分的证据揭示这种能力的替代是不可能的。需要说明的是，第二种方法错在替代这个想法，而学生的认知能力存在差异是毋庸置疑的，尽管大家普遍认为相较而言，加德纳多元智能理论中的描述不够准确。

对课堂的启示

我承认，这一章的内容的确令人扫兴，我对那些针对学生差异因材施教的乐观见解持彻底的否定态度，在阅读的时候，你可能会想象出我满面怒容，把键盘敲得很响，仿佛在说"错了，又错了，都错了"的写作画面。正如我在本章开头所说，我并不是说教师不应该区别教学、因材施教。我希望并期待他们会这样做。但当他们这么做的时候，他们应该知道科学研究专家不能提供任何帮助。如果他们能够确定学生的类别，以及最适合每个类别的各种教学方法，那就太好了，但经过大量努力，他们还没有找到这样的类型，而我和其他许多人一样，怀疑这样的类型根本不存在。我会建议教师基于和每个学生相处的经验，以不同的方式对待学生，并对有效的方法留心观察。**在因材施教这件事上，实践知识胜过科学知识。**

即便如此，我还是要对你的课堂提出一些积极的建议。

"能力"的概念不应削弱努力学习和适度成就

思考多种类型的能力具有明显的吸引力——这似乎使每个人都更有可能擅长某件事，甚至在完成某件事上表现出聪明的特质。前文提到过，我认为这把"擅长某件事"放到了过高的位置上。但我们还需要注意另一个方面，通过了解每个孩子拥有何种智能（或鼓励他们这样做），我们会在不经意间鼓励这样一种观点，将智能（无论是音乐、数学，还是其他）视为孩子拥有的特质。孩子们可能会从消极的角度来看待这种信息，这会削弱"成就来自努力学习"的信息。具体来说，如果孩子认为"我的音乐–节奏智能很高"，那么他们可能会认为这意味着"这比努力学习音乐更重要"。关于这一点，我在下一章中有更多的阐述说明，但我在这里提及的观点显而易见：如果我认为自己擅长，那么就会认为这意味着我能轻而易举地将它实现，我不需要努力就可以做到。相比之下，如果我明白自己天生不擅长，那么我就可能会认为这意味着一开始尝试就没有多大意义。或者，我可能会用我在这一领域所谓的缺乏才智作为在经历任何挫折后放弃尝试的理由。

从我自己的经验来看，我在音乐学习方面一直有困难。我曾不得不在中学乐队中演奏长号，对我来说这简直就是灾难。但我看到乐队的其他同学真的理解了他们演奏的乐器，他们会在谈论音乐是一种语言。对我来说，这仍然是无意义的语言。我很快就放弃了长号，但不知为何，我在17岁的时候拿起了吉他，断断续续地弹了20年。谈及音乐，它通常是一个需要刻苦记忆的问题，我从来没有对音乐产生任何感觉，从这个意义上说，音乐这种语言对我来说仍然毫无意义。但我确实从演奏中得到了从其他地方得不到的乐趣。我在想，如果我在中学的时候就认定自己在音乐方面的智能很低，那我还会在17岁的时候尝试弹吉他吗？

思考内容而非思考学生

尽管学习风格理论在学生身上没起太大作用，但我认为它们对于学习内容是十分奏效的。以视觉、听觉、动觉区分为例，你希望学生能以一种方式体验学习材料，这取决于你希望他们能够从课程中学到什么。是给学生展示马来西亚地标建筑吉隆坡石油双塔的图片（视觉），还是播放土库曼斯坦的国歌（听觉），还是戴上包头围巾cheche[①]（动觉）。表7.1中的区别提供了许多思考课程计划的有趣方式：你是希望学生在上课时进行演绎思考，还是让他们自由地进行创造性联想？他们应该关注所学概念之间的相似性，还是应该关注区分这些概念的细节？表7.1可能会帮助你关注你希望你的学生从课程中学到什么，以及如何帮助他们达到目标。

擅用变化，让学生的注意力重新集中

每一位教师都知道，在课堂上的变化会激发学生的积极性，并重新集中他们的注意力。如果教师一直在滔滔不绝，这时展示一些视觉性的东西（视频或地图）就能带来一个积极变化，从而更受学生欢迎。表7.1提供了一系列在课程中思考变化的方法。如果布置的作业需要学生进行大量的逻辑、演绎思考，那么这时候就需要一个广泛的联想思维训练。如果他们的学习需要做出快速应答，那么也许他们也应该参与一些其他需要深思熟虑、慎重反应的学习任务。不要对每个学生的思考过程进行针对性的个性化训练，而是让所有学生都练习所有过程，并将这些转变视为每个学生重新开始、再次集中精力的机会。

承认每个孩子的价值，即使他或她在某些方面没那么"聪明"

我敢打赌，你一定听过"每个学生都有聪慧之处"，或者让学生回答"你是什么类型的聪明"这类问题来予以区分。教师这样说是为了向学生传达一种平等主义的态度：每个人都擅长某件事。但我还是对此持有怀疑态度，原因有三。

第一，这种说法让我感到不舒服，因为它暗示着智能会带来价值。每个

[①] 一种撒哈拉游牧民用来遮阳防风的头巾。——作者注

孩子都是独一无二的，都是值得珍视的，无论他们是否聪明，或者在智力方面有多强。我承认，作为一个有严重智力障碍的儿童的父亲，我对这个问题很敏感。在任何意义上，我女儿都不聪明，但她是一个快乐的孩子，给很多人带来了很多欢乐。

第二，并非每个孩子都在某些方面很聪明。"聪明"儿童的确切比例将取决于你如何定义智能和"聪明"，它是指"前10%"还是"前50%"，等等。事实上，总有一些孩子在任何一种智能上都不算特别有天赋，这并不重要。根据我的经验，告诉孩子们他们拥有一项他们不具备的技能很少奏效。即使孩子相信了你，但是他们的同龄人通常很乐意让其面对现实，知道自己不过是被你的言论愚弄了。

第三，称赞孩子很聪明从来都不是明智之举。信不信由你，这样做只会让他们变得更没有那么聪明，这是真的。具体的原因，下一章我会解释。

不盲信，就是节约开支

你大可不必因为没有评估每个学生的认知风格而感到内疚，或者因为你自认为知道他们的风格，但并没有据此来调整你的教学而担心。没有任何证据表明，你这样做会对学生们有所帮助。如果你想买一本书或邀请某个专家来办一场专业发展讲座的话，我建议你还是省省钱吧。

如果"认知风格"和"多元智能"对于区分儿童间的差异不会很有效，那么还有没有什么更好的方法？为什么有些孩子似乎轻而易举地就学好了数学，而另一些孩子却在数学学习中苦苦挣扎？为什么有些孩子喜欢历史或地理？背景知识的重要性在这本书中一再提及。在第1章中，我说过背景知识是我们对某个事物感兴趣的一个重要的决定性因素，例如，看似有难度但并非解答不出的问题或谜题会激发我们的兴趣。在第2章中，我解释了背景知识是我们在学校取得成功的关键因素。认知过程（如分析、综合和评判）不能独立存在，它们需要背景知识的支持才能进行。

在下一章中，我讨论的重点是教师能做什么来最大限度地发挥所有学生的潜力，不管他们的聪明程度如何。

讨论问题

1. 你现在可能认为学习风格理论没有科学依据，因此不应该影响你的教学实践，但有些家长不会轻易相信。有时家长会抱怨："我的孩子在你班上学习得很吃力，因为你们没有按照他的学习方式教学。"想一想，你会对这些父母说些什么呢？

2. 加德纳的说法似乎是正确的，即大多数学校把言语–语言智能和逻辑–数理智能置于其他智能之上。你认为这是为什么？对你有意义吗？你的学校如何评价不同类型的智能（或者你愿意称之为能力）？其重要性是如何体现的？你希望它有所改变吗？

3. 我们使用术语"能力""天赋""智能"是否重要？这些术语对教育工作者、家长和学生有不同的含义吗？

4. 我们深知，决定学生取得好成绩的关键在于学生之间最一致的区别，那就是学生在开课前是否已经知道并能够做什么。这一事实似乎清楚地说明，应该在不同的教室里教准备程度不同的孩子；如果孩子们学业水平相同，教师就更容易教他们。但当采用这种策略时，一个普通的问题是，落后孩子的教师对孩子的期望较低。你又如何解决这一困境呢？

5. 如果你的目标是尽可能地让你的学生拥有相似的背景知识，另一个策略是在一个地区甚至是一个州内教授更加一致的课程。这样的话，即便是那些搬家的学生们，仍然会接触到和过去一样的学习任务。这种大纲课程似乎与从多元智能的角度得出的结论相反。这通常被解释为对更大的个性化的呼声，这样学生就可以跟随自己的优势和兴趣学习。每种策略方法的得失都各是什么？

6. 你同意我的观点吗？教育工作者有一种潜在的愿望，希望每个人都聪明，或者至少擅长某件事。这种潜在愿望的好处是什么？代价又是什么呢？

第8章

如何帮助"慢热型"学生?

问： 一个残酷的事实是，有些孩子似乎天生就不适合学习，这并不是说他们不具备有价值的技能。比如，我们听说过不少商业巨头的故事，他们很多人的学习成绩并不乐观。我们总是希望所有学生都能从学校中获得他们所能获得的一切。学校应该如何改进，才能帮助那些学习不是很突出的孩子呢？

答： 有些人认为智能是一种固定不变的属性，就像眼睛的颜色。如果你的基因优秀，你就是聪明的；但如果你基因不好，你就不聪明。这种认为智能完全由基因决定的看法，会对学校和功课起到暗示作用。其中之一是聪明人不费吹灰之力就能取得好成绩——毕竟他们很聪明。反之就是，如果你努力地学习，那一定意味着你不聪明。这种恶性循环是显而易见的：学生们想获得好成绩，这样就能让他们看起来很聪明，但他们不会用功学习，因为努力代表着笨。但是，如果一个人认为智能是可以塑造，可以改变的，又会如何呢？如果你没有通过考试或不理解一个概念，你不会把这作为你笨的证据——你只是觉得自己还没有掌握这个内容。这种归因很有帮助，因为它告诉你，智能是在你的控制之下。如果你的表现不好，你可以做些什么加以改善。智能究竟是一成不变的，还是可以塑造的呢？哪种观点是正确的呢？两者皆有道理。遗传基因确实会影响我们的智能，但影响程度比大多数人认为的要小很多，事实上，比20年前科学家认为的还要小。毫无疑问，智能是可以改变的。指导本章的认知原则是：

孩子们的智能确实不同，但智能可以通过持续的努力来改变。

如果学生都有同样的能力——如果他们在学校表现的唯一差异是由于他们努力程度的不同而造成的，那就容易太多了。从某种程度上来说，这使学校看起来更加公平。然而对于大多数老师来说，这不过是白日做梦罢了。除了学生在校外有不同的学习机会外，有些学生就是比其他人更聪明。知道该为聪明的学生做些什么并不难——为他们提供更具挑战性的任务。但是，那些学习吃力的学生呢？教师如何确保他们能从学校学到一切应得的知识？

首先我们需要弄清楚到底什么是智能。我们可能会这样描述其定义：聪明人可以理解复杂的想法，还能够使用不同的方法进行推理。他们还可以通过思考来克服障碍，并从经验中学习。我认为这个定义符合常识，而且它恰好符合美国心理学协会的一个特别工作组[1]所创建的定义。虽然还有一些细微差别，但总的来说，有些人的推理能力强，对新的想法接受得快，涵盖了我们说"智能"时的大部分含义。

关于这个定义，有两点需要注意。首先，它不包括加德纳在其多元智能理论中所包含的音乐、体育或其他领域的能力。正如第7章所述，大多数

---

① 该特别工作小组是在《贝尔曲线》（*Bell Curve*）一书出版后成立的。该书出版于1994年，当时备受争议，书中提到种族之间的智能测试分数的差异主要是遗传造成的，简而言之，一些种族天生就比其他种族聪明。美国心理学协会的领导层认为，该书以及为响应本书而发表的多篇文章中，存在很多关于智能的错误信息。——作者注

研究者认为这些能力与那些被认为是智能方面的能力一样重要，但称它们为智能而不是能力，徒增了沟通上的障碍，并导致不准确的推论。例如，认知的优势被认为可以直接弥补认知的弱点。其次，这个定义似乎只包括一种智能。仿佛存在一种暗示：如果某人是聪明人，她应该在数学和语言艺术方面表现得同样出色。我们都知道很多人在这两个领域的天赋并不一样，那么怎样调整这个定义才能使之正确呢？

事实上，有充分证据表明存在着一种普遍的智能。也就是说，如果你很聪明，你就在所有方面都很聪明。当然，这并不是故事的全部，心理学家研究这个课题有一种方式：假设我有一种单一类型的智能，它通常被称为"g"，即普通智能（general intelligence）的简称。而你认为有两种智能，一种是语言的，一种是数学的。现在假设你和我找到100名学生，每个人都愿意参加4项测试：两项数学测试（例如，算术测试和应用题测试）和两项语言测试（例如，词汇测试和阅读理解测试）。我认为"聪明人在所有方面都聪明"，所以任何在其中一项测试中表现良好的人都应该在其他三项测试中表现良好（而任何在一项测试中表现不佳的人都会在其他测试中表现不佳）。相反，你认为语言智能和数学智能是分开的，所以在阅读理解测试中表现良好的人很可能在词汇测试中表现良好，但这不代表该生在数学测试中会得高分（见图8.1）。

那么，这两种理论模式哪个是正确的呢？来自数万项研究的数据表明，这两种模式都不完全正确。图8.1左边的模型预测语言测试和数学测试的分数会相互关联，而右边的模型则预测它们不相关。数据显示，语言测试分数实际上与数学测试分数有关，但两种语言测试分数之间的关系比它们与数学测试分数的关系更为密切。这种模式符合图8.2所示的模型。语言智能和数学智能需要不同的认知过程，但"g"也就是普通智能，能够为二者效力。

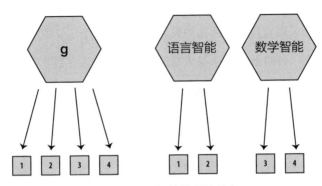

图8.1 关于智能的两种观点

所以，普通智能"g"到底是什么？它实际上是对数据如何连接在一起的描述。人们很自然地认为，这背后存在着一个认知过程，但数据肯定不能告诉我们这是什么。一些人认为，这可能与工作记忆的速度或能力有关，甚至可能反映了我们大脑中神经元被激发的快慢。最近，很多研究人员发现一个单一的思考过程并不是构成普通智能"g"的基础，这不是一件事，而是几个高级认知过程，它们密切相关，因此看起来像是一件事。

普通智能"g"对一系列宽泛的心理能力有影响。还有一些更具体的心智能力，例如那些帮助你理解语言的能力和那些帮助你处理数字的能力。这些能力也因人而异，这也解释了为什么我们观察到一些人英语成绩为A，但在数学上得C依旧很费劲，反之亦然。

尽管在谈到智能时，普通智能"g"并不是全部，但研究人员在考虑为什么有些人相当聪明，而另一些人没那么聪明时，经常会提及"g"，至少有一部分原因是拥有大量的"g"预示着一个人在学校和工作场景会做得很好。现在我们更好地理解了什么是智能，让我们来看下一个问题：是什么让人们更聪明？

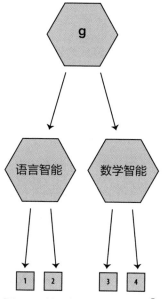

图8.2　关于智能的主流观点[1]

是什么让人聪明？

在第5章和第6章中，我强调了练习和努力学习对熟练掌握认知任务的重要性。也许那些聪明的人完成了很多被用来定义智能的任务。出于各种原因，他们接触到很多复杂的想法（以及对这些想法的解释），拥有很多在支持性的环境中进行推理的机会，等等。

另一种观点是，智能与练习无关，而是取决于父母。换句话说，智能大

----

[1] 有一种普通智能可以用于处理不同类型的心理任务，但也有一些特殊的智能类型是普通智能支持的。几乎所有人都认同存在语言智能和数学智能，尽管有些人认为这些智能应该进一步细分。——作者注

概率依遗传而定。有些人天生聪明，尽管他们可能通过练习进一步发展这种能力，但即便他们不做太多努力也会相当聪明。查尔斯·达尔文，通常被认为是进化论的主要缔造者和传播者。达尔文在写给他博学的表兄弟高尔顿的信中说："我一直认为，除了傻瓜之外，人在智能上没有什么不同，只是在热情和勤奋方面有区别。"然而，并非所有人都同意这个观点，演员基努·里维斯就评价自己："我是个傻瓜，对此，我无能为力，总有聪明的人和愚笨的人，我偏偏是愚笨的那种人。"

我对"智能从何而来"这个问题有两个答案，但这两个答案都比较极端：全部是先天条件（即基因）或全部是环境（即后天经验）造就。每当问到是与生俱来还是后天培养这个问题时，答案几乎总是两者皆有，而且要说清楚基因和后天经验是如何相互作用的，几乎总是很困难。对于智能那个问题也是同样的答案，但在过去的30年中，研究人员的观点发生了重大转变：从认为答案是"两者皆有，但可能更多是遗传因素"转变成"两者皆有，但可能更多的是环境因素"。接下来，我要描述一下两种说法各自的论据。一旦我们更好地理解人们为什么聪明，我们就能更好地理解如何帮助那些智能不高的学生。

我刚才说过，智能很可能是遗传因素和环境因素以复杂方式结合的产物。那么，我们该如何解开它们之间的结呢？几十年来，研究这个问题的关键策略是比较多对基因相似度情况不同的人的智能。例如，同卵双胞胎的基因100%相同，而异卵双胞胎（就像兄弟姐妹的基因一样）基因只有50%相同。因此，测试同卵双生的智能是否比异卵双生的智能相似度高，将更有助于我们确定基因作为决定性因素的重要性。

此外，我们可以检验在同一家庭中长大的兄弟姐妹的智能是否比在不同家庭中长大的兄弟姐妹（即在出生时分别被不同家庭收养的兄弟姐妹）的智能更相似。在同一家庭长大的兄弟姐妹虽然没有完全相同的成长环境，但他们的父母相同，他们可能在同一所学校就读，接触到的诸如文学、电视、网络或其他文化资源都很相似。

表8.1对几种类型的关系进行了比较，并暗示我们遗传学和如何被抚养长大的相对重要性。研究人员对每一类别中的数百对兄弟姐妹进行了测试，并评估了双胞胎在智能和其他属性方面的相似程度，研究结果让人大跌眼镜。遗传学似乎在普通智能方面起着巨大的作用；也就是说，我们的基因似乎对我们的聪明才智负责，大约占50%。[①]

表8.1　不同关系的双胞胎中基因与环境的相似性[①]

关系	基因相同的百分比	成长环境
同卵双胞胎，一起长大	100	相似
异卵双胞胎，一起长大	50	相似
同卵双胞胎，分开抚养长大	100	不同
异卵双胞胎，分开抚养长大	50	不同
因收养而成为兄弟姐妹	0	相似

但运用其他研究方法得出的数据使这一结论受到质疑。

人类基因组计划于2003年完成，人们希望它能带来更多关于哪些基因有助于智能发展的具体信息。当然，智能是复杂的，我们知道这不仅仅是给一两个基因定位的问题，但如果这是智能的一半（也就是50%），那么我们应

[①] 该表显示了不同的兄弟姐妹关系以及每对兄弟姐妹中的遗传和环境相似性。一些研究机构（尤其是明尼苏达大学的实验室）长期追踪数百对分别长大的双胞胎，有些人甚至在参与研究时才第一次见到对方。——作者注

该能够发现一些东西。但是针对特定基因作用的研究基本上是空白。

在21世纪初期，另一种研究技术被开发出来。在全基因组关联研究中，研究人员不需要对要检查基因组的哪一部分假设。许多人（数十万人）的整个基因组被分析，强大的统计技术将基因组的变化与智能的变化联系起来。这种研究方法虽然得出了一些可喜的成果，但仍然没有接近双胞胎研究得出的结果。与智能有关的遗传基因变异有成千上万种，但每一种变异都只是对预测能力有微小的提升。这些遗传变异最多只占智能的20%，而非双胞胎研究所得出的数据50%。这到底是怎么回事？这里有几个影响因素。

首先，现在大多数研究人员认为，一个人的基因组对智能的预测能力有很大一部分实际上是间接的。这是什么意思呢？假设我对30万人进行了全基因关联研究，并利用该研究成果建立了一个与智能高低相关的基因组成的数据图表。我把它称为多基因得分。可以为每个人计算出一个多基因得分，并以此来预测他们的智能。一个有趣的发现是，如果我试图用这个得分来计算两个兄弟姐妹中谁更聪明，预测能力水平会减半，这是为什么呢？

当我们看一个人的基因组成和他们的智能时，我们自然会想到一个直接的联系：(你的基因) → (你的智能)。但是，你的基因是从你的父母那里遗传的。所以当我研究你的基因组成时，我也在（间接地）研究你父母的情况。如果基因影响人们如何养育他们的孩子，那么部分基因链实际上是（父母，基因）→ (父母，行为) → (你的智能)。多基因得分在预测两个兄弟姐妹中谁更聪明方面没有那么有效（比起在两个陌生人中间预测谁更聪明来说），因为多基因得分的部分预测能力是依据你的基因组成和你父母的基因组成，他们的基因组成将影响着他们如何抚养你。

基因组成也可能有间接影响，因为它使人们有可能寻求特定的环境。研究人员比尔·狄更斯提供了一种设想。假设将一对同卵双胞胎从一出生时就分开抚养，那在不同的家庭中抚养他们长大。他们的基因使其在很小的时候就比其他孩子高大，而且还会持续变高。由于兄弟二人个子都很高，各自都在家附近的篮球比赛中表现出众。为此，他们分别要求养父母在家里竖起一张网。就这样，两个人的篮球技术随着练习而提高，都被招进了所在初中的篮球队。更多的练习会带来更好的技能，到高中结束时，两个人都表现优异——也许不是职业选手，但还是比其他98%的人要好。

注意接下来发生的事情，他们是同卵双胞胎，分开长大。因此，如果研究人员追踪兄弟二人并对其分别进行篮球技能测试，会发现两个人都很出色，而且由于他们是分开长大的，研究人员会得出结论：这是一种遗传因素，篮球运动的技巧主要取决于一个人的基因。但是研究人员错了。实际情况是，基因使他们长得高大，而高大又促使他们进入包含大量篮球训练的环境。是练习—环境因素让他们打球出色，而这并不取决于他们的基因。**基因因素会让你寻找或选择不同的环境。**

现在想想如何把这个观点用在智能上。也许遗传学对你的智能有些许影响：也许它让你理解事物的速度更快，或者让你的记忆力更好，或者让你在认知任务上更有毅力，或者只是让你更有好奇心。你的父母和老师注意到这一点，并鼓励你发展兴趣爱好。甚至他们可能压根儿没有意识到他们正在鼓励你。他们可能与你谈论更复杂的话题，使用了含义更广的词语。随着年龄的增长，你越来越觉得自己是个"聪明的孩子"。你和其他聪明的孩子交朋友，为取得好成绩而你追我赶。然后，也许受遗传学影响，在无形中你也避开很多事情。你可能在认知上比别人快，但是与他人相比，你动作迟缓、稍显笨拙，而这让你避开了可能会发展和培养你运动技能的场合（比如篮球比赛），选择只待在室内阅读。

如果这种说法是正确的，基因对智能的影响比我们想象的要小，那么应该很容易观察到一些环境直接改变智能的情况。这方面的证据有几种。例如，如果一个孩子生活在一个相对贫困的家庭，然后被一个更富裕的家庭收养，这个孩子的智能就会提高。其他研究表明，学校教育对孩子的智能有很大影响。缺少一年学校教育的儿童，其智能会有所下降。当挪威将儿童入学年龄提高两岁时，孩子的智能有了实质性的提高（测量对象是19岁参军的挪威青年）。从要求不高的学校转学到有更高期望、更多资源的学校，孩子们的智能就会得到提高。

最有说服力的也许是弗林效应[①]。在过去的半个世纪里，许多国家的智商测试分数提高的幅度都很大。例如，在荷兰，根据对荷兰应征入伍者的测试结果，在短短30年内（1952—1982年）分数上升了21分。世界上有十几个国家都出现了同样的表现，包括美国（见图8.3）。并非所有国家都有数据支持，因为需要非常大的人口基数才可以确保这不是一个偶发现象。但在可提供数据的国家和地区，这种影响已经被发现。

如果智能在很大程度上是遗传的，我们就不会期望整个国家的智能分数随着时间的推移而大幅涨落，因为整个基因库的变化非常缓慢。但事实并非如此。智能分数的增幅迅猛，而遗传学家声明，这不可能是由基因的变化引起的。一些智能增长可能来自更好的营养、更完善的医疗保健。其中一些智能增长可能是由于我们的环境变得更加复杂，智能测试更频繁地要求人们进行抽象思考和解决不熟悉的问题。无论原因是什么，它一定是环境造成的。

---

① 弗林效应在一些高度发达的国家正在放缓甚至逆转。研究人员将这些效应也解释为环境因素。——作者注

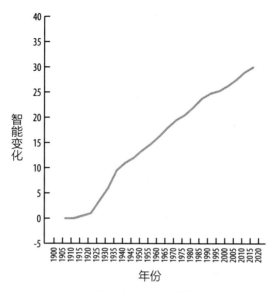

图8.3　1909—2013年间全世界现有数据中的智能分数增长情况

　　我为什么用这么长的篇幅告诉你有关智能的秘密呢？因为要想为那些看起来不聪明的学生做些什么，这个问题需要回归智能的本质。如果智能不会有太大的变化，如果它是由遗传基因决定的，不受其他因素影响，那么试图让孩子更聪明就几乎没有任何意义。相反，我们会努力让学生在他们所拥有的智能条件下做到最好。无论如何，我们应该这样做，但我们更应该意识到：**智能是可塑的，它可以被提高。**

　　那么，我们如何提高智能呢？

　　答案说起来很简单，执行起来却很困难。你积累知识，教授学生与不同学科相关的分析技能：如何用公式表示/表达并解决数学、文学、科学、工程等方面的问题。

　　不仅如此，你还要说服学生，并让他们相信智能是可以提高的。

关于智能，为何信念如此重要？

假设有两个学生菲利克斯和梅尔。菲利克斯非常在意自己是否显得聪明。当让他选择任务时，他总是选择容易的任务以确保能成功完成。当面对一个具有挑战性的任务时，他一遇到挫折就会放弃，通常会大声抗议说他累了或找一些其他的借口。与此相反，梅尔似乎并不为失败所困扰。在有选择的情况下，他选择全新的任务，而且他似乎很喜欢从这些任务中学习，即使这些任务令人沮丧。当一项任务很困难、进展不顺利时，梅尔从不退缩，而是坚持下去，尝试新的策略。

毫无疑问，你的班上也有菲利克斯和梅尔，是什么造成了他们之间的差异呢？心理学家卡罗尔·德韦克提出，人们对智能的态度是一个重要因素。像菲利克斯这样的学生更有可能相信智能在出生时就已定性了，是一成不变的。因为它是不可改变的，他非常关心自己是否能得到"正确的标签"，所以他选择了容易的任务。菲利克斯对智能的态度使他陷入困境。他认为聪明人不需要努力工作就能成功，因为他们的成功来自他们卓越的智能。因此，努力工作是愚笨的表现。尽管对菲利克斯来说，显得聪明格外重要，但他绝对不会允许自己凭借努力工作而获得成功，因为他认为努力工作会让他看起来像个笨蛋。

相反，梅尔认为智力是可塑的。他认为自己可以通过学习新事物而变得更聪明。因此，失败对梅尔来说并不像对菲利克斯那样具有威胁性，因为他不认为这会对他的能力产生永久性的影响。因此，梅尔觉得他可以掌控自己的成败，因为如果他失败了，他会认为是自己还不够努力，缺乏对特定主题的学习。梅尔并不认为承认无知或犯错会令他尴尬。因此，他不愿意选择简单的任务；相反，他更愿意选择具有挑战性的任务，因为他很有可能会从中学习到东西。梅尔也不认为努力工作是愚笨的表现。相反，他认为努力工作是一个人试图变得更聪明的表现。他认为智能是可塑的，这种可以通过努力工作来提高的核心信念被称为"成长型思维"。你可以想象出这样一种场景，菲利克斯、梅尔和你一起参加问答游戏，菲利克斯只回答答案显而易见的题目，声音响亮，以凸显出他的聪明才智。相比之下，梅尔会猜测所有的问题，他并不关心自己是否答错了，而是渴望学到新的东西。你会怎么玩呢？

在过去的10年中，人们对成长型思维有着极大的兴趣。学校都愿意宣传自己是"成长型思维学校"，开设培养学生成长型思维的课程，教师也被敦促（在某些情况下会受到长篇大论的"抨击"）要在他们的课堂上展示成长型思维。这是否取得了成效呢？

这个问题有两个部分。第一个部分，这个理论是否正确。相信智能的可塑性是否会促使人们设定更有雄心的目标，减少对失败的恐惧，并最终取得更大的成就呢？第二个部分，假设该理论正确，我们能否让学生采用成长型思维呢？

有充分的证据证明该理论是正确的。最有力的证据来自经济合作与发展组织（OECD）进行的一项大型研究：每3年，经合组织就会监测15岁学生的阅读测试、数学测试和科学测试的情况。2018年，他们向74个国家的学生提出了一系列与他们对学校的态度相关的问题，包括他们是否认同这种观点："你的智能是你自己无法改变的。"那些不同意或不认同的学生被归类为具有成长型思维。

正如该理论所预测的那样，成长型思维与学生持续自我评价、设定更宏大的学习目标以及赋予学校更大价值的倾向有关。成长型思维与对学术任务失败的恐惧呈负相关。当然，所有这些期望和态度都可能受到收入的影响，所以研究人员在统计学上剔除了社会经济地位对分析的影响。

这只是一个开始，但这些都是具有相关性的，我们知道这种相关性并不能得出因果关系的结论。例如，也许并不是相信智能的可塑性会让孩子在学校表现得更好。也许如果你在学校做得很好，成长型思维就很有吸引力；你会觉得"我做得这么好是因为我努力学习，使自己更聪明"。而如果你做得不好，你宁愿认为"这其实不是我的错，只是我天生就不太聪明"。要想知道成长型思维是否会使孩子们在学校表现得更好，我们需要一个实验——我们需要找一大群人，随机选择一些样本，提供给他们成长型思维的思想，然后看他们随后是否可以坚持完成困难的任务，取得更好的成绩，等等。

有几个严谨的实验显示了这种效果。其中一个实验测试了6 320名成绩较差的9年级学生，这些学生来自美国具有代表性的高中。让每组学生在线上完成两个25分钟的教学课程。成长型思维的干预集中在三种想法上：（1）努力尝试或寻求帮助并不意味着你很笨。（2）失败并不是因为能力低下，而是因为缺乏经验。（3）没有必要担心因为失败和暴露你不知道的东西而使你"看起来很笨"。

与对照组的学生相比，成长型思维组的学生在9年级结束时取得了更高的平均分，而且他们更有可能在10年级开始时报名参加具有挑战性的数学课程。虽然这些影响很小，但考虑到它们是由不到1个小时的在线体验课引起的，就能发现这些影响是非常了不起的。这种影响可能让你觉得难以置信，但是挪威也让数量相同的学生重复了类似的实验，结果也是相似的。

而那些针对学校或课堂的成长型思维模式项目并没有一直奏效。正如我在2020年认为的那样，这些项目都没有经过验证，也没有准备好进入黄金时期。创建一个课堂项目十分困难，因为它必须足够灵活，以适应课堂的现实需要，比如教师可能会有不同的教学方式，课程可能会被消防演习打断，或者要给更重要的事情让路，等等。线上课程更易控制，但即使是线上课程也要经过多轮的试点测试和几年的审查。因此，我们可能还需要等待很长一段时间才能得到可靠的、可应用于课堂中的成长型思维课程。

最后，成长型思维模式提供了一个利用科学来改善教育的示范课程。如果你了解这门科学，你会从一开始就知道成长型思维模式不会是改变游戏规则的破局者，其效果不可能无可匹敌，因为它应该提高动机，而显然，许多因素有助于动机的形成，而不仅仅是你对智能的看法。而且，它只能帮助那些还没有成长型思维的孩子，而之前引用的经合组织的数据显示，在许多国家或地区，15岁的孩子已经拥有成长型思维了（见表8.2）。这项研究最有望完成是因为它的成本非常低，你不需要购置新的设备或聘请更多的教师，你只是以一种不同的方式和孩子们谈论智能。但是，研究者们（值得赞扬的是，他们试图降低期望值）和教师们对成长型思维彻底厌倦了，并没有理会

表8.2　参加经合组织测试的15岁少年中表现出成长型思维的比例
（摘选样本，并非完整版本）

大于60%	40%—60%之间	低于40%
英国	俄罗斯	波兰
美国	新加坡	黎巴嫩
加拿大	意大利	菲律宾
日本	斯洛伐克共和国	印度尼西亚
芬兰	智利	科索沃
德国	土耳其	巴拿马

这种大肆宣传。尽管如此，比起错误的应用，教育工作者们还是可以从这项研究中收集到更多的信息。

小结

你有时会听到"智力测验只告诉你一个人是否擅长参加智力测验"。这种说法是不正确的。智商可以预测在学校和工作场所的成功。多年来，研究人员认为，你的智能大约有一半来自基因，一半来自环境。最近的研究表明，环境因素的影响程度比人们之前预估的更为重要。同样，我们也有确凿的证据表明：智能是可以提高的，学校教育能使你更聪明。然而，如果孩子们愿意相信努力学习会有收获，也就是说，如果他们相信自己可以通过用功学习变得更聪明，他们就有理由这样做。

对课堂的启示

我们能为学习迟缓者做些什么？本章的重点是强调学习缓慢的孩子并不笨。[①]他们在潜力方面可能与其他学生差别不大。智能是可以改变的。

以上结论并不意味着这些学生可以轻而易举地把成绩赶上来。成绩较差的学生可能和聪明的学生有类似的潜力，但他们可能在知识、动机、逆商（面对学业挫折的坚持）和作为学生的自我映象等方面有所不同。在课后，他们利用各种校外资源的情况可能也有所不同。我完全相信这类学生能够出类拔萃，但必须承认的是，这条路他们不会走得太顺利。为了帮助学习迟缓者提高学习成绩，首先我们必须让他们相信自己可以做到，然后我们必须说

---

① 这并不是说有些学生没有特殊的学习障碍，也不是说遗传因素在一些障碍中的占比不大。——作者注

服他们，这是值得付出努力的。

像成长型思维理论建议的那样谈论智能，但别指望一蹴而就

这个建议看似奇怪，因为我建议你完全按照我在本章末尾所讲的去做，这是没有证据支持的。我会说明它怪在哪里，以及你要尝试的原因。

这个想法是，教师会用一种培养成长型思维的方式谈论智能。如果你希望学生认为他们的智能是受自身控制的，特别是他们可以通过努力学习来发展智能，那么这种谈话就要包含三个要素。

第一，你赞扬的应是过程而非能力。当一个学生成功时，你不要说："哇！你真聪明！"这种表述会让人觉得智能是一个独立的存在，是不为孩子控制的一种东西。相反，称赞孩子所做的事情。无论成功与否，当他们着手开展一项具有挑战性的任务时，当他们在困难面前坚持不懈时，当他们对自己的学习负责时，都要表扬。

第二，鼓励学生寻求反馈。任何人都需要如实的、信息充分的反馈来改进。因此，老师说："哇，我喜欢你为解决今天的数学难题所做的努力。"你需要增加反馈的内容，比如"你展示的解题步骤十分清晰，但我认为你画的图让一些同学感到困惑。我来解释一下为什么这么说"。

第三，学生必须养成在出错或行不通的时候寻找新策略的习惯，并在寻求新策略时要足智多谋。好吧，她画的图不是很好。现在怎么办？她对绘图的了解是否足以让她想出其他方法？如果没有，她是否知道在哪里可以找到模型？或者她知道自己可以和谁交流这个问题吗？

这是卡罗尔·德韦克建议教师做的三件事，以鼓励成长型思维模式。现在，为什么我建议你做这三件事是奇怪的呢？正如我前文提到的，当学校试图将这些策略灌输给学生时，大多没有成功。对研究的回顾表明，尽管有很多成功的例子，但是失败的例子也不少。

此外，德韦克本人也担心人们经常错误地实行这些方法。2015年，她在一份教育报纸上发表了一篇评论文章，表达出对以上方法操作不当、进展不顺的失望，其中教师最常见的误用是对努力的赞扬……然后就就此止步了。这种赞扬实际上传递了完全错误的信息。假设一个学生做不出一道数学题，你对他说："好吧，但是你真的很努力呀！"教师的这种赞美就好比给学生贴上了一个"口头安慰"贴纸，只因为学生的参与，但是这似乎是一种暗示："没必要继续尝试了，因为你可能永远都做不到。所以，我们就说你已经完成了吧。"

然而，我赞成按照成长型思维模式所建议的与孩子们讨论智能问题的方式，特别是注意包括德韦克的全部建议（三个要素）。智能、成功或失败的原因、失败时该怎么办——这些都是课堂上不可避免的话题。你不妨用我们知道的最接近事实的方式来描述智能。成长型思维并不建议你说什么古怪的话，你告诉孩子们"你可以变得更聪明，但你必须努力学习，寻求反馈，并尝试新事物"。

成长型思维是值得的，因为它的成本低得惊人。它改变了你谈论课堂上出现的不可避免的话题的方式，而且并不难做到，学生可能会从中得到一点提升。

不要忘记给学生布置挑战性任务

成长型思维为学生做了什么准备工作？它让学生在面临具有挑战性的学习任务时，有一个积极的态度。所以别忘了挑战他们！

智能来自学习新事物。虽然每个人拥有的原始大脑加工速率不同，但是你可以学习新的事实和解决问题的新方法。练习会使你自动回忆起这些事实，但当问题披着新外衣重新出现在你眼前时，练习会帮助你意识到你以前解决过的问题。让你的学生变得更聪明的主要方法就是多做这方面的练习。"设定高期望"这种说法你已经听过很多次了，我希望本章内容会让你深刻地理解为什么这很重要。如果学生们在学习中没有雄心壮志，那么他们不过是原地踏步。

明确地告诉他们：一分耕耘一分收获

赞扬过程而非能力传递了一个不言而喻的信息：智能是能为学生所掌控的。我们没有理由不把这个观点讲清楚，尤其是当孩子们上小学的时候。告诉你的学生，著名科学家、发明家、作家和其他天才必须努力工作才能变得如此聪明，但更重要的是，将这个观点贯彻于你的学生的学习过程中。如果你学校的一些学生吹嘘自己不学习就能怎样，那就打破这个神话并告诉他们大多数在学校表现好的学生学习都很努力。

说服学生了解这一事实可能并不容易。我曾经有一个学生，他是足球队的成员，大量的时间都用在练球上，预留给学习的时间所剩无几了。他把自己成绩不好的原因归结于自己是"一个愚笨的运动员"。我和他的对话是下面这样的：

我：你所在的球队是否有这样一个球员，他天赋极高，但就是不怎么努力训练，在训练中混日子？

学生：当然了，每个球队都有这样的人。

我：其他球员尊重他吗？

学生：当然不。大家认为他是个白痴，白白浪费自己的天赋。

我：但他们不因他是最好的球员而尊重他吗？

213

学生：他不是最好的。他很好，但其他很多人都比他好。

我：学习也是一样。大多数人都必须非常努力才能学好。有少数人不用努力就能学得不错，但这种人少之又少，而且没有人喜欢或尊重他们。

学生们应该能预料到他们所学的一些东西具备一定的难度。他们将会感到困难，这不一定是负面的。在这种艰难的学习过程中可能会有满足感，但如果你不习惯的话，感觉可能会更糟。再者，用体育锻炼来比喻学习是恰当的。当你第一次尝试身体塑形时，你很难把运动的痛苦理解成除了不舒服之外的任何事情，但随着你养成了锻炼的习惯，它就有了不同的特点。锻炼很难，但它是一种令人心满意足的困难。那些在学校表现良好的学生并不是因为他们是聪明而不需要学习的人，相反，他们是能够在努力学习中获得满足感的那种人，他们可能是通过克服最初的那种"糟糕，我想放弃"的想法而获得这种满足的。

将失败视为学习中自然而然的一部分

如果你想提高智能，你必须挑战自己。这意味着要接受略微超出你能力范围的任务，这意味着你很可能会失败，至少在第一次尝试的时候。因此，对失败的恐惧可能是处理这类任务的一个重大障碍。但是，失败不应该是一个大问题。

我大学毕业后的第一份工作是为一位国会议员做事。我并不经常见到这位大人物，而且我对他很有畏惧感。我清楚地记得，我第一次做了一件蠢事（我已经不记得具体是什么了），被他发现了。我喃喃地说了一些道歉的话。他看了我很久，然后说："孩子，唯一不犯错的人是那些从未做过任何事的人。"这话缓解了我的自责，并不是因为他没有批评我，而是我第一次真正明白，如果你想把事情做好，你必须学会接受失败。篮球巨星迈克尔·乔丹这样说："在我的职业生涯中，有9 000多次投篮不中。我输过近300场比赛。有26次大家都因信任我，让我去投制胜的一球，但我都没有投进。在我的一生中，我一次又一次地失败。这就是我成功的原因。"

尽量创造一种课堂氛围，在这种氛围中，虽然失败不可取，但它既不带来难堪，也不完全是负面的。我曾在课堂上看到，当教师需要告诉学生他犯了一个错误时，他们会小心翼翼地措辞，身体在不经意间紧绷。如果你在学生犯错时表现得十分不自在，学生很可能会觉察到。这种不自在仿佛在暗示：学生做了一件相当糟糕的事情，而你正试图让他不感到尴尬。

相反，看看对学生的错误行为采取实事求是的态度是什么感觉。失败并不好玩，但它意味着你将学到一些东西。你会发现有一些你不了解或不知道如何做的事情。最重要的是，你要为你的学生示范这种态度。当你失败时——谁又不会失败呢——让他们看到你采取的积极学习态度。

不要认为学习技能是理所当然的

列一个清单，写下你要求学生在家里做的所有事情。考虑一下这些事情中哪些是包含其他任务的，并问问自己班上那些学习困难的学生是否真的知道如何去做。对于高年级学生来说，如果你宣布将有一个小测验，你就会认为他们会为此而学习。班上那些"慢热型"学生真的知道如何学习吗？他们知道如何评估他们所读、所听、所见的不同事物的重要性吗？他们知道自己应该为一次测验学习多长时间吗？在大学里，成绩不乐观的学生经常对我说"但我为这次考试学习了三四个小时呢！"，进而抗议我给他们打的低分。我知道，高分学生的学习时间约为20小时。"慢热型"学生是否知道一些简单的技巧来帮助他们计划和安排时间学习？

对于刚刚开始接受较难的家庭作业的学生来说，这些问题尤其重要——在众多学校系统中，在12岁左右，当家庭作业不再是"从你家院子或公园带来4块石头"而变成"阅读第4章并回答后面的偶数问题"时，大多数学生都有一个适应期。所有学生都必须学习新的技能，因为家庭作业的要求越来越高，需要学生拥有自律、时间管理和善于思考的技能（例如，当他们陷入困境时知道自己该怎么做）。学习成绩已经落后的学生在家里独自做作业会有更大的困难，而且他们学习这些技能的速度可能会更慢。

不要想当然地认为你的学习迟缓型学生拥有这些技能，即使他们在以前的学习过程中应该已经获得这些技能。我要告诉你的是，他们中有很大部分的人即使进入大学了，却仍然不知道如何有效地完成任务，如阅读课本、为考试而学习和安排他们的时间表。要知道，大学录取他们的原因并不是因为他们掌握了学习技能，相反，学习技能不在招生考查标准的范围里。

跟上队伍是"长期"目标

重要的是，要基于现实，想想如何帮助学习迟缓型学生赶上班级的学习进度。我在第2章中指出，我们知道的越多，学习新东西就越容易。因此，如果你班上的"慢热型"学生比那些聪明的、学习快的学生知道的少，他们就无法简单地与聪明学生以同样的速度学习，长此以往差距只会越来越大。要想让他们赶上来，成绩较差的学生必须比成绩好的学生更加用功学习。

我认为这种情况类似于节食减肥。为了达到目标体重，很难长时间保持意志力。节食的问题在于，这需要我们反复做出艰难的选择，而每次我们做出正确的选择时，都没有看到立竿见影的减重效果。当一个节食者做了一两个错误的选择时，就会产生一种挫败感，然后就会完全放弃节食计划。大量的研究表明，最成功的减重方法并不是节食，而是日常生活方式的改变，人们相信自己在今后的每一天都能做到。例如，把普通牛奶换成脱脂牛奶，或者亲自遛狗，或者把拿铁替换成黑咖啡。

在考虑帮助"慢热型"学生迎头赶上时，制订可实现的、具体的阶段性目标是明智的。这些目标可能包括这样的策略：每天拿出固定时间做家庭作业，每周阅读一本新闻杂志，每周看一部科学或历史纪录片。不用说，如果可能的话，将家长纳入这些计划里，将是一个巨大的帮助。

到目前为止，我们把所有的注意力都放在了学生的思维上，但当然，学生在使用他们的思维的同时也在使用学习工具，我们可能会好奇这些学习工具会对他们的思维有哪些影响。在过去的10年里，随着数字技术的广泛普及，这个问题变得尤为紧迫。在下一章，我们将考虑技术如何影响学生的思维。

讨论问题

1. 想一想那些在学校里学习得最吃力的学生。有些孩子可能只是认为自己不是那么聪明，而另一些孩子可能认为他们不是学校所重视的那种聪明的学生，但他们有包含常识在内的知识。这些学生在校外的哪些领域（活动）中取得了成功？这些活动在哪些方面利用了智能？你认为这些学生是否真的拥有可以让他们在学校表现良好的聪明才智？如果是这样，你如何说服他们？

2. 值得注意的是，这一章已经对学校教育的价值做出假设。人们对智能的看法与智商密切相关。智商离不开学校教育，这并非偶然。智商最初是用来预测孩子在学校的表现。因此，根据智能的定义，通常在学校里多做练习多学习会让你更聪明，这一点也不奇怪。这是一种相当主流的看待智能的方式，但它可能是一种不那么主流的看待学校的方式。有些家庭认为学校应该让孩子为实际生活做好准备。一些人认为学校应该最大限度地发挥孩子们的潜力。这会改变我们对孩子智能提升的看法吗？

3. 向孩子们传达智能是可塑的这一点很重要，但是他们在家里可能听不到这种说法。我们怎样才能让家长接受这一观点呢？

4. 如果文化能让我们都变得更聪明，我们该如何倡导这一点呢？一方面，有研究表明，政府资助的文化创新活动确实能让孩子变得更聪明，《芝麻街》[①]就是一个例子。你可以想象在视频游戏、电影和智能手机应用中也会出现类似的情况。另一方面，政府把钱花在这些项目上会让一些人感到不安。对此，你有什么看法？

5. 正如本章所述，对弗林效应的一种解释是，当文化变得更具认知挑战性时，智能就会提高，例如，当有更多的信息经济工作给员工带来千变万化时。你能想象随着数字工具变得更加精细，这一趋势会发生逆转吗？例如，人们已经知道，当他们使用GPS时，他们不会了解一个城市的布局。越来越多的数字工具会不会把我们从认知工作中解放出来，从而使我们变笨呢？

6. 相信一个人的智能肯定会影响我们对其成就的看法。例如，在我教书的头几年里，我在不知道写作者是谁的情况下给考试作文评分，后来揭晓分数的那刻，我经常会对某个学生的作文质量感到惊讶。让我震惊的是，当我批阅匿名作业时，得分结果经常让我大跌眼镜，这不禁让我意识到我个人

---

① 始于20世纪60年代，最初是美国一档儿童教育类电视节目。当时美国正处于社会动荡时期，很多孩子出身贫寒，无法上学。这档节目提供了孩子们喜爱的表演形式，并很好地将本地的教育重点纳入其中，现在有120个国家都引进该节目。——编者注

对学生的了解可能影响了我对他们作品的评分。这让我怀疑我的态度也在影响着我在课堂上与学生的互动方式，完全抑制住对学生的看法几乎是不可能的，这些信念可能会在什么方面渗入到你的教学中？为此，你能做些什么？

第9章

新技术能否改善学生的学习?

问： 如果你是一个有5年或5年以上工作经验的教师，你可能至少听说过以下说法中的一种。

（1）"我们要用平板电脑一对一地进行教学。"

（2）"你的学生都应该用微博。"

（3）"我们要在你的教室里放一块交互式白板，这是使用手册。"

（4）"编程是一门新的教学。"

（5）"我们要购置一台3D打印机。每个人都想一想你将用它做什么。"

（6）"你是否考虑过践行翻转课堂？"

答： 可以理解的是，教师们对教育技术领域的每一个"下一个大事件"都变得小心翼翼。但技术改变我们生活的力量是不可否认的。你怎么知道哪些说法是合理的？指导本章的认知原则是：

技术改变了一切，但没有改变你的思维方式。

在本章中，我们将以不同的方式来看待认知。我们一直在研究个人的心理过程——例如工作记忆、学习或注意力——然后我们试图将这些认知与合理的课堂行动结合起来。逆向思考技术在教育中的作用，从课堂行动开始，比如给你的学生提供一台笔记本电脑，或者在线上平台布置家庭作业，并试着预测认知后果。

因为我们是从行动而不是心理过程开始的，所以我们可以简单地测试行动的有效性，例如，观察20间给学生提供或不提供笔记本电脑的教室，然后在6个月内比较两种教室内学生的学习（或动机、态度，或任何假设会改变的东西）情况。我们不需要了解它是如何影响学生的心理过程的，因为最终我们想知道的只是笔记本电脑对学生的学习能否见效。

对于已经尝试过的创新来说，这种方法很好。但是技术创新不断涌现，有时我们需要在接受它之前知道它是否有可能提供帮助。我们能否辨识出一种模式，以确定哪些创新在过去成功了，而哪些没有？

我们倾向于认为我们可以，审视提出的干预措施，并觉得学生会采取这种做法，这将以那种方式影响学习……这些猜测有时是如此直观，以至于它们看起来就像正确的，甚至一点儿也不像猜测。但当然，它们也可能是错的，尤其是像一对一使用笔记本电脑这样的干预会改变很多心理过程，而所有这些改变都是很难预料的。这个问题是教育技术中许多麻烦的根源。

本章的指导原则有两层意思：一方面，它意味着技术改变了很多认知过程，但不一定是以你所预料的方式。另一方面，它还意味着一句你经常会听到的感叹："技术已经改变了一切！"的确如此，但它并没有改变你思考的方式，也就是你思维运作的方式，而这正是我们开始探索的起点。

技术改变一切1.0：科技对于你的大脑

我的小女儿今年13岁，她经常扮演着我和妻子的IT顾问的角色。最近，我的iPhone无法连接到我家的网络，我没有尝试花工夫去思考原因。我请求

IT支持，也就是说我朝着楼上大声呼喊。大多数有10岁以上孩子的父母都能体会到，如今的孩子似乎对技术有第六感。

但事实证明，他们并没有。

当今这代人是科技奇才的想法本身就是老一辈人的想法。2001年，马克·平恩斯卡（Marc Prensky）在一篇文章中使用了"数字原生代"和"数字移民"这两个词，这两个词便开始流行起来。相比之下，成年人可能会使用科技工具，但永远不会像"数字原生代"那样轻松。平恩斯卡认为，这种差异反映了儿童思维方式的深刻变化。

> 现在很清楚的是，由于这种无处不在的环境以及他们与环境的大量互动，今天的学生在思考和处理信息方面与他们的前辈有着根本的不同。这些差异比大多数教育工作者怀疑或意识到的要深远得多。

这听起来很有道理，但实验并不支持这种观点。例如，在2006年，研究人员询问了在墨尔本大学就读的学生他们是如何使用技术的。他们发现，学生们对以有限的方式使用的一小套工具非常自如。例如，学生们可以在谷歌上搜索信息，但大多数人从未登录过社交网络，尽管MySpace彼时正处于巅峰期，每天有20万新用户注册。

其他研究显示，教师群体也有类似的发现。例如，在一项研究中，研究人员要求出生于1984—1989年的芬兰1年级教师（与"数字原生代"的出生时段吻合）创造能够有效利用信息和通信技术的课程。这些课程通常用于信息收集和展示，而不用于与同伴交流、分享或创建内容，而这些恰恰被认为是数字原生代的第二天性的下一代技能。

对科技的适应来自你所处的环境，而不是你们这一代人。青少年有动力去理解和使用同伴使用的平台和设备，而这些朋友通常是乐于相助的导师。有些孩子开始对技术工具感兴趣，但大多数孩子只止步于我女儿感兴趣的东西：能娴熟使用iPhone，精通Instagram，熟练使用学校所需工具。

"数字原生代"的观点认为，孩子们的大脑会发生积极（或至少是中性）的变化。而其他人却认为这会是一种消极的变化，特别是在注意力上的变化。他们指出，数字设备通常需要使用者快速转移注意力。网络文章让人不再潜心阅读，取而代之的是扫读。人们多任务操作，同时打开好几个应用程序。动作视频游戏要求人们频繁地转移注意力，与25年前相比，如今的电视节目提供了快餐式的的剪辑片段，甚至可以倍速播放，让人们快速听完对话。根据该观点我们可以得知，这种快速的注意力转移成为一种习惯，使学生无法长时间集中注意力。

同样地，特别是当你考虑到孩子们花在屏幕上的时间时，这个想法听起来就更有道理了。2019年的一项调查显示，青少年平均每天花在屏幕上的时间大约为5个小时，有的甚至超过7个小时。

然而，所有接触屏幕的时间可能并没有轰炸青少年的大脑，使其接受不了。如果看屏幕时间过久真的严重伤害了青少年，那么你看到的后果绝不仅仅是让青少年注意力不集中那么简单。要知道，无法集中注意力会影响阅读、数学、解决问题、推理……你能说出的大多数活动都需要高级思维过程。是的，大脑是可塑的，它对变化是开放的。但是，这种变化一定是有限度的，而且像注意力这样对思维如此重要的东西能够发生如此深刻的变化，似乎是不可能的。

更重要的是，有数据表明人们的注意力并没有改变。在过去的几十年里，人们对大量参与者进行了一些注意力测试，如今的结果与数字时代到来之前观察到的结果相似（如图9.1所示）。

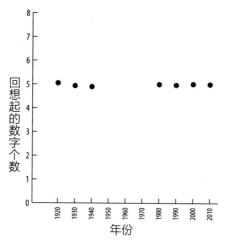

图9.1　从倒背数字作业任务[①]中看注意力的变化

　　关于数字技术影响儿童认知的方式，还有第三种常见的猜测：开展的大量实验显示，同时做几件事使孩子们更善于处理多任务。事实上，他们以这种方式学习最好。大人们经常告诉孩子们不要同时做很多任务，一次只做一件事，专注学习！我们认为这样做是最好的，因为我们不擅长一心多用，而我们不擅长一心多用的原因是我们不是在一心多用的环境中长大的。这就是争论的结果。

　　这里有一些道理。年轻人比老年人更善于同时处理多项任务，但这并不是因为他们练习得多。相反，工作记忆容量大的人更适合同时做多项任务。在处理多项任务方面，一个人的工作记忆能力在20多岁时达到顶峰，之后就

———————

① 受试者在该任务中听一串数字，例如"7、3、1"，然后必须倒着重复它们。如果他们回答正确，数字的数量就会增加一个，这个过程一直持续到他们说错一定数量的数字。如图所示，人们能够正确重复数字的平均个数约为5个。重要的是，这个平均值多年来没有变化。——作者注

会下降。但是，同时处理大量的多项任务并不能使你擅长多任务处理。如果有什么区别的话，经常同时做多项任务的学生可能比不经常同时做多项任务的学生在调节注意力方面的表现略差一些。

那些说"如果你一次只专注于一件事，你会做得更好"的人（不管是年轻人还是老年人），是正确的。其中的原因可能不太直观，你不能真正地在不同的任务之间分散注意力，尽管你可能觉得自己是这样，但实际上你只是在各项任务之间转换注意力。

在一个经典的实验（见图9.2）中，受试者观察一对数字字母组合，例如"W6"。刺激物出现在四个象限之一。如果它出现在最上面一排，受试者就要注意这个字母（并将其归类为元音或辅音）。如果它出现在最下面一行，受试者就要注意数字（并将其归类为奇数或偶数）。在受试者回答后，会有一对新的数字字母组合出现在一个新的象限里。当分类任务转换时（例如，受试者刚做完奇数–偶数任务，现在要做元音–辅音任务），反应时间比重复任务时慢20%左右。

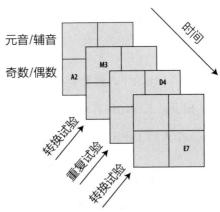

图9.2　一个测试任务转换的典型实验

切换任务需要额外的心理思维步骤：重新设定你的目标（"忽略数字，关注字母"）和记住规则（"如果是元音按左键，如果是辅音按右键"）。这个实验特别有趣的是，你会认为你能够同时记住两个规则。这就是多任务处理的核心：同时记住两件事并做这两项工作。但你不可能同时把两个任务放在心上，即使每个任务都非常简单。

因此，当一个学生一边撰写分析奥古斯特·威尔逊的《篱笆》的论文的同时，一边与她的朋友发短信时，那么她正在做大量的转换。就像数字字母任务要求在每次转换时重新设定目标一样，这个同时做多项任务的学生也会转换她的思路、写作的形式以及她打字的方式。

但如果学生只是一心多用呢？学生们经常在学习的时候开着电视或放着音乐，说："我根本没在听，这只是背景声。"

实验始终表明，当电视播放时，学生的阅读或其他认知工作的水平呈下降趋势，即使他们声称自己能无视电视——但实际上，他们至少每隔一段时间就会被电视分散注意力。然而，音乐能产生更为复杂的影响。音乐会让人分心，在音乐和学习之间转换注意力会付出一定的代价。但音乐也能使人精力充沛，提升情感。这就是为什么人们在运动时听音乐。而且，在工厂装配线上也经常播放音乐。这两种观点的抗衡意味着关于用音乐完成多项任务的研究文献是好坏参半：它有时似乎能提高我们的表现，有时却降低或没有影响。这一切都取决于音乐所带来的激励效应和分散注意力的代价两者之间的抗衡。

技术改变一切2.0：你课堂上的技术

在我大约10岁的时候，我喜欢看地图，或者更确切地说，我喜欢在全家一起出去度假时，父母指派给我的监控地图的工作，以确保司机没有转错过任何一个弯道。我高估了自己的责任，因为我们的长途旅行通常意味着在一条州际公路上行驶数小时，但即使在今天，这似乎也是一种"驾驶"。当然，这个小小的乐趣现在已经消失了，因为现在用的是GPS导航系统，这个小盒子里藏着一个女人的声音，一直向我们发号施令。

依稀记得2005年左右，纸质地图被淘汰时是多么令人惊讶。大约在同一时间，数码相机成为常态。那种当天送胶卷过去，第二天再取照片的小店[①]消失了。当你可以线上订票时，打电话给旅行社订票的情况也随之消失。

摄影、地图和旅游是2005年左右数字技术颠覆一个行业的三个常见例子。权威人士对教育进行了模糊且悲观的比喻：技术将使课堂变得面目全非，如果你是一名教师，你很可能被淘汰。那么，拥抱技术通常被认为是对不可避免的情形的最好准备。

在这场技术变革之前，学生们会从当前的技术中尝到甜头。新设备将给学习带来的好处似乎是不言而喻的。例如，如果每个教室都有一块交互式白板，物理教师可以展示3D模拟，音乐教师可以展示大提琴演奏家马友友的运弓技术，数学教师可以让3个孩子同时在白板上解一道题，并自动地给出反馈。为此英国斥巨资，截至2007年，几乎所有的学校都至少配有一个交互式白板。

大约在同一时间，各区、各州甚至各国都决定给每个学生一台笔记本电

---

① 这里指照片冲洗店，在最鼎盛时期美国有超过4 000家，当然，它们并不是唯一可以冲洗胶片的地方。胶片摄影的迅速消亡是日常生活中一个戏剧性的，甚至是狭隘的变化。——作者注

脑（谷歌乌拉圭"OLPC"百元电脑组织[①]）。同样，好处似乎是不言而喻的，这无可置疑。有了笔记本电脑，学生们可以访问大量的研究内容。他们可以通过云计算进行合作。他们可以阅读持续更新的电子教科书，并且可以将视频和音频整合到阅读体验中。但提供交互式白板或笔记本电脑的举措并没有改善学生的学习。对教师的调查揭示了一个可能本应预料到的原因。专业发展的时间十分有限，教师们对新技术的熟悉程度各不相同。此外，创建真正利用这些技术能力的新经验（课程）并不是一个简单的方法。孩子们可能没有受益，因为教学并没有太大的变化。

最近的评估提供了一个更光明的前景，在教室里更多地使用数字技术能够适度增加学生的学习。而一种常见的解释是，学校系统和司法机构认识到，简单地将技术投入到学校教育中并等待奇迹的发生是一个失败的策略。今天，教育工作者有更多的时间和培训来学习这些技术工具，而且有更好的现成产品可供使用。

也许更重要的是，我们可能看到了期望中的转变。即使在21世纪初，一些研究人员也在强调，衡量成功的标准应该比标准化的阅读或数学成绩测试等更精细，因为技术在使其更容易或更有效的方面有所不同。例如，笔记本电脑帮助教师更容易就写作提供反馈，帮助教师更容易与学生和家长沟通，让学生之间的合作也变得更容易。交互式白板就没有这些功能，而笔记本电脑为教师提供了更好的可视化工具，并为班级团队合作提供了新的机会。

---

① OLPC其实是口号"One laptop per child"的缩写，意思为"每个孩子都应该有一台自己的笔记本电脑"。OLPC由麻省理工学院多媒体实验室发起并组织，为一个非营利组织，生产接近100美元的笔记型电脑，提供给对这项计划有兴趣的发展中国家，由该国政府直接交付儿童使用，缩减知识鸿沟。——编者注

因此，一种更温和的说法似乎得到了支持：新技术并不能改变一切，它们不改善学习状况，但是它们会对学习的某些方面有所助益。这一观点与本书中的认知分析很吻合。我们一直在讨论诸如注意力和参与（第1章）、学习（第3章）、理解（第4章）、练习（第5章）和批判性思维（第6章）等主题。每次只考虑一个心理过程的好处是，它是一个更简单、更适度的目标。

但是这也会有一个缺点，你可能会学到一些关于注意力的东西，但是当你改变课堂练习、利用你学到的东西时，你会影响学习的整个过程，而不仅仅是你希望针对的单一心理思维过程。例如，你可能会以意想不到的方式影响积极性。

可以肯定的是，有时你试图只影响一个认知过程，你会成功。例如，间隔重复学习软件是为了利用第5章中描述的间隔效应而设计的，许多产品似乎都能达到这一预期。文本摄像机（也叫视频展示台）同样设定了一个有限但有用的目标：让班上的每个人都能看到。全班同学都可以看到老师在画画时展示的着色技法，或飞蛾翅膀的增强图像，或观看同伴展示的新奇笔法。

考虑一下如何评估可视化工具的价值。你不会因为在教室里放了一个视频展示台，就指望着学生的考试成绩会提高。"我们的显微镜数量有限，所以孩子们排着队想看水螅（或者其他东西），有些人并不知道自己应该观察什么，所以他们甚至不知道自己是否看到了。教室里有了摄像机，他们可以同时看到同样的东西。"是的，你希望它能帮助孩子们学习，但它的效果与标准化测试相去甚远，你不希望在标准化测试中看到它的效果。更简单地说，你不需要研究来判断它是否满足了你的期望。

因此，对"我如何知道新技术是否会改善学生的学习"这个问题的初步答案似乎是："与影响许多认知过程的复杂工具相比，改善单个认知过程的工具将导致更可预测的结果。"这是一个开始，但它远不止这么简单。

超出预期的变化

预测新技术将如何与人类大脑思维互动比听起来还要困难许多。我将在下文描述在过去的20年里被推翻的三个案例。首先想想电子书。电子书取得了巨大的成功，甚至一度在销量上超过了纸质书，尽管现在又落后了。[①]令人惊讶的是，在屏幕上阅读时的理解力比阅读纸质书时的理解力略差，特别是对于非小说类书籍。差异如此细微，你甚至可能都不会注意到。如果你带着Kindle而不是纸质书上飞机，你仍然会喜欢罗恩·切尔诺（Ron Chernow）的传记。

然而，当我们考虑教科书时，这一结论就会发生变化。学生们发现阅读电子教科书比阅读纸质教科书更难，可能是因为它们与休闲类书籍不同，其内容更具有挑战性。我们阅读教科书的目的不同（是为了学习，而不是为了娱乐），而且教科书是按主题组织的，不像是按内容组织的叙述类文本。目前还不清楚每种差异有多重要，但无论出于何种原因，技术上看似微小的变化却使认知发生了令人惊讶的巨大改变。

这里还有一个新技术的例子，它似乎满足了一种狭隘的认知需求，但又不像我们料想的那样满足它。也许互联网的特点是快速地获取无限的信息。这就引出了一个问题："你为什么还要背诵任何东西？你可以直接查找啊。"

的确如此，但当涉及为认知处理提供信息时，你的大脑在很多重要的

---

① 实际上，很难将纸质书和电子书的销量进行比较。我们都会认为这种比较是基于图书销量，但亚马逊并没有公布电子书的销量数据。因此，我比较的是两者的销售收入，这让解释变得更为复杂。——作者注

方面胜过谷歌。首先，暂停阅读来查找一些信息——比如说"yegg"的定义——是一种破坏思维的行为。这很容易让你丢掉贯穿主线的线索，你的阅读思路受到了干扰。由于这个原因，人们对这种工作没有太多的耐心。的确，用谷歌比你在书本上查找东西要快得多——你说的是几秒钟找到一个答案，而不是几分钟。但是，实际上你的大脑要比谷歌快得多，提供一个词的定义所需的时间远远少于一秒钟。

你需要将这些信息放入你的记忆中的第二个原因更为重要。我的意思是，你的大脑对文本的敏感度比谷歌高得多。回顾一下第2章中的这句话："老板来吃晚饭时，我不能用我的新烧烤架。"这让你想到一个事实，即人们并不总是成功地使用一个新的设备。但假如说的是："我不应该用我的新烧烤架，（它）裹着黏糊糊的红糖浆。"现在你会想到新设备的另一个特点：不是人们担心在第一次使用时会犯错误，而是人们愿意保持它的清洁。或者假设这个句子是这样的"在罗伯过来看我用他送的礼物之前，我不应该用我的新烧烤架"，又或者是这样，"我不应该使用我的新烧烤架，除非我给煤气管道换了管箍。"以上每句话都利用了你记忆中关于新设备的不同知识：正确使用新设备需要练习，人们喜欢将它们保养得很好，人们喜欢同他人炫耀它们，有时新设备的使用需要新配件。

你知道很多关于新设备的知识，但当你阅读时，你的大脑并没有把所有这些信息都一股脑地扔给你。在你的意识之外，大脑会根据上下文选择正确的信息，以帮助你理解正在阅读的内容。然而，谷歌无法做到这一点。如果你对第一句话感到困惑，并在谷歌上搜索"新烧烤架"，你很清楚会发生什么——发现数以百万计的点击量，在你找到正确的信息来填补作者的留白之前，会消耗大量的时间。

另一个看似简单但其实很复杂的技术变革的例子是用笔记本电脑做课堂笔记。这个例子与前文提到的例子略有不同，因为目标认知过程正如我们所预测的那样受到了影响，但该技术也会影响其他认知过程。学生们在课堂上用笔记本电脑做笔记，是因为他们认为打字的速度比写字的速度要快，而且生成的电子笔记也方便他们日后进行编辑。他们这样做是对的。[①]

但是用笔记本电脑做笔记的学生会因互联网的便利性而分心。照片分享平台Snapchat、图片分享类社交应用Pinterest、购鞋网站Zappos——无论他们对互联网上瘾的事是什么，只要点击一下，就难以抗拒。几年前，我有一个学生承认在我的课上看YouTube视频，他说："当我觉得课听着没意思的时候我就想看视频。"我问他怎么知道何时要回归注意力听课。他不慌不忙地说："当您的课堂再次变得有趣的时候。"

所以，我认为让学生在笔记本电脑上做笔记通常是没必要的。教师们都应该牢记（即便是没有鼓励学生在笔记本电脑上做笔记的教师），对某些学生来说，笔记本电脑是一种辅助技术。为了尽量减少学生的难堪，我在学年初就向他们表明了我的课堂要求，我还建议"如果任何学生觉得这个课堂要求不适合他们，可以找我谈谈"。如果在课上使用笔记本电脑对他们有意义，我会让他们用的。这样一来，学生就不会知道他们的同龄人使用笔记本电脑的原因，除非他们自愿透露。

我听到过这样的反驳："好吧，这确实让人分心，但这就是我们生活的

---

① 有一些报告称，在笔记本电脑上做笔记使你更有可能在记录时不假思索。你的打字速度很快，你试图敲下每一个单词，但实际上只是在做听写。相反，你在纸上的书写速度略慢，所以你记录的过程中必须进行总结，这需要思考意义。截至我完成本章的写作，这个问题还没有得到解决。——作者注

世界。他们需要学习如何避免分心。"这种说法存在两个方面的错误。

其一，它希望达到的这个免受分心干扰的标准是极具困难的。青少年在控制冲动方面不如成年人，而且青少年热衷于过度社交，甚至是亢奋社交（hyper-social）。因此，社交媒体对他们来说是一个可怕的诱惑。说到这里，成年人往往也不符合这种严苛的标准，想想自己，有多少次你在开会时看到别人在回复电子邮件或者网购？2020年，路易斯安那州首府巴吞鲁日的一所高中的校董会成员康妮·伯纳德（Connie Bernard）上了全美的头条新闻。时年，她被抓拍到在一次会议上网购，这本来已经够糟糕的了，但此时恰逢社区成员正在就是否更改罗伯特·李高中（Robert E. Lee）的校名以纪念更能体现社区价值观的人向董事会发言。

其二，心理学家会告诉你，抵制诱惑的聪明方法是改变环境。如果你想减肥，对自己说"我必须学会抵制橱柜里的饼干"是很愚蠢的。只要不买饼干就行了。

这里我要强调一下，我的目的不是要抨击技术工具。除了上文所提到的那些，我还可以补充许多其他积极的例子，特别是辅助技术：隐藏式字幕（closed captioning）[①]，能帮助有听力障碍的人群看视频，语音转文本软件能帮助那些动作技能有限的人群打出文字，文本转语音的软件能帮助那些视力有限的人群实现阅读；此外还有声音识别，屏幕放大镜，翻书器，去除背景噪音，语音计算器，等等。这些工具使认知过程变得不必要，或支持产生问题的认知过程，并可能改变学生和成年人的游戏规则。

---

① 简称CC，是为有特殊需要如聋哑人或听力不佳的人，或有特殊情况，如需要在无音条件下观赏节目而准备的。此时字幕可使用一些解释性的语言来描述节目内容。现在也应用于外语学习。——编者注

我的观点是，即使是简单的技术工具所带来的简单成果也会让你大吃一惊。我认为这才是真正在应用新技术时遇到的问题。优点看起来很明显，但后来在实际使用的过程中却没有意识到，所以每个人都觉得自己被欺骗了。要谨慎使用，而且当你看到好处的时候一定要信任它们。

技术改变生态系统

我们探讨了两种技术可能"改变一切"的方式：其一，改变孩子们的思考过程（例如，降低他们的注意力）。其二，通过生成一种产品或工具，颠覆我们对学习的思考方式。这两种情况都没有得到证实。相反，技术似乎对一些特定领域的任务或任务中的一部分造成了适度的改变。但是，如果这种改变帮助学生推进一个对他们来说无比繁杂的认知过程，那么它对学生的益处可能是不可估量的。

即使技术工具带来的变化通常微乎甚微，但是这样的工具却形形色色，它们对儿童生活的众多领域都产生了一定的影响。技术影响着学生们的社交方式、饮食方式、学习方式、娱乐方式，等等。也许教育工作者应该了解并以某种方式解释技术是如何改变孩子们的生活方式的。

让我们思考一下这种变化的本质。在美国，孩子花在屏幕前的时间在2015年之前稳步增长，然后趋于平稳，这可能是因为设备使用的普遍化，智能手机的价格也足够实惠，以至于大多数青少年都能人手一部。正如我所指出的，青少年平均每天的屏幕使用时间仍然很长，8—12岁孩子每天接近5小时，13—18岁的孩子则超过7小时。

你可能还记得21世纪初的乐观预测，当时高速互联网在富裕国家广泛普及，许多孩子能够在家里上网。关心教育的热心人士认为，我们可能已经准备好迎接一场学习爆炸，鉴于某些假设，这种预测不无道理。如果你相信孩子们的好奇心与生俱来，天生就想要学习，而且你相信学校不能满足这种好奇心，因为它们规定孩子必须学习什么，那么你很自然地就会认为，互联网的普及意味着孩子们最终能够探索他们的兴趣。

然而，这种情况没有发生。正如第1章所述，人类天生就有好奇心，但好奇心是脆弱的，如果条件不合适，好奇心就会消失。要满足你对困难学科（例如，欧洲史）的好奇心只会更难，因为你不知道去哪里寻找，而且许多信息来源没有经过巧妙的设计，从而无法维持你的兴趣。其他内容——如社交媒体、视频博客、视频游戏以及像Buzzfeed这样的信息娱乐网站——都是为迎合短期兴趣而精心设计的。

因此，广泛地使用互联网并没有让自主学习"开花结果"。青少年的屏幕使用时间是这样分配的：大约30%花在发短信上，25%花在看视频上，18%花在玩游戏上，5%花在视频聊天上，18%花在其他各种网站上（其中大部分可能是社交媒体）。换句话说，今天的孩子们运用技术做的事情或多或少同我在他们这个年龄这些技术没有面世的时候一样。他们主要是利用科技产品与朋友一起打发时间。

所以，长时间在屏幕前看这些内容会对孩子们有什么影响呢？

我澄清一下，我排除强迫性上网。专家们对是否存在一种我们称之为"网络成瘾"的可分类的疾病存在分歧意见，但一些人确实表现出典型的成瘾的行为和感觉。他们几乎一直在使用互联网，他们为此感到内疚，他们与他人的关系因为他们的强迫行为而受到影响，如果他们上不了网，他们会遭受戒断反应，等等。对强迫性上网的研究仍处于起步阶段，但我们有充分的理由担心，它确实给心理健康、情绪调节和社会关系带来了负面影响。

那些我们不认为是上瘾者，但像典型的青少年一样，在屏幕前花费大量时间的人呢?

在2010年末，研究人员注意到青少年对社交媒体的使用急剧增加，伴随而来的是激增的抑郁、焦虑和自杀现象，这引起了恐慌。但在撰写本章的时候，后续的研究表明，一旦考虑到其他风险因素，这种关联性是非常小的，或者可能不存在。此外，尽管网络霸凌的确是一个问题，但是线下互动的特征转移到线上是很常见的。通常朋友之间进行一些互动（安排见面，讨论共同关心的问题等），一般来说，他们彼此之间都很愉快。

因此，尽管孩子们在闲暇时间选择的屏幕活动可能对他们没有多大帮助，但几乎很少有证据表明这能对他们有多大的影响。他们中的大多数都是运用技术来做一些青少年热衷的事情，这一点至今没有显著的变化。

但也许有一个机会成本。也就是说，假设孩子们不上网，他们也许会做一些有益的事情，所以网上冲浪妨碍了他们获得这种好处。

有一个机会成本显而易见：睡眠不足。晚上把手机或平板电脑带到卧室的孩子比不带的孩子睡得更少，其睡眠质量也更低。这很容易理解，因为这是符合逻辑的——我们预计孩子们宁愿和朋友发短信或玩游戏也不愿意睡觉。但这也与较早的研究相似：如果孩子们在睡前玩主机电子游戏或看电视，他们会失眠。

其他关注教育的人士担心，屏幕时间已经取代阅读成为一种休闲活动。科技产品占据了那么多时间，一天还能剩下多少时间呢?事实上，一些调查表明，在过去的20年中，成年人和儿童的阅读量都在下降。当然，除了数字产品的使用增加之外，可能还有其他因素导致了阅读量的下降。一项研究表明，阅读量的下降可以追溯到20世纪70年代末，那时数字时代还没有到来。

"技术正在扼杀阅读"假说的另一个问题是，大多数研究使用了一种不太理想的方法：人们只是被问及他们的阅读习惯。"在一般情况下，你每星期读几本书？"或者"你去年读了几本书？"。人们可能将"我从不阅读"视为一个在社会上不受欢迎的答案，因此夸大了他们的估计量。多年以来，阅读量的显著下降可能是因为，在普通人群中越来越少的人担心坦白自己不阅读后，社会对自己的接受度。

《美国人时间使用调查》采用了一种更好的方法，它要求人们把自己的所有活动都记在日记里。因为是每日记录，所以记忆问题不大。而且，即使是经常读书的人，也有可能哪一天不读书，所以也不会有人不愿意说"我今天根本没读过书"。《美国人时间使用调查》指出了两个重要结论（见图9.3）。

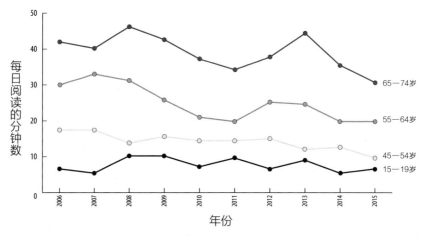

图9.3 不同年龄段的美国人平均每日的阅读量及其随着时间的变化

首先，自2003年（数据收集的第一年）以来，消遣阅读的数据一直在下降，但这种下降并没有在所谓的"沉迷技术"的青少年群体中观察到，实际上，是中年以上的人群在减少阅读。其次，我们压根儿就没有什么机会能观察到孩子们的阅读量下降,因为孩子们的阅读量本来就很少。

因此,综上所述,尽管强迫性上网是不好的,把移动设备带到床上也是不好的,但是,并没有太多的数据能表明,典型的青少年屏幕时间导致了一个普遍问题。

然而,我还是承认我对青少年的平均屏幕使用时间感到不安。

首先,正如我所指出的,屏幕时间并没有减少阅读,因为当数字设备普及时,青少年并没有阅读,所以阅读时间不可能减少。如果有任何改变的希望,青少年需要在其课外时间有一些喘息空间。如果每时每刻都被视频、游戏、短信和其他内容所消耗,那么阅读、锻炼、志愿者工作或其他任何活动都无法获得立足之地。

其次,青少年如此频繁地上网,意味着同龄人的影响是始终存在的。这样说吧,假设我是一个典型的青少年,我沉迷于我和同龄人的人际关系(或缺乏人际关系),这在每个上学日都影响着我情绪的跌宕起伏。但当我回到家时,我的全部世界几乎都缩小了,只有父母和兄弟姐妹。我可能会对当天的合群感到欢喜,对社交挫败感到不安,但我通常会与家人们在一起。当青少年持续上网时,就无法脱离社交世界,我不认为这是好事。家庭时间很重要。

然而,为什么脱离社交世界对青少年来说是如此困难的事情呢?为什么他们很难放下手机?

为什么学生难以放下手机?

你最近一次看到精美的艺术作品或壮美的自然界景象是什么时候,它们如此打动人心,以至于你周围的人都放下手机?我就目睹过相反的场景:有人在登上加拿大国家电视塔的塔顶后埋头玩手机，在气势磅礴的尼亚加拉大瀑布脚下发短信。

大学教授们也纷纷诉苦，如果讲座没有让全场嬉笑激动的内容，学生就会偷偷摸摸地发消息。但是，我也见到过很多研究学者在会议讲座期间回复电子邮件。不过，我认为青少年对上网的渴望比成年人的更强烈。如果你是教育工作者或家长，你会不由自主地注意到，青少年对联系的热情阻断了其他活动。这背后的原因是什么？

首先，人类是信息的探索者。如第1章所述，当判断出环境中有需要学习的东西时，我们的好奇心就会被激发出来，而手机通知就是一个极其明确的信号，提醒我们有东西需要学习。无论是点赞提醒、帖子发布，还是短消息，你都可以确信它是新颖的且与你相关的。当然，这并不意味着它一经你查阅或浏览就特别有趣或重要。这证明了我们这种寻求信息的倾向的力量，即使我们知道信息通知通常预示着一些微不足道的东西，我们仍然想一探究竟。

这种强迫性行为在青少年中会更加强烈，因为手机通知往往携带着社交信息，而青少年是热衷于过度社交的。虽然成年人通常认为青少年过度关心同龄人的看法，但心理学家认为这种现象是一个特点，而不是一个错误。13—19岁的青少年痴迷于研究他们的同龄人，因为他们正临近要和父母分开生活的年纪，对同龄人的密切研究是他们学习驾驭家庭之外世界的一种方式。

但是，"急迫性"（urgent）对青少年来说还有另一种特殊的意义。请随我完成一个思考实验。想象一下，你在杂货店里看到了你最喜欢的巧克力脆皮冰激凌，你想："它会是今晚的美味甜点！"但是，你想到医生叮嘱你避免摄入高脂肪的食物，所以你必须要忍住不买。再想象一下，你在家里，刚吃完晚饭。你的配偶把一碗冰激凌端到餐桌上，说："我太粗心了，我给自己买了冰激凌，却没有问你要不要吃甜点。你想吃这个吗？"在哪种情况下，你更能抵抗住冰激凌的诱惑呢？

当我们打算立即获得奖励时，奖励会更有价值。当我们预期在未来得到某样东西时，它的奖励价值就会降低。这就是为什么比起几秒钟后就能吃掉面前一碗冰激凌，你更容易拒绝那些你预计几个小时都不会吃上的冰激凌。

那么，你可以观察图9.4（贴现函数）中呈下降趋势的曲线，这项研究表明了奖励的价值是如何随着未来的发展而下降的。研究人员可能会问："你愿意一个月后得到200美元，还是一年后得到1000美元？"通过提出许多这样的问题（使用不同的美元数额和时间），研究人员可以计算出每笔钱在未来的不同时间点的价值。正如你所见，随着回报的预期在未来越来越久，它就会失去价值。但对儿童来说，这种价值的贬损速度要快过更年长的成年人。

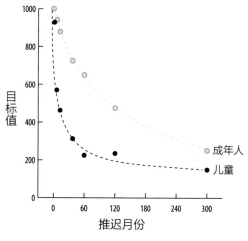

图9.4　延迟奖励与时间的关系

儿童的曲线比成年人的更陡，也就是说，对孩子来说奖励失去价值的速度更快。早期教育的教师很早就学到了这一课，尤其在他们告诉孩子们"如果大家这周表现得好，我们就会在星期五举办一个比萨派对"的时候。对于1年级的孩子来说，如果现在就能开比萨派对，那是非常有趣的。如果还要等几天，孩子们的兴奋程度就和听到要给其他孩子举办比萨派对差不多。

当我们对青少年沉迷于手机感到沮丧时，我们经常建议他们把手机收起来，每两个小时左右查看一次。但现在，你就能够明白为什么这种策略对他们毫无作用了吧。这就像给他们看一碗冰激凌，然后建议他们把它放在一边几个小时，而不是现在就开吃。

但是，新收到的信息和抖音还在另一个方面有价值。需要注意的是，在上述冰激凌那个例子中，从客观上来讲冰激凌在中午和晚上两个时间的美味程度的价值是一样的，不同的是心理价值。虽然社会信息的价值也随着时间而变化，但它很容易就消亡了。现在我迫不及待地要给你讲一个八卦——吉娜在她的动态上发了一些关于奥利维亚的不好的内容，这是链接，你是不会相信的——在短短几个小时之后就没那么有趣了，一部分原因是人尽皆知了，另一部分原因是有更新的新闻将它取代了。

总而言之，每个人（青少年和成年人）都有查看手机的冲动，因为他们知道手机提供的新信息可能与个人有关。但是，这种经常性行为在青少年群体中被放大了，有三个原因：（1）信息往往是有社交属性的，而青少年对社交信息特别感兴趣；（2）延迟奖励对任何人来说都是困难的，但对青少年来说比成年人更难；（3）社会资讯往往是易逝的，这进一步加剧了现在查看手机和以后查看手机之间的价值差异。

小结

本章回顾了一些数据，这些数据表明，新技术带来的变化比大多数人预测的要温和得多。第一，你的大脑是可塑的，会随着经验而改变，但思维的基本结构可能不会改变，所以技术并没有改变当今孩子们的思维方式，无论好坏。第二，技术并没有像一些人预测的那样完全取代教育。第三，技术变化对认知的细微改变是很难预测的。那些看起来应该对认知影响不大的变化（例如，用屏幕代替纸质阅读），有时会对学生的学习和情感产生影响。第四，沉浸在技术中会对学生的生活产生显著影响的更普遍的想法似乎没有成真，无论是好的方面（孩子们经常使用互联网进行自我教育）还是坏的方面（焦虑和抑郁症的发病率增加）。最显著的变化似乎是当今的青少年（以及许多成年人）的确对他们的手机爱不释手。

对课堂的启示

在其他章节中，我们重点讨论了认知分析对课堂实践的意义。但是，技术在学生校外生活中扮演了举足轻重的角色，这意味着教育工作者不仅要考虑技术在学校有什么意义，还要考虑它在家中有什么意义。当然，我认识的大多数教育工作者都尊重家长在这个问题上的自主权，但也认为教师有责任让家长了解他们在家里的决定对学校的影响。因此，我将就学校和家庭双方给出建议。

公平

在技术方面，公平具有不同的特点。它不仅仅是评估所有学生是否有同等机会使用类似的数字设备和在校学习的机会，而且它还是对"家庭"在技术学习中发挥的重要作用的认可，具体表现在两个方面。

首先是硬件问题。十几年前，这种担忧被描述为"数字鸿沟"。富裕的孩子在家里可以使用电脑，而贫穷的孩子往往没有。现如今，学校有时能够为学生提供笔记本电脑或平板电脑。当然，这是有帮助的，但数字鸿沟仍然以家庭网络服务的可访问性的形式存在，贫困家庭的网络接入可能很慢或很不稳定，甚至根本没有单独的，他们被迫寻找公共Wi-Fi。在理想的情况下，发放硬件设施的学校可能会选择有足够内存空间的设备来存储程序和软件，并且不使用基于云的软件设施。教师也应该尽量布置无须在线完成的作业。另一种选择是，学校租用无线热点，学生登记后在家使用。

其次是课程问题。如果富裕人家的孩子能在家里轻松地使用数字设备，那么他们就能享受到贫穷人家的孩子所缺乏的技术。考虑到如此多的学习任务都需要适应技术才能完成，这对家境贫穷的孩子来说难道不是一个可怕的劣势吗？我认为这个问题非常重要，但我们也应该意识到机会成本。

正如我们所看到的，大多数孩子在休闲时间里并没有学到任何高水平的东西。当然，他们学会了如何操作一个或多个操作系统及一些常见的应用程序，他们还学会了跨平台的惯例，比如文件系统的层次结构。对于那些无法在家中得到这种经验的学生，在学校有这种体验似乎是至关重要的。

但是，通过提供编程或其他技术课程来解决数字鸿沟是没有意义的。家境殷实的学生在家里并没有学习这些内容，而且这里还有潜在的机会成本的问题，如果要腾出时间来学习编程，那么被挤占的事情会是什么？虽然雇主希望任何员工都能驾驭Windows操作系统，但他们可能会接受一个不明白面向对象的数据库和面向关系的数据库之间区别的员工。雇用缺乏技术专长的员工或者其技术专长已经过时的员工是雇主的常规做法，且他们常常怀有这样的想法：员工可以参加一个课程来加强技能。但是，雇用缺乏阅读、写作或数学技能的员工却不是常规做法。

技术产品的应用

大约10年前，我与一位教育技术学科的教授聊天时，他的眼睛里突然闪过一道光。"哦！我想让你看看这个！"那是一支笔的测试款，它可以在你写字的时候录音。笔记本的纸看起来很普通，但它能够让笔记和音频搭配使用得很协调，用户轻而易举就能做到。因此，如果你看不懂课堂笔记上自己画的一个图形，你可以在录音中找到与该图形相对应的地方。教授演示了这个产品，然后说："制造商寄给我这个，希望我可以给出如何使用它的建议。你有什么好想法吗？"

根据我的经验，这在学校里并不罕见。教师们被告知，"我们可以使用这个新工具。你能用它解决什么问题呢？"似乎不言而喻的是，这个过程应该颠倒过来；从你的教学实践中看起来最紧迫的问题开始，然后寻找解决方案，无论是技术方面还是其他方面。

然而，如果你只接受那些似乎与你所发现的问题相关的创新，你可能会错过一些很棒的东西。以下是我对新教学工具提出的问题清单。

1. 你是否能找到充分的理由成为它的早期尝试者？我所说的"早期"是指在有公开的数据之前或至少有我信任的其他教育工作者给出相当详细的印象之前。等到其他人试过之后再用，是否还有意义？

2. 我有多大信心能预估出它对我的学生的影响？如果我看的是已公开的数据，那么使用该工具的学生及其学校的背景是否与我的情况相似？想一想本章中所描述的区别：如果一个工具只服务于一个狭窄的目的（例如，一个可视化的工具），而不是宽泛的目的（例如，一个iPad），那么我就能更成功地猜测它的有用性。

3. 当新技术取代旧技术时，有些东西就被淘汰了。我想确定我明白那是什么，而且我可以接受它。这个原则的一个例子涉及旧的技术：使用高射投影仪代替黑板。有了幻灯机，教师们可以提前准备好幻灯片（因此可以精心设计并以整洁的效果进行演示），而且可以与复印机一起使用，这样就可以复制书中的图形、人像或图表并投影给全班。但是，黑板有一个容易被忽视的特点：教师可以从左向右地依次书写内容，因此随着课程的进展，教师很容易回溯到课程的早期部分。即使教师不这样做，学生也可以自行回顾。然而，这一作用在幻灯片中消失了。这有多重要？

4. 制订一个评估计划。当我实地考察正在考虑采取重大技术举措的地区（或正在进行中的地区）时，我常常对目标的模糊性感到惊讶。其动机往往是认为使用技术可以使学校与时俱进，这显然是好事。我建议对这些问题有更具体、更明确的答案。（1）我们希望能改变什么？（2）我们如何知道它是否已经改变？（3）到什么时候应该改变？（4）如果它改变了，我们要做什么，如果它没有改变，我们又要做什么？我在《什么时候可以相信专家？》（*When Can You Trust the Experts ?*）一书中有详细的阐述。

适度借助技术的力量来支持有学习障碍的学生

有时候，对于有残疾的学生来说，技术工具可能会起到适得其反的作用。学生因使用技术的变通方案而绕开了重要技能的练习。例如，一位有阅读障碍的6年级学生的家长询问儿子是否可以听一听其他学生正在阅读的小说的有声版本。这个要求的动机很明显，这个父亲想让他的孩子理解小说——但是如果孩子的阅读流畅度没有达到应有的水平，难道孩子不需要尽可能地练习阅读吗？

显然，这里需要找到一个平衡点。我认为在这些情况下，你宁可错误地提供过多的技术支持，而不是太少。我担心的是，这种适得其反的做法，让学生不仅不能很好地理解这项作业，而且随着时间的推移，在他的同伴积累的学科知识越来越多之后（见第2章），他就会落后得更多。更糟糕的是，他可能会把学校看成是一个一再要求他完成一些对他来说别别扭扭、对他的同龄人来说轻而易举的事情的地方。对他来说，更有效的方法是把阅读的流畅性问题视为一个他需要努力解决的小问题，而不是妨碍他在学校取得成功和享受学习的障碍。

正如我所说的，借助技术的力量来支持残疾儿童需要把握一个度。你确实希望学生努力改善给他带来麻烦的事情。但是，如果你允许过多的技术支持，最坏的情况又会怎样？学生存在问题的技能发展起来就会更慢。在我看来，这是两害相权取其轻。

为个人设备制订达成共识的使用政策

对教师来说，学校或学区的设备使用政策的大多数方面都很容易达成共识：例如，应该禁止访问的网站，或禁止网络欺凌。更具争议性的是学生在上学期间使用个人设备。

至于什么政策是最好的，并没有一个明确的基于研究的答案——这在很大程度上取决于学校所追求的其他目标和学校文化。我见过允许学生可以充分使用他们的个人设备的有效政策，也见过针对学生没有个人设备的情况的有效政策。

根据我的经验，造成最多问题的政策是将选择权交给教师个人。这听起来很有远见，也很灵活，但它给那些不希望学生在课堂上使用手机的教师带来了问题。正如我所描述的，学生需要关注手机，因为它们提供了及时、相关的社交信息。如果一个学生知道其他人可以用手机——可能会在社交媒体上发布信息或发短信——但是他们却看不到，这是一种令人不悦的分心和干扰。

在谈到设备使用政策时，还有另一种意义上的"一致性"——执行上的一致。我去过一些学校，它们制订了经过深思熟虑的可接受的使用规定，家长和学生在秋季签署了这些规定，然后就将其抛诸脑后了，除非有严重违反规定的情况。如果考虑到这一点，应该始终如一地实施，但不应该把责任主要归咎于教师身上。政策和程序不一样。这项政策可能是好的，但如果这些程序把教师变成了时刻保持警惕的"警察"，那么这个程序就应该被重新审视。

为学生提供持续注意力的练习

我曾经说过，学生的注意力并没有因为使用数字设备而受到影响。但调查显示，已经开展了一段时间的课程教学的教师的的确确感觉到了变化。对教师的调查显示，他们觉得学生更容易分心，他们（教师）必须唱歌跳舞来吸引学生们的注意力。

我不认为这些教师的想法是错的，但我不认为原因是学生无法集中注意力，我认为是他们不愿意。**注意力不仅是一个能力问题，也是一个愿望问题。**

在数字时代，一个达成共识的特点是人们不费吹灰之力就能获得令人难以置信的娱乐。如果你随身携带一部智能手机，你总有可听、可看、可玩的东西。此外，你几乎不需要做任何事情就能获得它，只需按下一个按钮。在如此轻松地获得无穷无尽的娱乐之前，孩子们有时会感到无聊。他们可能已经从中"学"到了宝贵的一课：有时一项活动很无聊，但如果你坚持下去，它就会变得更有趣。我记得我小时候，当我生病从学校回家休息时，就有这种想法。我打开电视机，但是频道有限，电视里唯一播放的是给大人看的电影，我很不情愿地看了，因为其他选择更糟糕。半个多小时后，我发现我相当喜欢它。是芭芭拉·斯坦威克和亨利·方达主演的《淑女伊芙》。

你可以考虑诸如哈佛大学艺术史教授珍妮弗·罗伯茨（Jennifer Roberts）提出的做法。罗伯茨注意到她的学生似乎没有耐心，而且很容易产生倦怠感，这些特征对于需要快速思考和快速行动的任务可能是有用的。她认为，学生们缺乏对慢思考、慎重思考、沉浸式关注的练习。因此，她让学生们在这方面进行练习。每个学生被要求在当地博物馆中选择一件艺术品，花整整3个小时来探究它，并记下他们的观察和问题。

正如罗伯茨所指出的，这种经历的几个特征可能是至关重要的。首先，时间是惊人的，消耗了过多的时间，但是似乎不可能得到回报。其次，它确实有回报。这项实验成功的原因是，学生们非常确定他们在10分钟后不会注意到艺术品的任何新内容。最后，博物馆的安静几乎也可算作一个因素，它为学生提供了无干扰的环境，使他们能够沉浸其中。

如果这样假设——看起来是注意力下降，实际上是加快了"我很无聊"的结论——那么21世纪最需要的技能可能是运用耐心、警惕的能力。

教育家长

我引用的数据显示，典型的学生在屏幕前花了很多时间，而典型的父母对这种状况并不满意。稍加思考，你就会意识到这很奇怪。

通常情况下（我猜是这样），父母会发现基于屏幕的娱乐是非常可靠耐用的方式，特别是在孩子很小的时候以此来获取片刻的安宁与平静。你有多少次看到一个沮丧的家长，在餐馆里把手机递给他们6岁的孩子？正如心理学家大卫·丹尼尔所说："人们认为智能手机和平板电脑为孩子提供了即时满足。对父母来说，这其实是立竿见影的即时满足感。"接下来，父母知道他们的孩子已经11岁了，每天在屏幕上花几个小时，做一些他们认为并不可怕的事情，但他们希望这些事情加起来花费30分钟左右就够了。既然这个问题发生在家里，教师如何帮助解决这个问题呢？教师可以发挥三个重要作用。

第一，一些父母只是需要安慰来消除疑虑。他们并不了解本章的内容，也并不确定限制孩子的屏幕使用时间是否在某种程度上剥夺了他们的技术能力。有时候他们只是需要被提醒他们可以和孩子说"不"。

第二，所有的父母都可以在思考策略时得到一些实际的帮助，比如不关注手机的时间，如果认为合适，建议使用监控手机使用的软件，等等。如果你所在学校还有其他教职员工对此有兴趣并愿意投入时间，这会是家长研讨会中一个理想的主题。这不仅仅是给父母关于限制使用电子设备的建议，你也可以通过告诉家长处理多项任务和我在本章提到的其他研究，更新家长的观念。

第三，在这个问题上教师是理想的沟通中心，而沟通是至关重要的，因为家庭之间的一致性是有所裨益的，就像我强调的学校可接受使用政策的情况一样。如果我的女儿知道她所有的朋友都在做同样的事情，那么让她在晚上8点放下手机的"斗争"就不会那么激烈了。

讨论问题

1. 我建议在课堂或在学校采用新技术工具时要谨慎，也就是说，要询问自己是否有充分的理由成为"小白鼠"。为什么不让其他人冒险尝试一种新的技术设备，然后看看他们的想法如何呢？这就引出了一个问题：你会相信谁的意见？你会问他们什么？在你准备加入之前，他们必须保持多长时间的热情？

2. 我已经强调过，学生能够专注，只是他们对无聊的阈值较低……这样一来，学生们变得更没有耐心，比10年前或者15年前的学生更渴望课堂娱乐。我从教师那里听到了对这个问题截然不同的反应。有些人说："教室不是剧院，学生需要学会专注，甚至要忍受一些课堂进度缓慢的时刻。"其他人则说："这是全新的现实，我们有责任满足学生的需求。"

3. 大多数人会说："我不喜欢技术或者厌恶技术，我评估新技术的依据是它能否帮助我的学生。"当然，我们对技术本身也有自己的看法。有些人喜欢探索新的软件和设备，而有些人则非常不情愿。从这个维度上来讲，你会如何描述自己？尽管你对技术的看法会影响你对新创造的采纳（或抵制）听起来带有偏见，但有人可能会说，你的热情或不情愿是这种做法能否在课堂上奏效的一个因素。但话又说回来，我们也许需要克服先入为主。那么，我们该如何看待这个问题呢？如果有的话，你对技术的个人感受在你课堂上使用它时应该发挥什么作用呢？

4. 2020年3月，整个欧洲和北美的学校都开始采用远程教育，其中许多学校严重依赖视频会议。许多教师能够看到学生们在家学习的状况——兄弟姐妹的路过或干扰，宠物的四处游晃，等等。即使他们像往常一样上学，许多学生仍然有任务需要在家完成，而家长们不知道如何为学习营造环境。建议家长在家学习预留空间是可以的，但这对很多家庭来说并不现实。你能给家长们提供哪些具体的建议，让孩子在家学习的效果达到最好？

5. 你如何在社交媒体上与学生互动？我认识的大多数教育工作者都不愿

让学生在Facebook或Instagram上看到他们的个人生活，但也有人专门创建了账户，以便与学生互动。有些人曾坦率地告诉我，他们创建账户是为了能看到学生在社交媒体上做什么。社交媒体在你的教学中曾发挥过积极的作用吗？

6. 反思你所在学校的设备使用政策。学生真的知道它在说什么吗？教师们知道吗？它对所有学生都有同样的作用吗？如果它没有得到应有的重视，你认为自己可以做些什么来强化它的存在？

7. 你自己是否有过数字假期，比如说48小时内不使用任何电子设备？你的经验是什么？你会向学生推荐吗？如果你推荐了，那么原因是什么？你会如何说服他们去尝试呢？

8. 我在前文说过，尽管你几乎可以在互联网上学习或体验任何东西，但学生只是在非常有限的活动范围内探索。你认为这是为什么呢？你可以做什么来使他们更有冒险精神呢？

第**10**章

教师的大脑又是如何运作的?

问： 本书的大部分内容都集中探讨学生的大脑活动，那么教师的大脑又是如何运作的呢？

答： 在第1章中，我罗列出学生有效思考的认知要求：他们需要工作记忆的空间、相关的背景知识和适用的脑部活动的经验。在之后的几个章节中，我详细讲述了满足上述要求的大脑工作原理。指导本章的认知原则是：

教学，就像任何复杂的认知技能一样，你必须经过练习才能提高。

到目前为止，我们所有的讨论都集中在学生身上。那你呢？教学难道不是一种认知技能吗？为什么我们不能把这些来自认知科学的发现应用到教师的头脑中呢？

教学的确是一种认知技能，上述关于学生大脑的一切对你来说同样适用。让我们回顾一下第1章中出现的思考图片，这样我就可以让你简要回忆任何类型的有效思考都必须具备的认知配置，包括有效教学（见图10.1）。

思考是将信息以新的方式组合起来。例如，将太阳系的结构与原子的结构进行比较，并认识到它们有一些相似之处。这种信息处理发生在工作记忆中，工作记忆通常被称为思考的中转站。在工作记忆中处理的信息可能来自周围环境（我们看到的、听到的，例如在老师描述原子的结构时，我们的所见所闻）或来自长期记忆（我们已知的东西，例如，太阳系的结构）。

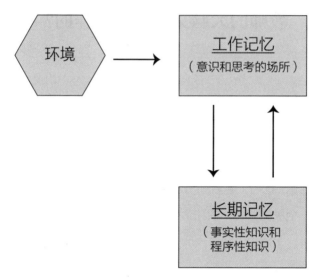

图10.1　最简单的思考模式的回顾和总结

我们使用心理程序来处理信息（例如，比较太阳系和原子特征的程序）。我们的长期记忆可以存储简单的程序，如"比较这两个物体的特征"，以及复杂的、多阶段的程序，以支持有诸多中间步骤的任务。例如，你可能已经存储了烤薄饼的程序，或为汽车换油的程序，或写一个有条理的文段的程序。

要想让思考有效，我们需要在工作记忆中有足够的空间，而工作记忆的空间是有限的。我们还需要在长期记忆中获得正确的事实和经验知识。让我们思考一下如何让教学融入这个框架。

作为一种认知技能的教学

我已经向教师们描述了认知心理学家是如何谈论工作记忆的：他们将其称为一个我们同时处理好几件事情的精神场所，如果我们试图处理太多的事情，一件或几件事就会被放弃。教师们总是以同样的方式回应："嗯，当然了！你刚刚描述了我一天的工作。"研究证实了这种强烈的直觉；教学对工作记忆的要求相当高。

同样明显的是，事实性知识对教学也很重要。很多观察者强调，教师应该具有丰富的学科知识——也就是说，如果你要教历史，你应该了解历史。似乎有一些数据表明，了解更多学科知识的老师教的学生也能了解更多，特别是在中学，尤其是数学。其他数据也同样重要，尽管它们不太为人所知，这些数据表明学科教学法知识（pedagogical content knowledge）也很重要。也就是说，对于教师来说，仅仅学好代数是不够的。你需要掌握教代数的专门知识。学科教学法知识可能包括一般学生对斜率概念性理解的知识，或者学生在因式分解时经常犯的错误类型，或者学生需要（和不需要）进行大量练习的概念类型。想想看，如果学科教学法知识不重要，那么任何懂代数的人都能把代数教得很好，但我们知道事实并非如此。

很明显，教师会大量使用储存在长期记忆中的程序。其中一些程序处理的是日常任务，例如，分发试卷或带领学生宣读誓词，或者按顺序朗读。这些存储过程也比较复杂，例如，用来解释函数的极限是什么，或者妥善处理学生在食堂里发生的冲突。好吧，如果教学是一种认知技能，就像其他技能一样，那么你如何将我所讨论的内容应用于你的教学？你怎样才能扩展你（1）工作记忆中的空间；（2）相关的事实性知识；（3）相关的过程性知识？你可能还记得，我们在第5章中讨论的认知原则是：如果没有长期的练习，你几乎不可能精通任何脑力工作。改进教学的最好办法是实践教学。

刻意练习的重要性

到现在为止，我对谈论练习都比较随意。在第5章中，我甚至都没有给它下定义，我想你对它的理解是"重复"，这对于理解第5章足够了，但是对理解现在的内容还远远不够。

有些任务你可以通过简单的重复来获得练习的好处。对于一些简单的技能，比如练习键盘输入或记忆数学知识，这通常是正确的。但对于复杂技能，你可能只是多了一些经验，也就是说，即便你重复了很多次，但实际水平并没有提高。例如，我不认为自己的驾驶技术比我17岁时要好多少。虽然我开车经验丰富，但在过去的40年里，我练习驾驶的时间相对较少，我压根儿没想过要提高车技。当我第一次开车的时候，我确实努力提高我的驾驶技术，但大约50个小时后，我的驾驶技术对我来说已经足够了，所以我不再努力提高自己的开车技术（见图10.2）。

图10.2 开车的丹尼尔·威林厄姆

你可以看到，为什么有些教师一旦在课堂上如鱼得水，就可能不再精进自己的教学技艺。事实上，大量的数据显示，教师的授课水平会在头5年有显著的进步，但在那之后，情况就不太明朗了。这是一个棘手的研究课题，因为衡量教学技艺的方法五花八门，研究人员可能会使用不用的统计技术，它们都是站得住脚的。如今，大多数研究人员认为，教师在头5年后会继续进步，但进步的速度较慢，而且教师个体之间的进步程度也存在较大的差异。很可能出现这种情况：有些教师不断努力提高技艺，有些教师一旦教学娴熟就陷于自满，而更多的教师则处于这两者之间。

人们很容易壮志雄心地说："每个人都应该持续努力，不断精进!"但是，刻意练习是很难的，它需要时间和其他资源，而大多数的学校系统并不提供。但我相信，如果你读到这里，你已经准备好做一些艰难的工作。因此，那就让我们开始吧。

我刚才说到了"刻意练习"这个词，让我们从它的一个特殊含义开始。刻意练习有以下特点：（1）挑选一个你自己不满意的技能的一个小特点，并试图改善它，设定一个具体的目标，而不是像"变得更好"这样一个模糊的愿望。（2）当你练习时，至少从和你一样了解该技能的人那里得到反馈。（3）把自己推到舒适区之外，尝试新的东西。（4）你会发现刻意练习在心智上要求很高，坦白来讲，它枯燥无趣。（5）你参与间接促进技能的活动。[1]

---

① 刻意练习的理论是由安德斯·埃里克森（Anders Ericsson）提出的，它适用于那些专家认为在训练顺序上基本一致的领域。因此，如果你想学习钢琴或芭蕾舞，每个人都在先学什么后学什么等问题上达成一致。但这并不适用于教学，人们甚至都没有在专家教学是什么样子的这个问题上达成一致，更别说达到这一目的的明确训练方案了。尽管如此，我认为这些原则得到了广泛的支持，并适用于改善课堂教学实践。——作者注

对于教学来说又是怎样的呢？这5个特点中有3个似乎很简单：你选择一个你想要提高的相当精细的、特定的教学方面，你努力以创造性的方式来改善它，你期望这个过程需要脑力活动。刻意练习的另外两个特点——获得反馈和使用间接方法来提高，需要进一步阐述。

获得反馈的棘手之处是什么呢？当然，你不断地通过学生们的参与或厌烦的眼神和肢体语言，得到他们非常直接的即时反馈。的确，你可以知道一节课上得好或不好，但是这种反馈不是指令性的，它不会告诉你可以做些什么不同的事情来改进。此外，如果你是新手教师，你可能比你认为的更容易错过课堂上发生的许多细节。你忙于教学，没有闲暇的时间凝神观察课堂上发生的事情。当你正在试图使教学进展顺利时，你很难去思考教学的进展。这就是工作记忆又在制造麻烦。

另外，你也很难使用关于你自己教学的反馈，因为我们不是观察自身行为的公正的观察员。有些人缺乏自信，对自己的要求过度严苛，而另一些人（实际上是我们大多数人）则以对自己有利的方式解释他们的世界。社会心理学家将此称为"自利性偏差"。当事情进展顺利时，这是因为我们专业又努力；当事情进展不顺时，那是因为我们不走运，或是因为别人做了错误的决定。比如，在法国学生拿到毕业会考成绩时，教师经常看到自利性偏差在学生身上作怪：如果他们考得好，那是因为他们努力学习，而不是因为考试中恰好有他们会做的题目；如果他们考得不好，那是因为题目太过刁钻或者考试存在不公平。

出于上述原因，通过别人的眼睛观察自己的班级，通常是很有意义的。

除了需要反馈之外，刻意练习通常意味着把时间花在非目标任务本身，以提高完成目标任务的能力。例如，让参与各种项目比赛的运动员都进行负重训练和心肺功能训练，以提高他们在运动中的耐力。举例来说，国际象棋大师法比亚诺·卡鲁阿纳在锦标赛开始之前，要做的准备包括5英里的跑步、1小时的网球、半小时的篮球，以及不低于1小时的游泳训练。要知道，顶尖国际象棋比赛要承担的精神压力需要极佳的耐力。

总而言之，如果你想成为一名更卓越的教师，你不能指望改进是随着时间而自然生成的结果。你必须进行刻意练习。当然，你有很多方法可以去做这种练习，在此我推荐一种方法。

获得和给予反馈的方法

我将推荐一种已被证实有效的方法（并且是由我的母校弗吉尼亚大学开发的）。但由于我做了些改动，因此我不能声称它是基于研究的。这将足以帮助你入门，我鼓励你尝试这个方法，并希望你也能找到适合自己的方法。我还鼓励你仔细思考这种类型练习的特点，我认为这些特点是至关重要的。

首先，你需要至少和一个人一起工作。正如我所说的，别人能观察到你班上你注意不到的事情，只因为她不是你，因此可以更加公正（当然，如果她有与你不同的背景和经历，也大有助益）。此外，任何有过健身经历的人都知道，有一个搭档在身边，可以帮助你坚持完成一项艰难的任务。其次，你应该意识到在教学上的努力会威胁到你的自尊。教学是非常私人化的，所以邀请一个或多个人仔细观摩是可怕的。最好不要对这种担忧置之不理（"我可以接受！"），而是要采取措施来应对。

第1步：确定一两位你愿意共事的教师

如果这个人所教的科目和学生与你所教的相似，自然会有帮助。然而，更重要的是，你们彼此信任，而且你的伙伴（们）和你一样愿意为这个项目出力。

第2步：用视频记录课堂教学，独自复盘观看

在教学过程中录制视频有很大的价值。正如我前文所述，当你忙于教学时很难兼顾观察你的课堂，但你可以在闲暇时观看视频，而且你可以反复观看重要的部分。你可以网购一个便宜的三脚架和适配器来固定你的手机。

你应该给学生家长发一个通知，让他们知道自己的孩子正在被录像，这些录像纯粹是为了你的职业发展，而不会用作任何其他用途，录像在学年结束时就会删除。关于如何通知家长的事宜，你应该和校长确认。

只要把手机放置在三脚架上，支在一个你认为可以捕捉到大部分课堂内容的地方，然后在课程开始的时候就录制。你头几次录制的录像可能会给你提供有关安排协调方面的重要信息。你可能无法记录每一种类型的课程。例如，你只有一个摄像头，所以你只能看到教室的一部分。另外，获取音频经常是困难的，所以录制嘈杂的参与式课程可能效果并不好。如果你准备投入更多资金，你可以买一个固定夹在手机上的广角镜头，这样你就可以对课堂的更多方面进行录制，你还可以添加麦克风，在有回声的教室里提供更好的音频质量。你可以前往各大视频平台，搜索"如何自己拍摄"，就能得到更多实用的提示。

我建议你先录制一节你觉得通常推进很顺利的课程。观察自己绝非易事（稍后还要自我批评），所以你可以先按照自己喜欢的顺序开展录制，以后会有足够的时间来让你检查你自认为做得不到位的事情。

你可以预留出一两节课的时间让学生来适应被录像的感觉，不过一般来说问题不大。而且，你也可能需要花上几堂课的时间来适应听到自己的声音、看到自己的动作。一旦你解决了这些琐事，你就可以专注于内容本身

了。观看这些录像的时候，手边准备一个笔记本，不要从一开始就对你的表现评头论足。首先，你要考虑一下班上有什么让你感到惊讶的地方。你注意到哪些学生的细节是你之前忽视的？你注意到了自己的哪些方面？花点时间观察。不要一上来就评价。

高尔夫球手也会给自己录像，从而对自己的招数有更多了解。起初，录像可能看起来十分奇怪：难道他们不知道自己在做什么吗？答案令人讶异：当然不知道。一个成熟的高尔夫球手的挥杆动作太过娴熟，以至于他可能感到舒服，即便他正不自觉地做出难看的弓背动作。

第3步：与搭档一起观看其他教师的视频

一旦你习惯了看自己的视频，是时候让你的搭档也参与进来了，但先别看对方的视频。观察其他教师的视频。你可以很容易地在网上找到讲课视频。

观察其他教师视频的原因之一是为了练习学会具有建设性的观察和评论，而且和自身没有利害关系。此外，你还可以了解到你和你的搭档是否适合这项工作。

你需要在视频中发现什么呢？仅仅像看电影一样对教师和课堂的发展静观其变是没有用的。你应该有一个具体的目标，比如观察课堂管理或观察课堂的情感氛围。上传至网上的视频都是有其原因的，通常找到人们认为它有趣并将其发布的原因难度不大。

想象一下，你会对你所观察的教师说什么。确切地说，假设你俩现在正共处一间教室。一般来说，评价应该有以下两个特性。

1. 评价应该是支持性的。支持别人并不意味着你只会说一些积极的话。这个特性的意思是，即使你的用词消极，但你也是对你所观察的教师给予支持。这个练习不是为了找出缺点，正面评论应该多于负面评论，我知道这个要求听起来很老套，因为当一个教师听到积极的评价时，会忍不住想："他这么说只是为了客套。"即便如此，正面评论提醒教师，她做的很多事情都是正确的，这些事情应该得到认可并坚持做到更好。如果你不太容易以积极的态度看待事物，那就多练习在社交媒体上发表评论。

2. 评价应该是具体的，是基于你观察到的行为，而不是你推断出的品质。因此，不要只是说"她真的知道释义"，而是说"第三个例子真的让学生理解了这个概念"。不要说"他的课堂管理一塌糊涂"，而是说"我注意到，当他要求学生坐下来时，很多学生在听讲方面有困难"。

第4步：与你的搭档观看并点评彼此的教学录像

在执行这步之前，你要确保和搭档一起观看其他教学录像时的状况良好。这意味着你能自在地说出自己的观点，并且你的搭档已经了解了如何给出支持性评价。也就是说，即使你的搭档说的是你而不是录像中的其他老师，你也能坦然接受。对其他教师的视频录像进行评论的基本规则在这里也同样适用：支持、具体、关注行为。因为这个过程现在是交互式的，所以还需额外考虑一些其他的事情。

被观摩的一方应该设定课程目标。她应该描述她希望其他教师在这堂课上关注什么。至关重要的是，观摩者要尊重这一请求，即使他们在视频中看到了自己认为其他更重要的东西。如果你希望从正在播放的视频中得到一些关于让学生参与地方政府课程的想法，而你的搭档却说"哎呀，我发现你班上的课堂管理问题亟待解决。"，你就会感到被尴尬突袭，可能不会再有动力继续看下去了。

如果你的搭档一直想从细枝末节上下功夫，而你发现有更大的问题被她忽视了，这时候你要怎么办？如果你和你的搭档已养成了拍摄和记录自己的习惯，那么很可能有一天，这个问题会在讨论其他事情时不经意地出现。你和你的搭档也可以考虑提前做好约定，比如说在观看完10个视频之后，你们可以彼此建议对方可能忽略的事情。

最后一点，观摩你搭档教学的目的是帮助她反思自己的练习，思考她的教学方法。你描述你所看到的东西，除非有人问你，否则不要轻易建议他人应该采取何种不同的做法。你不想让人觉得你是个"无所不知"的家伙。如果你的搭档想知道你对如何解决某个问题的看法，她会询问你，在这种情况下，你当然应该竭尽所能提供你的任何想法。但是，在被问到这个问题之前，你要保持谨慎的、支持的观察态度，不要自动代入专家的角色，不管你对自己的解决方案有多自信。

第5步：将反馈运用于课堂，进行跟踪记录

记录教学的目的是为了提高你对课堂过程的认识，并帮助你对实践做法以及采取这种做法的原因有一个全新的视角。有了这种意识，你肯定就有了改变的决心。你可以尝试以下方法：你可以就某一节课上关注的问题制订计划，即便你能想到三件你想要做的事情，但一次只解决一件，让它保持简单。要知道，你有的是机会解决另外两件事。当然，还要对课程进行录像，以便你能看到发生了什么。如果第一次的效果不好，也不要灰心丧气。仔细思考，你是否只需要调整或练习这个新策略。

我在这里描述的方案根植于我所介绍的认知原则。例如，我在第1章中强调，思考的最重要限制是记忆空间的有限，这也解释了为什么我建议进行录像——因为在实际教学过程中你很难对你的教学进行深入的思考。另外，由于记忆是基于我们的思考（第3章），我们不能指望课后还能完整地记住

课堂上发生的事情，我们只记得我们在课堂上注意到的东西。我在第6章中说过，专家看待世界的方式与新手不同——他们看到的是深层结构，而不是表层结构——他们能这样看的关键原因是，他们在自己的领域有广泛而深刻的经验。仔细观察各种课堂会帮助你更好地认识课堂互动，审视自己的课堂会帮助你认识自身教学中的典型互动。

在第2章中，我强调了背景知识对有效解决问题的重要性。背景知识不仅仅意味着学科知识，对于一名教师来说，这也意味着了解学生以及他们如何与你、与同学及你所教的材料互动。仔细观察，尤其是与另一位知识渊博的教师合作，是获取背景知识的好方法。最后，第8章描绘了一幅充满希望的图景，人类的能力可以通过持续的努力改变，我们有充分的理由相信这对教学也同样适用。

有意识地尝试改进：自我管理

我曾说过，有意识地尝试改善你的教学是刻意练习的一个关键部分，而且听起来是最容易实施的部分，但实际上往往没有那么简单，因为下决心攻艰克难很容易，但是坚持到底并非易事。这就是为什么在1月份，健身房里挤满了正在完成郑重的"新年决心"的锻炼者，但是到了2月中旬，健身房就变得空荡荡了。以下是一些可能有帮助的建议。

首先，要为额外工作做计划。在第1章中我指出，我们大多数人在大多数时间都处于自动驾驶状态。我们不是每时每刻都思考最优方案，而是从记忆中调取过去的经历。教学这件事也不例外。可以预期的是，一旦你有足够的经验，至少有些时候你会不动脑筋地授课。这没什么错，但不断改进教学的工作意味着你将更少地使用这种自动化的上课模式。这会是很累人的事儿，仔细考虑和查缺补漏真的很劳神。你可能需要朋友和亲人的额外支持，还可能在安排休闲娱乐活动时束手束脚。

其次，你要在教学上花更多时间。除了在家批阅作业、备课之外，现在你还要多花时间看录制的教学视频，回顾你在课堂上做得好和不好的地方，并计划如何做出改变。如果你每周要多花5个小时（3个小时或1个小时）在教学上，这些时间从哪里来？你的家人或朋友是否能做到不仅为你提供情感支持，还能做出为你创造自由时间的实际行动？如果你为这项工作安排额外的时间，你就更有可能切实做到。

最后，请记住，你无须一口气做完所有的事情。期望在一两年之内变成"一代宗师"是不现实的。因为你不能一次性解决所有问题，你必须确定优先次序，决定最重要的事情，并专注于具体的、可管理的步骤，使你朝着目标前进。

小结

从认知的角度来看，你的大脑当然和你的学生一样。同样地，你需要掌握事实性知识、程序化记忆和工作记忆能力来熟练地完成一项任务。因此，前几章的大部分内容也适用于你，但在这一章中，我阐述了一个问题：刻意练习的效用。刻意练习要求有意识地尝试改进，寻求反馈，并为了改进而进行有选择的活动，即使这些活动对技能没有直接贡献。我提出了一种推进练习的方法，即用视频记录下自己的教学过程，并和志同道合的搭档结组一起回顾。这个过程可以让你看到当你忙于教学时很难注意到的练习方面。当你的思想被教学占据时，你的同事还可以为你提供新鲜的视角。

对课堂的启示

毫无疑问，我所制订的计划非常耗时。我完全可以想象，一些教师会想："你说的都是理想情况，但是我还要照顾我的孩子、家庭，做许多我之前该做却没做的事情，我没有多余的时间。"我绝对尊重这一点，所以要从小事做起。以下是一些不那么花时间的做法。

写教学日记

做好笔记，包括你打算做什么，以及你认为情况如何。这堂课总体上来说成功了吗？如果不成功，你对不成功的原因有何看法？每隔一段时间，阅读翻看以前的记录。找出效果好与效果差的典型课堂，找出令你沮丧的情况，找出真正让你坚持下去的教学时刻，等等。

很多人都试图写日记，但后来发现很难坚持下去。这里有一些建议，可能会有所帮助。首先，试着找到一天中你可以写作的时间，尽量确保这个时间段是你能够轻易坚持下来的时间。例如，我是一个早睡早起的人，所以我知道，如果我计划在睡觉前写作，就永远不会实现。其次，试着每天写点东西，即使是"今天只是普通的一天"这样简单的内容。翻开日记本并写点东西这一连贯动作，将有助于你养成一种习惯。然后，要谨记写教学日记这个事情是专门为你设置的。你无须担心写作的质量，如果你写得不多，也不要感到内疚，如果你有几天甚至几周没有记录，也不要自责。如果你确实忘记了一些事情，不要绞尽脑汁回忆，因为你永远不会记得发生了什么。而且一想到你错过了一些东西，你可能就不会再记录了。最后，批评和表扬都要诚实。沉浸在你的自豪时刻不是什么问题。当然，你可能会发现我所遗漏的日记的用途。就像作家大卫·塞达里斯在日记里写道："大部分都是抱怨，但每隔一段时间就会有一些我可以利用的东西：一个笑话、一段描述、一段引用。当谈到如何在争论中成为赢家时，它是一种无价的帮助。'你在1996年2月3日的日记里可不是这么说的'，我会以此反驳别人。"

与同事建立一个讨论小组

每个月或每半个月组织一次教师小组会议。除非大家已经非常了解对方，否则我会面对面进行，而不选择线上。当人们同处一间教室时，他们会更加投入，并且有更多的社交线索在面对面交流时使用。随着你们加深了解和信任，这些都会有所帮助。

这种小组会议至少有两个目的。一个目的是给予和接受社会支持。这是一个让教师发牢骚、分享成功经验的机会。这样做的目的是让你感到与他人的联系和支持。另一个目的，并不完全独立于第一个目的，是形成一个论坛，让教师提出他们遇到的问题，并从小组中获得解决问题的想法。最好从一开始就明确你组织小组会议的目的，它行使的是第一种功能，还是第二种功能，还是二者兼顾。如果不同的人对小组的目的有不同的想法，那么有些教师很可能会产生挫折感。如果你的小组目标非常明确，你还可以让大家阅读专业期刊上的文章（例如《美国教育家》《教育领导》或名为"Phi Delta Kappan"的期刊）进行讨论。

观察你的班级

我在前文提到过，录制教学视频的原因之一是教学是件需要全神贯注的事情，你没有太多的剩余工作记忆来真正观察你的学生。录制教学视频如同让你多了一双观察学生的眼睛。

达到同样目的的另一个策略是在其他教师上课时观察你的班级。当你的学生独立学习时，你也许可以做一些观察。无论如何，你要尝试一下，但你仍然要对课堂的积极氛围负责，它总是会把你的注意力从观察中吸引过来。出于这个原因，"客串明星"必须是一个愿意承担责任的人，所以一个潜在的候选人可能是你的教师同事，你们可以互相观察对方的课堂。记住，这个练习没有最短时限。

你的目标是观察学生的行为。也许你可以要求客座教师上一堂以教师为中心的课，这样你就可以将注意力集中在导致（或不导致）躁动不安的课堂动态上。也许你想密切观察那些安静的学生，他们的目标似乎是融入——他们在想什么呢？而那些比较好动的学生呢？他们的活力与你的客座教师有任何不同吗？

如果一位客座教师来了几次，你的学生认识了她，你可能会观察到关系的发展。谁在与客座教师交谈的时候运用了同你交谈时不同的方式？谁表现出不同的肢体语言、不同的注意力模式？客座教师在哪些方面与你有显著的不同，你的学生对此又有什么反应呢？

或者你可以请客座教师安排学生开展小组合作学习任务，给你机会观察学生彼此之间的关系。同观看自己的教学视频的建议一致，我认为明智的做法是有计划地观察，而不是像看电影。

观察学生不为人知的一面

是什么让你所教年龄段的学生感到兴奋？是什么激励着他们，他们是如何相互交谈的，他们的激情是什么？你可能在课堂上熟悉你的学生，但你的学生是否在你的课堂上表现了真实的自己？在课堂之外观察他们不需要应付课堂而更真实的样子，或者面对其他孩子时的表现，这是否对你有帮助？

找到一个可以观察你所教年龄段的学生爱去的地方。比如说，要观察学龄前儿童，你可以去公园；要观察青少年，你可以去滑板公园或咖啡馆。你可能不得不去其他社区，甚至是不同的城镇，因为如果是熟悉的地方，这种练习效果就打折扣了。我一个朋友的妻子教7年级。他告诉我每当和妻子在市中心散步时，就像有一个人尽皆知的名人陪在身边，即便是那些很酷的孩子都会主动和他妻子打招呼并期待得到回应。他还告诉我，他妻子很愿意利用教师的权威，她总是在街上以教师的口吻让那些行为不端的孩子们停止胡闹，而孩子们也十分听话。

你只需静静地看着孩子们就好了。千万不要带着具体的计划或议程，观察即可。起初，你可能会感到厌烦。你会想"好吧，我以前就见过这个"。但是如果你继续观察，真正地观察，你会开始注意到你以前没有注意到的事情。你会注意到更多关于社交互动的微妙线索、个性的诸多方面，以及学生是如何思考的。给自己留有观察的时间和空间，你会看到非比寻常的东西。

查漏补缺，慢慢进步

我曾经说过，刻意练习常常包括一些对目标技能没有直接帮助的活动，比如高尔夫球运动员练习举重和慢跑，以增强力量和耐力。如何将这一原则应用于教学？一个显著的例子是提高你的核心学科知识——如果你教历史，就多学点历史。如果你在小组内发言时仍然感到不自在，那就参加一个公共演讲课程。如果你对使用技术缺乏信心，那就找一些与你所在学校使用的工具有关的在线教程。但是我认为，这一原则的适用范围会远远超出最初的理解。

几年前，我遇到一位教师，她觉得自己在课堂上表现出色，但缺乏灵活性。她不能让自己偏离教学计划，即使她看到有机会发生真正有趣的事情。所以她参加了一个即兴戏剧班，以获得感受生活的勇气，在当下的生活中做出更多反应。她想让自己意识到，即便是抛开计划，结果依然不错。

如果你认为你创造的视觉辅助工具缺乏生机，那就学习一下平面设计吧。

如果你的背部因整日站立的时间过长而疼痛（或者腿部、脚部等其他部位），首先花钱买更舒适的鞋子，然后考虑练瑜伽。一些优质的网上瑜伽课程甚至可就是免费的。

如果你觉得你的课程计划枯燥乏味，需要瞬间的活力和热情，你可以借助舞台魔术的力量，给你的课堂创造并释放出悬念吧。

如果你喜欢把课程规划编排成故事（见第3章），但是你还没有理解透彻故事结构，那就上一门短篇小说的写作课程吧。

如果你想给学生更多的自主权，但仍然担心失控，那就研究领导力和如何赋予他人责任吧。

而且，我还认为我们每个人都应该学习认知心理学课程，当然要学了！

讨论问题

1. 在第4章中，我讨论了首先理解抽象概念的困难，一旦理解了这些概念，之后就是努力去进一步认识它们，因为它们可能以不同形式的表层结构出现。我在第6章提到过，识别这些抽象概念的能力是专业知识的标志之一。这些事实似乎更迫切地指出了课堂观察的重要性，观察课堂的经验赋予你第六感，让你知道一个小组讨论即将取得突破性进展，或者一个情绪激动的孩子正处于发脾气的边缘。你有多少时间能观察其他教师？如果你的答案是"很少有时间"或者"没有这种时间"，那么阻碍你的是什么？观察带来的好处是有目共睹的，你能否跳出思维定式，让观察成为可能？

2. 刻意练习原始的理论框架表明，它适用于对学习技能顺序有广泛共识的领域（例如，学习拉小提琴）。你认为教师可以制定出这种顺序吗，无论有多么不完善、不严格？这里有一个可以让你开始执行的节点，在成为教师的第一个年头，一个非常普遍的问题是，新手教师觉得在教师教育项目中没有学到足够多的课堂管理知识。可以说，这项技能应该排在第一位，你怎么看？

3. 学校几乎都有一两个不称职的教师，他们没有表现出任何关心如何改进的迹象。每个人都知道他们的作风，自然每个人都会为他们的学生感到遗憾，他们本来可以在这一年学到更多的。没有人比下学年教这些学生的任课教师更能体会到这一点了。这一章阐释得已经足够清楚了，改进不易。如何才能说服那些教学水平不佳的教师"系好安全带"，行动起来，努力做到更好呢？他们眼中的障碍有哪些？如何才能消除或克服它们？

4. 在你所在的学校，第一年入职的教师能够得到多少指导？有没有人观摩他们的课？这里我指的是为了改善他们的教学实践（练习）而观摩，而不是评估他们的教学水平。我能想象出支持和反对观摩第一年新手教师的观点。一方面，我们可能认为入职第一年的新教师需要更多的观摩，要尽快为其提供指导。而另一方面，入职第一年的教学已经很困难了，观察他们只能徒增压力。你怎么看？与那些教学经验丰富的老教师相比，对初任教师的观摩过程是否应该有所不同？

5. 在一些国家（尤其是美国），对职业发展的抱怨比比皆是；那些领导职业发展会议的人脱离实际、不接地气，他们声称有研究支持，但这似乎十分可疑。与本章相关的是，职业发展往往是为期一天的事情。有人进来告诉教师，"你们应该做X、Y、Z"，话毕转身而去，这缺失了以下环节：（1）在你尝试做X、Y、Z时，有经验的教师在一旁观察你，并为你提供指导。（2）

在任何一个可以尝试做X、Y、Z的机会，反思它对你的学生和你的教学实践意味着什么。一个明显的补救措施是将这项工作纳入职业发展本身。如果这不可能，考虑你和同事们可以做些什么来确保职业发展课程会议中有专业的实践练习和反馈，或者在会后的几天或几周之内也行？

20世纪80年代初我还在杜克大学学习时，著名作家雷诺兹·普莱斯（Reynolds Price）是杜克大学教职员工中为数不多的名流之一。他经常戴着一条长长的狸红色围巾，迈着大步在校园里走来走去，他似乎并没有意识到自己很是引人注目。

当我参加普莱斯的创意写作研讨会时，他展现出我们学生所期望的艺术家独有的气质，他彬彬有礼，讲述着他与名人的故事。我们不仅尊重他，而且还敬仰他。即便如此，他还是和蔼可亲，对我们每个人都很认真，让我们喜出望外。

想象一下我们有多震惊，当听到普莱斯告诉我们任何作家都应该先预设出一个关于读者的情景再动笔：读者真想把书丢到一边，看看电视，喝喝啤酒，或者打打高尔夫。他的此番发言就像是在一个华丽的聚会上燃爆了一颗臭气弹。看电视？喝啤酒？我们以为我们是在为有欣赏力和有文化的读者写作，这听起来好像是普莱斯在教我们要迎合他人。后来在学期末我才明白，他只是在明确一个相当浅显的原则：如果你的作品无趣，为什么要要求别人去读？

多年以后，我透过认知心理学而非文学的视角来理解这些话。阅读是一种精神行为，它实际上改变了读者的思考过程。因此，每一篇散文或诗歌都是一种提案："跟着我，相信我，让我带你踏上一段心灵之旅。虽然这条路时而坎坷陡峭，但参与这场冒险肯定对你大有益处。"读者可能接受你的邀请，但其思考过程不会就此停止。每走一步，你的读者都可能得出结论，认为这个旅途太过艰险，或者场景太过乏味，从而结束这次精神之旅。因此，作者必须在脑海中时刻关注付出时间和努力的读者是否得到了充分的回报。需要读者付出努力的比例越高，能继续阅读的人就越少，作家发现自己在这条路上孤独的可能性也会增加。

我认为这个比喻也适用于教学。教师试图引导学生往某个特定方向走，或者是探索更广阔的新领域。即使对教师来说，这也可能是一个新的环境，他们的旅程是并肩而行的。教师总是鼓励学生继续前进，遇到障碍时不要灰心丧气，利用过往经历踏平道路，欣赏着风景可能带来的壮美和敬畏。正如作者必须说服读者不要放弃这本书一样，教师也必须说服学生不要中断学习。因此，教学也是一种劝说的行为[①]。

那么，你如何说服学生跟随你学习呢？你可能想到的第一个答案就是人们总跟随受尊敬、给予鼓励的人学习。确实如此。如果你获得了学生的尊重，他们会努力集中注意力，这不仅是为了取悦你，也是信任你。如果你认为有些事情值得去了解，他们就会做好相信你的准备。问题是学生（和教师）对自己的心智活动控制有限。

虽然我们认为自己有决定关注什么的控制力，但涉及关注的焦点时，我们的大脑有自己的愿望和欲望。例如，你想坐下来读一些你知道会很枯燥

[①] 我相信普莱斯会同意将其忠告应用于教学，关于教学，他后来写道："如果你的方法只对本身就专注的学生适用，那么你就要重新设计方法，否则你就是失败的。"——作者注

但你仍然想仔细阅读的东西，比如一份报告。尽管你的意图是好的，但是你会发现自己在想别的事情，双眼就是简单扫过文字。同样，我们大多数人都有一位我们喜欢的教师，虽然他没有条理，或者说他有点迟钝，但他亲和认真。我在第1章中说过，听起来很有趣的内容并不能保证人们的专注力。还记得我前文提到的7年级教师的性教育课吗？学生有想要理解或取悦教师的愿望，但这并不能保证他们能持续专注。

那么，教师如何才能最大限度地让学生随其学习呢？我的另一位大学写作老师给了我答案，她说："大部分的写作是预测读者的反应。"为了正确引导读者的心理旅程，你必须知道每个句子会把他们引向何处。读者会觉得有趣、困惑、有诗意还是具有攻击性？读者的反应不仅取决于你写的东西，也取决于读者是谁。一个简单的句子"教学就像写作"，会让学前班教师和销售员产生不同的理解。为了预测读者的反应，你必须了解他的个性、品味、偏好和背景知识。我们都听说过"了解你的受众"这个建议。我的大学老师解释了为什么这对写作来说是正确的，但我相信这对教学来说亦是如此。

因此，为了确保你的学生跟随你学习，你必须让他们感兴趣；为了确保他们的兴趣，你必须预测他们的反应；而为了预测他们的反应，你必须了解他们。"了解你的学生"是这本书内容的精髓。这句箴言听起来很像祖母心理学。如果你不知道你应该了解你的学生（我肯定你知道），你的祖母会告诉你这是一个好建议。难道认知科学就不能比你的祖母做得更好吗？

认知科学可以通过详细阐述给响亮的口号注入细节。学生的有些事情你应该知道，但有些事情你可以放心大胆地选择性忽略。在具备这些知识之后，你还可以采取一些行动，但是不要采取一些听起来很有道理但很可能适得其反的行动。表1总结了本书每一章的认知原则、运用它们所需要的知识类型，以及我认为最重要的课堂启示。

表1　本书精华一览表

章节	认知原则	学生所需的知识	最重要的课堂启示
1	人们天生好奇，但我们并非天生善于思考。	我的学生所知和所能做到的边界是什么？	把将要学到的内容当作答案，花点时间向学生解释问题本身。
2	事实性知识先于技能。	我的学生都知道些什么？	如果没有关于某个主题的事实性知识，就不可能对该主题进行很好的思考。
3	记忆是思考的残留物。	在这节课上，学生们会思考什么？	教案最好的晴雨表是"它会让学生思考什么？"
4	我们在已知事物的背景下理解新事物。	学生们的旧知识中有哪些是理解新知识的支点？	始终将深层知识作为你的教学目标，无论是否明确，但要认识到，浅层知识将是第一位的。
5	熟练程度需要练习。	如何让学生在练习时不感到厌烦？	仔细思考学生需要熟练掌握的知识，并不断练习。
6	训练认知思维在早期和晚期有很大的不同。	我的学生和专家之间的区别是什么？	努力让学生深入理解，而不是创造新知识。
7	孩子在思考和学习方面的相似点多于不同点。	没必要了解学生的学习风格。	通过思考课程内容，而不是学生的差异来推动关于如何教学的决定。
8	智能可以通过持续的努力而改变。	我的学生对智能有什么看法？	总是用过程而不是能力来谈论成功和失败。
9	技术改变一切……但没有改变你的思维方式。	技术给复杂认知带来的变化很难预测。	不要以为你知道新技术在课堂上的效果。
10	教学，就像任何复杂的认知技能一样，必须要通过练习得以提高。	我的教学有哪些方面对学生有益，哪些方面需要改进？	改进不仅仅需要经验，它还需要有意识的努力和反馈。

认知心理学家知道的其实比这10条认知原则多。这些原则被选中的原因，是它们符合四个标准。

标准1：正如本书前言中所描述的那样，这些原则中的每一条都是真理，无论它是在实验室还是在课堂里，是当独自一人还是处在一个团体中。大脑的复杂性意味着其属性经常随环境而发生变化。

标准2：每个原则都是基于大量的数据，而不仅仅是一两个研究，这意味着即便上述原则有误，它也接近真理了。我不认为10年后我会改写并推出本书的第三版，仅仅因为出现了颠覆性的数据而推翻书中的任何结论从而导致我删除任意一章。

标准3：使用或不使用原则会对学生的表现产生相当大的影响。认知心理学家知道很多可以运用在课堂上的其他方法，但应用这些原则的效果有限，所以这些方法是否需要推广尚未明确。

标准4：在确定一项原则时，我必须相当明了人们会利用它来做什么。例如，"专注力是学习的必要条件"，尽管它符合其他三个标准，但没有入选，因为它没有为教师的行动提供有效的指导。

我认为这些原则可以带来真正的改变，但这并不意味着运用这些原则很容易。"只要你运用我的秘诀，你就是一个了不起的教师"，这并不现实。表1中列出的所有原则都需要有良好的判断力，其中任何一条都可能被过度使用或曲解使用。如果认知科学不能提供明确的指导，那么，它在教育实践中的作用又是什么呢？

教育与其他研究领域类似，科学发现是有用的，但不起决定性作用。建筑师在设计办公楼时会使用物理学原理，但他们也会遵循美学原理和预算规则。同样，认知科学的知识对于规划你的教学内容和方式是有帮助的，但它并不是教学的全部，事情不是到此就结束了。

我认为认知科学在两个方面对教师有用。首先，认知科学可以帮助教师在相互冲突的顾虑中找到平衡。课堂毕竟不只是认知的地方，它还存在着情感、社交、激励等。这些不同的因素促使教师关注不同的问题，它们有时会发生冲突。也就是说，认知上最佳的练习可能是缺少动机的实践。了解认知科学原理可以帮助教师平衡课堂上不同的或者相互冲突的关注点。其次，认知科学的原则可以约束教学实践。物理学原理并没有为土木工程师确切地规定如何建造一座桥，但它们让他预先判断出如果他建造了这座桥，这座桥的性能如何。同样地，认知科学原理也没有规定如何教学，但它们可以帮助你预测你的学生有可能学到多少东西。如果你遵循这些原则，你就能使学生的成长最大化。

教育是将世代积累的智慧传递给孩子，我们强烈地相信它的重要性，因为我们知道，它为每个孩子以及其他所有人都带来了更好生活的希望。如果我们不利用科学积累的智慧来指导我们教育孩子的方法，那确实是一件憾事。这就是撰写《为什么学生不喜欢上学？》一书的目的。教育铸就更好的大脑，而关于头脑的知识可以成就更好的教育。

术语表

抽象知识（Abstract Knowledge）

知识适用于许多情况，其描述与任何特定情况无关。分类通常是抽象的，比如"狗"这个概念可以独立于任何特定的狗而被定义。解决问题也可能是抽象的，比如知道如何解决一个长除法问题与你可能除的任何特定数字无关。

自动的/自动性（Automatic/Automaticity）

如果一个过程只需要很少或者不需要注意力资源，那么这个过程就是自动的。如果环境中存在合适的诱因，即使不希望它发生，它也可能发生。

自动驾驶（Autopilot）

一个常见的语言术语，而不是一个技术术语。这种感觉就像你正在做一件复杂的事情，但实际上并不需要时刻想着它。开车就是个典型的例子，你在红灯前停车，转弯时打信号灯，变道时看后视镜，所有这些动作几乎都不需要你思考。

背景知识（Background Knowledge）

了解世界万物的常识。它可以是关于任何话题的，比如天空是蓝色的，圣马力诺靠近亚得里亚海，等等。背景知识（相关话题）对阅读理解和批判性思维至关重要。

组块记忆（Chunking）

将较小的知识单位组合在一起的过程（例如，字母"b"、"e"和"d"组成一个单词"bed"）。分块是解决工作记忆空间限制的一个重要方法。注意，分块需要来自长期记忆的信息。在长期记忆中存在"bed"这个词语，看到字母"b""e""d"才会意识到它们可以组成"bed"（床）这个单词。

认知能力（Cognitive Ability）

在某种类型的思维中取得成功的能力或技能。基本上相当于你做某事的能力。例如，用文字或数字思考。与认知风格形成鲜明对比。

认知风格（Cognitive Style）

某种特定方式思考的偏好或倾向。例如，以语言或视觉思维图像的方式。基本上相当于你喜欢如何做某事。一种风格并不优于另一种风格，但如果你使用自己喜欢的风格，应该比被迫使用不喜欢的风格更容易成功。

具体知识（Concrete Knowledge）

与抽象知识相比，具体知识处理的是具体的细节。你可能知道有几个物体是"狗"，所以你知道那些特定的物体是狗，但是你不会认出一只新狗，因为你在记忆中没有"狗"的抽象概念。

确认偏差（Confirmation Bias）

一旦我们持有一个执念，我们会不自觉地把含糊不清的证据解释为与我们的信念相一致，如果我们为其寻找证据，我们只会寻找支持它的证据，而不是反驳它的证据。

填鸭式学习（Cramming）

考试前把所有的练习（或知识）都死记硬背。

暗示（Cue）

唤起记忆的环境中的事物或能唤起记忆的想法。

深层知识（Deep Knowledge）

特点是深刻的理解和具体的例子，以及如何将两者结合在一起。有深层知识的人可以扩展他们的知识到新的例子，可以考虑关于它的假设问题。与死记硬背的知识和浅层知识相反。

刻意练习（Deliberate Practice）

要求你在一项复杂的任务中选择一个小部分进行改进。你寻求对你所做的事情的反馈，并尝试新事物来努力提高。刻意练习被理解为是需要付出努力的，因为它需要一定的专注力。

数字移民（Digital Immigrant）

指在长大过程中没有使用数字设备的人，也就是在20世纪80年代中期之前出生的人。有人指出他们在使用数字设备时感到不舒服，就像一个人与不同母语的人待在一起。此外，有人提出，持续使用数字设备实际上改变了认知处理和偏见。与数字原生代形成对比。

数字原生代（Digital Native）

指在长大过程中使用数字设备的人。这个词在2001年流行起来，指的是在20世纪80年代中期或之后出生的人。由于他们经常使用数字设备，人们认为这些人不仅使用起来得心应手，而且思维方式与众不同。与数字移民形成对比。

贴现率（Discount Rate）

近期的美好事物或经历与更遥远的未来的相对价值。你不久的将来可能得到的奖励比你在更遥远的将来可能得到的同样的奖励更有价值。奖励的价值随着时间的推移而急剧下降，而且越年轻越明显。在其他领域也被称为延迟贴现、短时贴现、时间贴现或时间偏好。

分散练习（Distributed Practice）

增加学习或练习的时间间隔。两次学习之间睡一觉效果最好。与间隔练习是一个同义词。对比填鸭式学习。

固定型思维（Fixed Mindset）

认为天赋（包括智能）大多是遗传的，认为个体在某一领域基本上无力改变自然赋予他们的天赋。

弗林效应（Flynn Effect）

一个国家人口的代表性样本中测得的平均智商在不同时期的显著增长的现象。许多国家观察到这些增长，并且一个国家的基因库不可能迅速改变而导致这种增加。因此，弗林效应表明了环境对智能的重要性。

4年级滑坡（Fourth-grade Slump）

从低收入家庭儿童的阅读成绩中观察到的一种现象。他们在3或4年级的阅读水平，似乎一夜之间就落后于他们的同龄人。当阅读测试从主要强调解读单词（适用于早期年级）转变为设置更高的学生理解标准时就会发生这种情况，因为孩子们达到了大多数解读单词都没有问题的程度。来自低收入家庭的孩子在理解力方面有很大的困难，因为他们在家里获得事实性知识的机会较少。

g（普通智能）

普通智能并不是用认知的术语来描述的。这实际上是一种数据模式，它指的是在几乎所有心理能力的衡量标准上的表现都是相关的。这些相关性在不同的测试中并不相同，但它们总是积极的，这被解释为反映了一种具有广泛作用的一般心理能力。

坚毅（Grit）

追求长期目标的热情和毅力。在教育领域谈论坚毅的人，有时只关注毅力，而忘记了热情——那种对工作的强烈感觉！

成长型思维（Growth Mindset）

相信天赋（包括智能）可以通过努力工作、有效的策略和有益的反馈得到发展。与固定型思维形成鲜明对比。

GWAS（全基因组关联研究）

全基因组关联研究的首字母缩写。这些研究寻找基因组和性状之间的关系，包括行为特征。这些研究与以前使用的技术不同，因为它们可以同时检查所有的基因组，而不是基于某些假设选择性检查基因组的一小部分。

智能（Intelligence）

大多数心理学家都认为智能是理解复杂思想、使用不同形式的推理、通过拓展思维克服障碍和从经验中学习的能力。

学习风格（Learning Style）

参见认知风格。

长期记忆（Long-term Memory）

大脑是储存事实性知识和程序记忆（如何做事情）的仓库。将信息转入长期记忆并不容易，但一旦进入长期记忆，这些信息就可能会一直甚至永远留在记忆中。

元认知（Metacognition）

元认知是思考性思维。这可能意味着分阶段解决计划的问题，记住教师在你不理解一段晦涩难懂的文字时教给你的策略，或者决定如何为小测验而学习。

记忆法（Memonic）

当要学习的内容没有明确含义时，任何一组记忆技巧都是最有帮助的。

多元智能（Multiple Intelligences）

多元智能是霍华德·加德纳提出的一种特殊的智能理论，认为有八种基本独立的智能。大多数心理学家同意智能是多方面的（也就是说不是单一的），但他们不同意加德纳提出的智能清单。

多任务处理（Multitasking）

多任务处理通常被认为是"同时做两件事"，但当我们觉得自己在同时做两项任务时，实际上是注意力在不同任务之间的快速切换。

超量学习（Overlearning）

超量学习是指在你似乎已经掌握了内容或技能之后继续练习或学习。你看起来没有进步，但继续练习可以防止遗忘。

学科教学法知识（Pedagogical Content Knowledge）

教学内容知识不仅是指教材本身的知识，而且是与教学相关的知识。因此，拼写的内容知识就是单词的拼写。拼写教学的教学内容知识包括帮助学生记忆拼写的方法，了解学生认为什么类型的单词简单或困难，知道评估拼写知识的好方法，等等。

练习（Practice）

重复训练，但没有一些使人刻意练习的意思。

程序化记忆（Procedural Memory）

程序化记忆是指如何做事情的记忆，例如，当炉子上的锅沸腾时该怎么做，或者如何在纸质地图上找到两点之间的最佳路线。

死记硬背的知识（Rote Knowledge）

死记硬背的知识是指人们在记忆时很少或根本不理解其中的含义，如儿童学习唱他们国家的国歌，但实际上只是在说这些词。对比浅表知识和深层知识。

自利性偏差（Self-serving Bias）

自利性偏差是指倾向于认为当有好的事情发生时，是由于我们自己的积极性特点（我们的性格、我们的能力或者努力工作），但当有不好的结果时，是由于外部因素（例如，运气不好或别人的无能）。

浅表知识（Shallow Knowledge）

浅表知识有与之相关的意义，就是说学生确实理解了，但理解的意义有限。对意义的理解是具体的，而且只限于一小部分的例子。对比死记硬背的知识和深层知识。

社会认同（Social Proof）

社会认同是我们因为别人相信而相信的倾向。这可能看起来很愚笨，但我们无法评估我们遇到的每一件事的证据，所以如果我们认识的大多数人相信某事是真的，我们通常愿意接受它是真的。

间歇性学习（Spacing）

分散学习或练习的方法。当一个人在两次学习之间休息一下，效果最好。与分散练习是一个同义词。对比填鸭式学习。

故事性（Stories）

故事具有这些特征：比如故事塑造了强大的角色，描述的事件由与一个或多个角色的中心冲突造成，在角色努力解决冲突时，复杂性就会出现，而且所描述的事件有因果关系。当将要学习的内容以故事的形式呈现时会促进记忆。

知识迁移（Transfer）

将旧知识成功应用于新问题。

工作记忆（Working Memory）

指你短暂持有信息的精神空间，也是思维的中转站。工作记忆通常被认为是意识的同义词，其空间是有限的。过度的工作记忆是人们感到困惑的一个常见原因。

第1章

1. Roitfeld, C.（2016）. Icons: In bed with Kim and Kanye. Harper's Bazaar（28 July）. https://www.harpersbazaar.com/fashion/photography/a16784/kanye-west-kim-kardashian-interview/（accessed 24 July 2020）.

2. Duncker, K.（1945）. On problem-solving. Psychological Monographs 5: 113.

3. Townsend, D. J., and Bever, T. G.（2001）. Sentence Comprehension: The Integration of Habits and Rules, 2. Cambridge, MA: MIT Press.

4. Simon, H. A. Sciences of the Artificial, 3e, 94. Cambridge, MA: MIT Press.

5. Aristotle.（2009）. The Nicomachean Ethics（trans. D. Ross; ed. L. Brown）, 137. Oxford, UK: Oxford University Press.

第2章

1. In Everett's preface to his English translation of Deschanel, A. P.（1898）. Elementary Treatise on Natural Philosophy. New York: Appleton.

2. Virginia Department of Education. Released Tests and Item Sets. http://www.doe. virginia.gov/testing/sol/released_tests/index.shtml（accessed 17 July 2020）.

3. Yip, K. Y., Ho, K. O., Yu, K. Y., et al.（2019）. Measuring magnetic field texture in correlated electron systems under extreme conditions. Science 366（6471）: 1355-1359.

4. Melville, H.（1902; 1851）Moby-Dick, 135. New York: Scribners.

5. Recht, D. R. and Leslie, L. (1988). Effect of prior knowledge on good and poor readers' memory of text. Journal of Educational Psychology 80: 16 - 20.

6. Bransford, J. D., and Johnson, M. K. (1972). Contextual prerequisites for understanding: some investigations of comprehension and recall. Journal of Verbal Learning and Verbal Behavior 11: 717 - 726.

7. Wason, P. C. (1968). Reasoning about a rule. Quarterly Journal of Experimental Psychology 20: 273 - 281.

8. Griggs, R. A., and Cox, J. R. (1982). The elusive thematic–materials effect in Wason's selection task. British Journal of Psychology 73: 407 - 420.

9. Van Overschelde, J. P., and Healy, A. F. (2001). Learning of nondomain facts in high– and low–knowledge domains. Journal of Experimental Psychology: Learning, Memory, and Cognition 27: 1160 - 1171.

10. Bischoff–Grethe, A., Goedert, K. M., Willingham, D. T., and Grafton, S. T. (2004). Neural substrates of response–based sequence learning using fMRI. Journal of Cognitive Neuroscience 16: 127 - 138.

11. Willingham, D. T., and Lovette, G. (2014). Can reading comprehension be taught? Teachers College Record www.tcrecord.org, ID Number: 17701.

第3章

1. I'm not trying to be funny. College student really do remember jokes and asides best. Kintsch, W., and Bates, E. Recognition memory for statements from a classroom lecture. Journal of Experimental Psychology: Human Learning and Memory 3: 150 - 159.

2. Dinges, D. F., Whitehouse, W. G., Orne, E. C., et al. (1992). Evaluating hyp Cognition 18: 1139 - 1147.

3. Nickerson, R. S., and Adams, M. J. (1979). Long–term memory for a common object. Cognitive Psychology 11: 287 - 307.

4. Hyde, T. S., and Jenkins, J. J. (1973). Recall for words as a function of semantic, graphic, and syntactic orienting tasks. Journal of Verbal Learning and Verbal Behavior 12: 471 - 480.

5. Barclay, J. R., Bransford, J. D., Franks, J. J., et al. (1974). Comprehension and semantic flexibility. Journal of Verbal Learning and Verbal Behavior 13: 471 - 481.

6. Allyn, B. (2020, 23 January). Fidget spinners, packing, note-taking: staying awake in the senate chamber. National Public Radio. https://www.npr.org/2020/01/23/799071421/fidget-spinners-pacing-note-taking-stayingawake-in-the-senate-chamber (accessed 17 July 2020).

第4章

1. Searle, J. (1980). Minds, brains and programs. Behavioral and Brain Sciences 3: 417 - 457.

2. Gick, M. L., and Holyoak, K. J. (1980). Analogical problem solving. Cognitive Psychology 12: 306 - 355.

3. Thorndike, E. L. (1923). The influence of first-year Latin upon ability to read English. School and Society 17: 165 - 168.

第5章

1. Rosinski, R. R., Golinkoff, R. M., and Kukish, K. S. (1975). Automatic semantic processing in a picture-word interference task. Child Development 46 (1): 247 - 253.

2. Willingham, D. T. (2017). The Reading Mind: A Cognitive Approach to Understanding How the Mind Reads. San Francisco, CA: Jossey-Bass.

3. Whitehead, A. N. (1911). An Introduction to Mathematics, 61. New York: Holt.

4. Ellis, J. A., Semb, G. B., and Cole, B. (1998). Very long-term memory for information taught in school. Contemporary Educational Psychology 23: 419 - 433.

5. Bahrick, H. P., and Hall, L. K. (1991). Lifetime maintenance of high school mathematics content. Journal of Experimental Psychology: General 120: 20 – 33.

6. Green, E. A., Rao, J. M., and Rothschild, D. (2019). A sharp test of the portability of expertise. Management Science 65 (6): 2820 – 2831.

第6章

1. Chase, W. G., and Simon, H. A. (1973). Perception in chess. Cognitive Psychology 4: 55 – 81.

2. Chi, M. T. H., Feltovich, P. J., and Glaser, R. (1981). Categorization and representation of physics problems by experts and novices. Cognitive Science 5: 121 – 152.

3. Ericsson, K. A., Krampe, R. T., and Tesch–Römer, C. (1993). The role of delib 100: 363 – 400.

4. Simon, H., and Chase, W. (1973). Skill in chess. American Scientist 61: 394 – 403.

5. Celebrating Jazz Pianist Hank Jones. (2005, June 20). Interview on Fresh Air. http://www.npr.org/templates/story/story.php?storyId=4710791 (accessed 29 July 2020).

6. Salzman, M. (1987). Iron and Silk, 98. New York: Knopf.

7. Cronbach, L. J. (1954). Educational Psychology, 14. New York: Harcourt, Brace.

8. Emerson, R. W. (1883). Works of Ralph Waldo Emerson, 478. London: Routledge.

第7章

1. Kraemer, D. J., Rosenberg, L. M., and Thompson–Schill, S. L. (2009). The neural correlates of visual and verbal cognitive styles. Journal of Neuroscience 29 (12): 3792 – 3798.

2. Tolstoy, L. N. (1899). What Is Art?, 124 (trans. A. Maud). New York: Thomas Crowell.

3. Wilson, E. O. (2013). Letters to a Young Scientist, 33. New York: Norton.

4. Mineo, L. (2018). "The greatest gift you can have is a good education, one that isn't strictly professional." Harvard Gazette (9 May). https://news.harvard.edu/gazette/story/2018/05/harvard–scholar–howard–gardner–reflects–onhis–life–and–work/ (accessed 19 July 2020).

5. Armstrong, T. (2000). Multiple Intelligences in the Classroom, 2e. Alexandria, VA:Association for Supervision and Curriculum Development.

6. Gardner, H. (2013). Howard Gardner: Multiple intelligences are not learning styles. Washington Post (16 October) https://www.washingtonpost.com/news/answer–sheet/wp/2013/10/16/howard–gardner–multiple–intelligencesare–not–learning–styles/ (accessed 21 August 2020).

第8章

1. Kovacs, K., and Conway, A. R. (2019). What is IQ? Life beyond "general intelligence". Current Directions in Psychological Science 28 (2): 189 - 194.

2. Zushi, Y. (2017). In praise of Keanu Reeves, the nicest of meatheads. New States praise–keanu–reeves–nicest–meatheads (accessed 19 July 2020).

3. Savage, J.E., Jansen, P.R., Stringer, S., et al. (2018). Genome–wide association meta–analysis in 269, 867 individuals identifies new genetic and functional links to intelligence. Nature Genetics 50: 912 - 919.

4. Selzam, S., Ritchie, S. J., Pingault, J. B., et al. (2019). Comparing within– and between–family polygenic score prediction. American Journal of Human Genetics 105 (2): 351 - 363.

5. Dickens, W. T. (2008). Cognitive ability. In: The New Palgrave Dictionary of Economics (ed. Palgrave Macmillan). London: Palgrave Macmillan. doi: https://doi.org/10.1057/978–1–349–95121–5 (accessed 13 July 2020).

6. Duyme, M., Dumaret, A., and Tomkiewicz, S. (1999). How can we boost IQs of "dull" children? A late adoption study. Proceedings of the National Academy of Sciences 96: 8790 – 8794.

7. Nisbett, R. E., Aronson, J., Blair, C., et al. (2012). Intelligence: new findings and theoretical developments. American Psychologist 67(2): 130 – 159.

8. Flynn, J. R. (1987). Massive IQ gains in 14 nations: what IQ tests really measure. Psychological Bulletin 101: 171 – 191.

9. Blackwell, L. S., Trzesniewski, K. H., and Dweck, C. S. (2007). Implicit theo 263.

10. Organisation for Economic Cooperation and Development. (2019). PISA 2018 Results (Volume III): What School Life Means for Students' Lives, PISA. Paris: OECD Publishing. doi: https://doi.org/10.1787/acd78851-en (accessed 19 July 2020). See also Sisk, V. F., Burgoyne, A. P., Sun, J., et al. (2018). To what extent and under which circumstances are growth mind-sets important to academic achievement? Two meta-analyses. Psychological Science 29(4): 549 – 571.

11.Yeager, D. S. Hanselman, P., Walton, G. M., et al. (2019). A national experiment reveals where a growth mindset improves achievement. Nature 573(7774): 364–369.

12. Rege, M., Hanselman, P., Solli, I. F., et al. (accepted for publication). How can we inspire nations of learners? Investigating growth mindset and challenge seeking in two countries. American Psychologist.

13. Yeager, D., Walton, G., and Cohen, G. L. (2013). Addressing achievement gaps with psychological interventions. Phi Delta Kappan 94(5): 62 – 65.

14. Sisk, V. F., Burgoyne, A. P., Sun, J., et al. (2018). To what extent and under which circumstances are growth mind-sets important to academic achievement? Two meta-analyses. Psychological Science 29(4): 549 – 571.

15. Dweck, C. (2015). Carol Dweck revisits the growth mindset. Education Week 35

（5）: 20 – 24.

第9章

1. Prensky, M.（2001）. Digital natives, digital immigrants. On the Horizon 9（5）:
1 – 6.

2. Kennedy, G., Judd, T., Churchward, A., and Gray, K.（2008）. First year
students' experiences with technology: are they really digital natives? Australasian Journal of
Educational Technology. 24（1）: 108 – 122.

3. Valtonen, T., Pontinen, S., Kukkonen, J., et al.（2011）. Confronting the
technological pedagogical knowledge of Finnish Net Generation student teachers. Technology,
Pedagogy and Education 20（1）: 3 – 18

4. Rideout, V., and Robb, M. B.（2019）. The Common Sense census: Media use
by tweens and teens, 2019. San Francisco, CA: Common Sense Media. https://www.
commonsensemedia.org/sites/default/files/uploads/research/2019–census–8–to–18–key–
findings–updated.pdf（accessed 19 July 2020）.

5. Rogers, R. D., and Monsell, S.（1995）. Costs of a predictable switch between
simple cognitive tasks. Journal of Experimental Psychology: General124（2）: 207 – 231.

6. Warschauer, M.（2005）. Going one–to–one. Educational Leadership 63（4）: 34 – 38.

7. Yau, J.C., and Reich, S.M.（2017）. Are the qualities of adolescents' offline
friendships present in digital interactions? Adolescent Research Review3: 339 – 355.

8. Singer, N.（2017）. How Google conquered the American classroom. New York
Times（May 14）: p. A1.

9. Twenge, J.M. 2017. IGen. New York: Simon and Schuster.

10. Iyengar, S.（2018）. US trends in arts attendance and literary reading: 2002 – 2017.
National Endowment for the Arts. https://www.arts.gov/impact/research/publications/us–
trends–arts–attendance–and–literary–reading–2002–2017（accessed 19 July 2020）.

11. Scholastic. (2019). Kids and family reading report, 7e. https://www.scholastic.com/ readingreport (accessed 19 July 2020).

12. Data for the American Time Use Survey are available from the Bureau of Labor Statistics, https://www.bls.gov/tus/ (accessed 19 July 2020).

13. Casey, B. J. (2019). Arrested development or adaptive? The adolescent and self control. Kavli Keynote address presented at the International Convention of Psychological Science. Paris, France (7 March). https://www.youtube.com/ watch?v=1xCmPwXxyvA&feature=emb_logo (accessed 19 July 2020).

第10章

1. Kumar, A. (2020). The grandmaster diet: How to lose weight while barely moving. https://www.espn.com/espn/story/_/id/27593253/whygrandmasters–magnus–carlsen–fabiano– caruana–lose–weight–playing–chess (accessed 27 July 2020).

2. New Yorker (2009). Ask the Author Live: David Sedaris. (14 August). https://www. newyorker.com/books/ask–the–author/ask–the–author–live–davidsedaris (accessed 28 July 2020).